本书系教育部人文社会科学研究青年基金项目"中国高等教育质量保障机制及其制度逻辑的社会学研究"（16YJC880067）和中央高校基本科研业务费资助项目"'双一流'背景下高等教育治理体系和治理能力现代化的理论建构与实现路径研究"（DUT19RW125）的最终成果。

中国高等教育质量保障运行机制及变革研究

苏永建 著

中国社会科学出版社

图书在版编目（CIP）数据

中国高等教育质量保障运行机制及变革研究 / 苏永建著. —北京：中国社会科学出版社，2020.8
ISBN 978-7-5203-6505-5

Ⅰ.①中… Ⅱ.①苏… Ⅲ.①高等教育—教育质量—保障体系—研究—中国 Ⅳ.①G649.21

中国版本图书馆 CIP 数据核字（2020）第 083123 号

出版人	赵剑英
责任编辑	张 林
特约编辑	周维富
责任校对	韩海超
责任印制	戴 宽

出　版	中国社会科学出版社
社　址	北京鼓楼西大街甲 158 号
邮　编	100720
网　址	http://www.csspw.cn
发行部	010-84083685
门市部	010-84029450
经　销	新华书店及其他书店
印　刷	北京明恒达印务有限公司
装　订	廊坊市广阳区广增装订厂
版　次	2020 年 8 月第 1 版
印　次	2020 年 8 月第 1 次印刷
开　本	710×1000　1/16
印　张	21
插　页	2
字　数	265 千字
定　价	126.00 元

凡购买中国社会科学出版社图书，如有质量问题请与本社营销中心联系调换
电话：010-84083683
版权所有　侵权必究

序

　　20世纪80年代以来,在高等教育大众化、市场化和全球化影响下,世界范围内兴起了广泛而持久的高等教育质量运动,如何保障和提高质量成为高等教育政策的核心议题之一。但高等教育质量的模糊性、不确定性和滞后性等特性决定了高等教育质量是一个灰色系统,这使得如何保障和提高高等教育质量成为一个世界性难题。事实表明,保障和提高高等教育质量是一项系统性工程,不是引入几种质量保障手段所能解决的,它受制甚至取决于宏观的高等教育制度环境。

　　我国现代高等教育质量保障体系建设肇始于20世纪80年代末期,进入21世纪后,我国开始全面大力推动高等教育质量保障体系的建设与完善。面对20世纪末期以来高等教育规模持续扩张所导致的日益严峻的高等教育质量问题,我国政府和高等院校采取了诸多旨在回应问责与提高质量的政策和具体措施。从宏观层面来看,我国高等教育质量保障体系建设带有明显的政府驱动型特征:一方面,政府凭借其强大的行政动员能力,在短时间内推动全国所有普通本科高校都接受了本科教学工作水平评估,并建立起质量评估雏形;另一方面,政府将"压力型体制"和市场机制结合起来,以问责为基础、以专项资金为杠杆实施了大量旨在提高质量的项目、工程和计划,在高等教育领域塑造了一种以"项目制"来解决高等教育质量问题的质量保障方式。由此，以行政动员为内核、以项目制为表现形式的"双重体制"的高等教育质量保障体系逐步形成。

不可否认，政府对高等教育质量保障的强力介入推动了我国高等教育质量保障体系的制度化进程，在一定程度上回应了利益相关者对高等教育质量的关切，保障了高等教育质量。但与此同时，这种"计划为体，市场为用"的"类市场化"高等教育质量保障模式引发了诸多消极后果，可以"治标"，但难以"治本"。对此，我曾经提出"从完善大学制度来抓高等教育质量"的思想观点。这一思想观点在学界引起了较大反响，但论证并深化这一思想观点，需要专人开展系统深入的专门研究。本书弥补了这一缺憾，是研究我国高等教育质量保障不可多得的学术专著。

高等教育质量保障的实践性非常强，有关政策和研究文献汗牛充栋，要在这一研究领域有所突破，特别是进行理论创新不是一件容易的事。目前，有关我国高等教育质量保障的研究主要采取规范研究范式，多数旨在解决高等教育质量保障的价值判定问题。本书以"理论导向下的经验研究"范式为指导，在充分借鉴本土社会学相关研究成果的基础上，综合运用比较研究、案例研究、历史研究和思辨研究等方法，对我国高等教育质量保障进行了集描述性研究、解释性研究和反思批判性研究为一体的整体性研究，是国内第一部从社会学视角对我国高等教育质量保障进行全面系统研究的学术专著。

本书以"行政动员"和"项目制"为切入点，通过扎实的经验研究，呈现了我国高等教育质量保障体系的结构和运行过程，提出了"体制化的技术治理"的概念框架，并将其作为我国高等教育质量保障的运行机制。这一概念框架将我国高等教育质量保障中政府的主导作用和有限的市场竞争纳入一个统一的分析框架，突破了已有研究从政府和市场二元对立出发对我国高等教育质量保障所形成的简化认识,揭示了我国高等教育质量保障运行机制的独特性,为进一步研究我国高等教育质量及其保障问题建立了一个对话的概念平台和基础。

在提出新的概念框架,即回答我国高等教育质量保障运行机制"是什么"的同时,本书还从哲学基础和制度逻辑两个角度对"技术治理"何以产生做出了学理性解释。作者认为,从哲学基础来看,技术治理是政府秉持现代型知识观保障和提高高等教育质量的必然产物。其核心要义是,政府秉持本质主义的质量保障观,以建构论理性主义作为认识论基础,在工具理性和规范伦理的导引下,采取还原论方法进行高等教育质量保障体系建设,并据此保障和提高高等教育质量。从制度逻辑来看,经由国家导向的高等教育质量观、转型社会中的绩效合法性和长期以来形成的依附式自主所整合构建的大学制度,是技术治理得以产生的制度根源。这种学理性分析不仅具有重要的理论意义和学术价值,而且具有指导实践进行变革的现实价值。

本书还结合研究案例和对大学教师的访谈等对"体制化的技术治理"所造成的双重后果进行了反思与批判,提出了"非对称性问责""影子质量"等富有启发意义的新概念。在回答了"是什么"和"为什么"之后,本书提出了从大学制度建设入手来保障和提高高等教育质量的可能路径。总之,该书对高等教育质量保障既开展了深入的反思批判性研究,也提出了整体性的、方向性的建设方案,具有重要的理论创新和启迪现实的意义。

本书是在作者的博士学位论文基础上修改而成的。该学位论文曾被评为中国高等教育学会第十二届"高等教育学"优秀博士学位论文,这是学界对这一学术成果的肯定,也是对作者学术创新的一种鼓励。到大连理工大学高等教育研究院工作后,作者对博士学位论文进行了严肃认真的修改和完善，质量和水平又跃上了一个新台阶。当然，本书所收集的经验材料还不够全面，有些分析还不够深入，有些概念的提出和使用还需要进一步推敲，但瑕不掩瑜，本书是一本关于高等教育质量保障理论研究的上乘之作。在本书付梓出版之际，作为他的博士学位论文指导教师，我感到非常高兴，也非常乐意向学界推荐这本专著。

尤其值得欣慰的是，作者自参加工作以来，保持和光大了高远的学术志向、求实的学术风格、平实的学术态度，在有关领导和同事的关心和支持下，正在成长为一名优秀的高等教育学青年学者。祝愿他在未来的学术道路和人生历程中越走越好！

是为序。

张应强

华中科技大学教育科学研究院教授，博士生导师，
中国高等教育学会高等教育学专业委员会理事长

2019 年 9 月 10 日

目 录

第一章　绪论 ……………………………………………………（1）
　第一节　问题提出与研究意义 ……………………………………（1）
　第二节　文献综述 …………………………………………………（10）
　第三节　基本概念、研究设计与研究思路 ………………………（61）

第二章　全球视野中的高等教育质量保障 …………………（71）
　第一节　作为教育议题的高等教育质量 …………………………（72）
　第二节　作为社会议题的高等教育质量 …………………………（76）
　第三节　高等教育质量保障的历史与比较 ………………………（81）

第三章　体制化的技术治理与中国高等教育质量保障 ………（105）
　第一节　行政动员视角下的中国高等教育质量保障 ……………（105）
　第二节　项目制视角下的中国高等教育质量保障 ………………（145）
　第三节　体制化的技术治理：中国高等教育质量保障的
　　　　　运行机制 …………………………………………………（169）

第四章　体制化的技术治理的实践逻辑与后果 ………………（181）
　第一节　体制化的技术治理与高校内部质量保障 ………………（181）
　第二节　非对称性问责与碎片化：技术治理的实践逻辑
　　　　　及其后果 …………………………………………………（193）

第五章　中国大学制度与体制化的技术治理 (222)
第一节　国家导向的质量观:体制化的技术治理的文化基因 (224)
第二节　绩效合法性:体制化的技术治理的观念基础 (233)
第三节　依附式自主:体制化的技术治理的权力基础 (239)

第六章　中国高等教育质量保障的变革之路 (252)
第一节　完善中国特色现代大学制度 (253)
第二节　建立多维度、互惠式和以契约为核心的新型问责制 (257)
第三节　推进建设开放、多样和包容性的质量文化 (261)
第四节　构建以学生为中心的高等教育质量保障体系 (265)

第七章　结论与思考 (270)
第一节　基本结论 (270)
第二节　本研究的创新与不足 (274)
第三节　研究展望 (278)

附录　访谈提纲 (280)

参考文献 (282)

后　记 (322)

第 一 章

绪　　论

第一节　问题提出与研究意义

一　研究背景与问题提出

20世纪80年代以来，世界范围内学生规模的持续扩张使得传统大学的组织架构和功能发生了前所未有的变化，昔日的"象牙塔"转型为经济与社会发展的"动力站"。这一转变所导致的直接后果是建立在精英学者团体共同理念基础上的、统一的高等教育质量标准[①]与以社会需求多元化为特征的、多样化的质量标准发生了冲突，由此引发了关于高等教育质量问题的持续不断的争论。在新自由主义和新公共管理运动的影响下，多国政府大规模削减高等教育经费，以绩效拨款取代以往慷慨的资助模式，迫使公立高校更多地通过市场竞争来获取办学资源。在市场的主导之下，高水平的科学研究往往成为获得资源的主要途径，因此，各高校不约而同地在战略、政策以及日常实践中给予科学研究以优先地位。但是，人们普遍认为，对于科学研究的重视在一定程度上是以牺牲本科教学质量为代价的，所以，高等教育质量问题尤其是教学质量问题引起了

---

① 赵炬明：《超越评估（上）——中国高等教育质量保障体系建设之设想》，《高等工程教育研究》2008年第6期。

包括政府、雇主以及社会公众在内的诸多利益相关者的关注。这一时期,全球化的发展更加凸显了高质量的高等教育之于民族国家竞争的重要性。

因此,在高等教育大众化、市场化以及全球化的背景下,如何保障和提高质量成为国际范围内高等教育政策议程中的中心议题。[①] 20世纪80年代中期,质量问题被美国和法国确认为高等教育的根本或核心问题。[②] 与此同时,英国也宣称质量已经成为其高等教育发展中一个最为重要的目标。[③] 除了在政府政策中公开强调重视高等教育质量以外,许多国家还纷纷建立高等教育质量保障机构,对高等院校进行质量评估、审计和认证。大约在同一时期,联合国教科文组织(UNESCO)、亚太经合组织(APEC)、欧盟等一些有影响力的国际组织也"都把高等教育质量问题纳入重要议事日程"。[④] 1999年,由29个欧洲国家共同签署的《博洛尼亚宣言》(*Bologna Declaration*)诞生,以此为标志,欧洲的博洛尼亚进程正式启动。其中,加强欧洲各国在高等教育质量保障领域的合作是其核心内容之一。此后,历次部长级会议均把高等教育质量保障问题作为重要议题加以讨论。[⑤] 二十年来的博洛尼亚进程表明,欧洲的高等教育质量保障成就卓著,已经成为"建设欧洲高等教育区的重要基

---

① Harman, G. Competitors of Rankings: New Directions in Quality Assurance and Accountability [M] //Shin, J. C., Toutkoushian, R. K., Teichler, U. University Rankings Theoretical Basis, Methodology and Impacts on Global Higher Education. Springer, 2011: 35.

② 李雪飞:《高等教育质量话语权变迁——从内部到外部的历史路径探析》,《清华大学教育研究》2006年第4期。

③ Van Vught, F. A., Westerheijden, D. F. Towards a General Model of Quality Assessment in Higher Education [J]. Higher Education, 1994, 28 (3): 355-371.

④ 王一兵:《高等教育质量保证机制:国外趋势和中国面临的战略选择》,《高等教育研究》2002年第1期。

⑤ 王新凤:《欧洲高等教育质量保障区域整合进展及启示》,《比较教育研究》2009年第10期。

石"。①

在欧洲开启其博洛尼亚进程的同一年，中国高等教育开始进入大规模扩张的时代，实现高等教育大众化一时成为中国高等教育政策的核心特征和主要目标。2002年，中国高等教育进入大众化阶段；2019年，中国高等教育进入普及化阶段。但效率优先的高等教育政策导向和行动所导致的经费投入不足、师生比下降、学科（专业）结构失调以及"重科研，轻教学"等诸多负面问题引发了一系列的本科教育质量问题。与此同时，大学生就业难以及用人单位对大学生素质的不满则进一步加剧了不同利益相关者对高等教育质量的质疑和责难。换言之，中国高等教育大规模持续扩张的过程带有相当明显的"时间压缩性"和"成本压缩性"，但众多高等院校在这种张力中并未对来自不同利益相关者的差异化的质量诉求形成有效的需求顺应，这种反应滞后与多元质量诉求的冲突最终引发了中国高等教育的质量危机。② 因而，在高等教育规模持续扩张的同时如何保障和提高高等教育质量，成为进入21世纪以来中国高等教育迫切需要解决的重大问题。③

尽管我们很难将高等教育质量问题完全归因于始于20世纪末期的高等教育大扩招，但由此所触发的质量问题或质量危机则迫使国家教育行政主管部门在继续推动规模扩张的同时，不断出台保障和提高高等教育质量的相关政策和行动计划。早在2001年8月，教育部就发布了《关于加强高等学校本科教学工作 提高教学质量的若干意见》（教高〔2001〕4号），从经费投入、教师队伍建设与

---

① 周满生、褚艾晶：《成就、挑战与展望——欧洲高等教育区质量保证十年发展回顾》，《北京大学教育评论》2011年第2期。

② 鲍威：《中国高等教育规模扩张的理论解释与扩张机制》，《教育学术月刊》2012年第8期。

③ 王友航、郝庆：《保障高等教育质量：中国政府在行动》，《高校教育管理》2010年第1期。

评价、质量监测等12个方面对全国高校提出了提高本科教学质量的主要方向、基本标准和可量化的具体指标。2004年2月，教育部发布的《2003—2007年教育振兴行动计划》提出了实施"高等学校教学质量与教学改革工程"的构想，旨在提高人才培养质量。2005年1月，教育部发布的1号文件（《关于进一步加强高等学校本科教学工作的若干意见》）就实施"高等学校教学质量与教学改革工程"，加强高校本科教学工作提出了16条意见，要求高校"把提高质量放在更加突出的位置"。为进一步落实2004年"4号文件"和2005年"1号文件"有关提高本科教学质量的精神，2006年年初，教育部成立了专门的"质量工程项目规划工作组"，研究、论证和推进"本科教学质量工程"。[1]

2007年1月，教育部和财政部联合发布了《关于实施高等学校本科教学质量和教学改革工程的意见》的1号文件（通常被简称为"质量工程"[2]），同年2月，教育部又在其2号文件《关于进一步深化本科教学改革 全面提高教学质量的若干意见》从6个方面针对高校本科教学工作提出了20条具体要求，旨在"'质量工程'抓好提高质量关键'点'的基础上，进一步在覆盖'面'上整体推进"。[3] 2010年，《国家中长期教育改革和发展规划纲要（2010—2020年）》进一步把提高质量视为中国高等教育发展的核心任务和建设高等教育强国的基本要求。2012年3月，教育部发布了《关于全面提高高等教育质量的若干意见》（以下简称"高教30条"），

---

[1] 唐景莉：《用"质量工程"引导带动本科教改——访教育部副部长吴启迪》，《中国教育报》2007年3月1日第2版。

[2] 在官方话语中，"质量工程"被称为是继"211工程""985工程"和"国家示范性高等职业院校建设计划"之后，我国在高等教育领域实施的又一项重要工程，是新时期深化本科教学改革，提高本科教学质量的重大举措。参见周济《实施"质量工程"贯彻"2号文件"全面提高高等教育质量》，《中国大学教学》2007年第3期。

[3] 周济：《实施"质量工程"贯彻"2号文件"全面提高高等教育质量》，《中国大学教学》2007年第3期。

从 30 个方面对提高高等教育质量提出了更多要求。

2018 年 6 月 21 日，教育部在四川大学召开了改革开放以来第一次全国本科教育大会暨新时代全国高校本科教育工作会议。在此次会议上，教育部部长陈宝生用"高教大计，本科为本；本科不牢，地动山摇"来形容本科教育在整个高等教育系统中的地位。同年 9 月，针对当前本科教育发展中不平衡和不充分的问题，教育部印发了《关于加快建设高水平本科教育 全面提高人才培养能力的意见》（以下简称"新时代高教 40 条"）。这一《意见》明确指出，"本科教育是提高高等教育质量的最重要基础"。

以上政策和行动表明，高等教育质量尤其是本科教育质量成为近 20 年来中国高等教育政策的焦点。在政府看来，中国高等教育质量出现诸多问题，其主要责任在于高校、教师和学生，[1] 因此，中央教育主管部门及相关部委才不断出台各种政策和措施要求高校通过加大投入和不断改革来提高高等教育质量。除了在政策话语中表达对于高等教育质量的关切和重视之外，为了回应利益相关者对质量的质疑并重建公众对高等教育的信任，建立本科教学评估体系也是中国政府近年来在保障和提高高等教育质量方面的一个重要的改革举措。从第一轮评估对高校本科教学的影响来看，政府、高校管理者、大学教师以及学术界等诸多利益相关者总体上认为，首轮评估是必要且有用的。具体而言，第一轮本科教学评估（2003—2008 年）在促使高校改善教学设施、建立基本的教学规范和加大（精力、经费、师资）投入等方面具有积极的推动作用，不过，批评者则认为其"远未走进真正的教学生活本身"[2]。

综上所述，和世界上许多国家和地区一样，中国高等教育在

---

[1] 通常被称为四个投入不足，即"学校领导投入不足、教学经费投入不足、教师精力投入不足、学生学习时间投入不足"。
[2] 刘振天：《高校教学评估何以回归教学生活本身》，《高等教育研究》2013 年第 5 期。

质量方面存在诸多问题是一个基本事实，否则政府不会如此重视质量，并将其作为核心政策议题以各种形式加以推动。而政府之所以会采取大规模的高等教育质量行动也缘于诸多利益相关者对于高等教育质量心存不满甚至是充满怀疑。但与此同时，一个显而易见的事实是，政府非常重视高等教育质量，并采取了诸多政策和措施来大力提高高等教育质量，但是，从实践层面来看，高等教育质量是否因政府的介入和大力推动而得到提高依然难以获得明确且一致的回答。或许我们还不得不承认，高等教育质量本身的模糊性、多元性和滞后性等也使得我们很难找到一种公认的、科学的和精确的方法来确认高等教育质量是否因为政府的推动而得以提高。

不过，我们可以确定一点，即高等教育质量保障体系本身的运行机制会影响到其能否以及在多大程度上达成其自我宣称的目标。因此，在高等教育质量难以被精确测量的情况下，我们可以转换思路，从高等教育质量保障本身入手，间接来研究高等教育质量。换言之，在高等教育质量保障已经成为世界范围内用以保障和提高高等教育质量的通用政策范式或政策工具的情况下，如何将中国高等教育质量保障的核心运行机制揭示出来并在经验材料的基础上对其进行深度考察和分析，或许才是寻求不断提高中国高等教育质量的务实之道。正如纽鲍尔所言："质量保障的实际效果——质量有了哪些显而易见的提高——最终取决于一个国家对于质量的理解是如何在政策处理过程中得到体现并得以立足的。"①

具体而言，本研究试图回答以下几个问题：（1）中国高等教育质量保障的运行机制是什么？（2）中国高等教育质量保障的实践逻辑是什么？（3）形塑中国高等教育质量保障运行机制的根源

---

① ［美］特伦斯·W. 拜高尔克、迪恩·E. 纽鲍尔主编：《亚太地区高等教育：质量与公共利益》，杨光富、任友群等译，上海译文出版社2012年版，第240—241页。

何在？（4）如何对中国高等教育质量保障进行变革以提高其有效性？

二 研究意义

如何保障和提高高等教育质量是一个实践问题，也是一个关涉高等教育制度的理论问题。其实践性在于，在现代高等教育系统中，如何保障和提高质量需要得到国家及其政府的支持，同时还要诉诸诸如评估、认证、绩效指标等一些具体的高等教育质量保障手段。其理论性在于，政府如何定位其在高等教育质量保障中的角色以及通过何种方式来保障和提高高等教育质量反映着不同的高等教育质量哲学与不同的高等教育制度。换言之，"相同的质量保障程序所产生的影响也会因其所处的制度环境的不同而不同"[①]。

（一）有助于深化和拓展关于高等教育质量问题的理论研究

高等教育质量问题具有强烈的实践性特征，因此，当前的很多研究秉持技术理性的认知取向。这种研究取向有助于我们理解高等教育质量保障的实践形态，在某种程度上能够为现实中的质量问题提供直接的解决方案。但受"唯科学主义"理念的支配，在技术理性取向的研究中，保障和提高高等教育质量往往被狭隘地理解为单纯的技术性活动，而忽视这些技术性活动背后所隐藏的意识形态和权力斗争，从而扭曲对于高等教育质量问题的认识并降低高等教育质量保障体系的有效性。换言之，这种从"经验"到"经验"的高等教育质量保障路径具有较强的时效性，但无法确保长效性。同时，技术取向的研究范式无助于我们超越经验层面来认识高等教育质量问题的本质。因此，我们需要超越从"经验"到"经验"的研究范式，转而采用从"经验"到"概念"再到"理论"的研究

---

① Westerheijden, D. F. Where Are the Quantum Jumps in Quality Assurance? Development of a Decade of Research on a Heavy Particle [J]. Higher Education, 1999, 38 (2): 233-254.

范式。这种范式的转换有助于我们深化和拓展当前有关高等教育质量保障的理论研究。正如伊尔－卡瓦斯（El-Khawas）所言，在当前的研究中，"尽管已经有关于质量保障的大量出版物，但是理论的发展仍然滞后。大部分论著仍然是政策导向的，即分析特定政策的发展和随着政策实施而出现的评估的优缺点"。[1] 然而，充分的经验积累使得这一主题领域在广泛的概念化以及理论应用方面非常有前景。[2]

（二）有助于我们更深入地理解中国高等教育质量问题的本质

与大学制度较为成熟的欧美高等教育体系相比，中国的大学制度尚不完善，且处于即将进入普及化阶段的中国高等教育还面临着社会转型期的多种矛盾和冲突，多重因素的交织使得中国的高等教育质量问题日益复杂。例如，在认识中国高等教育质量问题时，教育行政主管部门往往简单地将其归结为高校和高校教师的不作为而相对忽视导致高等教育质量问题的深层次原因。受这种线性认识论的影响，在实践中，决策者倾向于选择"治标不治本"的策略来缓解教育教学和人才培养的质量困境，而可持续的、战略性的选择则难以进入决策者的视野。目前，政府和高校不遗余力地致力于保障和提高高等教育质量，但其成效却屡受质疑，其根本原因就在于我们还未能找到中国高等教育质量问题的根本"症结"所在。因此，本研究试图通过描述、比较、阐释与批判相结合的方式为理解中国高等教育质量问题提供一种综合性的视角，以期为进一步提高高等教育质量提供必要的方法论基础。

---

[1] El-Khawas, E. Accountability and Quality Assurance: New Issues for Academic Inquiry [A]. Forest, J. J. F., Altbach, P. G. (Ed.). International Handbook of Higher Education [C]. Dordrecht, Netherland: Springer, 2006: 33.

[2] Dill, D. D. Evaluating the Evaluative State: Implications for Research in Higher Education [J]. European Journal of Education, 1998, 33 (3): 361–377.

(三) 有助于提高中国高等教育质量保障体系的有效性

目前，政府以政策为杠杆全方位介入了保障和提高高等教育质量的过程，并取得了一定的成效。但是，在这一过程中，政府应对高等教育质量问题的路径和方式则几乎很少考虑到高校的多样性与质量问题的复杂性，这不仅使政府提高高等教育质量的预期目的难以充分实现，而且还引发了高校、教师、学生和社会公众等诸多利益相关者对中国高等教育质量保障体系的强烈不满，从而使得高等教育质量问题更加复杂。造成这一结果的主要原因之一就在于中国高等教育质量保障体系的有效性不高。同时，高校内部质量保障体系的有效性也受到广泛的质疑。因此，在经验材料的基础上，对中国高等教育质量保障进行必要的概念和理论分析，有助于我们找到制约中国高等教育质量保障体系有效性的根本原因，并为我们矫正或者变革目前的高等教育质量保障体系提供理论基础。

(四) 有助于弥合高等教育质量研究中理论与实践的鸿沟

如前所述，技术取向的高等教育质量研究范式虽有诸多益处，但难以帮助我们深刻认识中国高等教育质量问题的本质及其背后的制度逻辑，从而制约中国高等教育质量保障的有效性。其实，在当前的高等教育质量研究中，在技术理性的范式之外，还存在一种反思——批判取向的研究范式。在这种研究范式之中，基于经验判断的个人反思式研究将注意力集中于高等教育质量保障体系在现实运作中存在的具体问题，但这种研究往往将问题归为具体的质量保障手段的缺陷。因此，这种反思虽然有助于认识到高等教育质量保障体系的局限，但其对于问题的解释力依然有限。与之不同，社会批判取向的研究则常常借助哲学、社会学和政治学等多学科的理论和概念，来对质量保障中的政策、措施和实践进行反思与解构，这在"探究潜藏于公共政策争论背后隐藏的意义和未言明的假设方面非常有价值"①。但是"基于启示录式的诊断的批判理论，要么只提供否定而拒绝给出方案，要么提供的是缺乏现实感的乌托邦，它往往试图去削弱甚至消除系统，这并不会引领我们走向一片新天地，它所带来的只有致命的灾难，因为我们所能做的一切都不能脱离而是基于既定的格局"②。因此，单一的视角无法应对复杂的高等教育质量问题，我们不能也无须在极端的技术理性研究取向和激进的批判研究取向之间择其一，最好的方法是承认它们各自在保障和提高高等教育质量方面的价值和合法性，以实用主义的态度将这两种研究结合起来，即通过经验材料的"概念化"和"理论化"以及对高等教育质量实践的观察和分析，来弥合高等教育质量研究中实践与理论的鸿沟，从而进一步探究制约中国高等教育质量提高的深层次原因，为通过有效变革持续地提高高等教育质量提供更多可能性和空间。

第二节 文献综述

现代意义上的高等教育质量保障大致兴起于 20 世纪 80 年代。随着高等教育质量逐渐成为高等教育（研究）领域的一个重要主题，与高等教育质量（保障）相关的"实践和理论研究方兴未艾"③。

对高等教育质量以及高等教育质量保障（提高）活动的研究构成了现有的高等教育质量研究文献的核心内容。高等教育质量这一

---

① El-Khawas, E. Accountability and Quality Assurance: New Issues for Academic Inquiry [A]. Forest, J. J. F., Altbach, P. G. (Ed.). International Handbook of Higher Education [C]. Dordrecht, Netherland: Springer, 2006: 33.

② 肖文明：《观察现代性——卢曼社会系统理论的新视野》，《社会学研究》2008 年第 5 期。

③ [英] 马尔科姆·泰特：《高等教育研究：进展与方法》，侯定凯译，北京大学出版社 2007 年版，第 119 页。

知识领域的大厦就是建立在高等教育质量、高等教育质量保障（提高）活动以及高等教育质量的研究文献的基础上的。韦斯特赫德（Westerheijden）对20世纪90年代（欧洲）高等教育质量保障的若干相关研究进行综述时形象地将高等教育质量研究比作物理学中的原子结构。[①] 他认为，有关高等教育质量（保障）的论著类似于原子中的核外电子（electrons），而高等教育质量和与之相关的活动类似于原子中的原子核。其中，每个院校或项目的质量相当于质子（protons），高等教育质量保障活动相当于中子（neutrons），后两者构成了高等教育质量这一知识领地的研究对象。

通过对现有文献的批判性阅读和分析，笔者发现，到目前为止，与本研究主题相关的研究文献大致可归为三类：

第一类是与高等教育质量概念相关的研究。此类研究一般从哲学或理念层面探讨与高等教育质量相关的概念（诸如高等教育质量的定义、高等教育质量观、高等教育中的问责、高等教育质量保障以及高等教育质量提高等）。从学术研究的角度来讲，对于高等教育质量及其相关概念的分析可以为理解中国高等教育质量问题的本质以及高等教育质量实践（活动）提供概念基础和特定的分析视角。这类研究构成了本研究的学术起点。

第二类研究关注的是如何保障和提高高等教育质量。此类研究大都带有积极的建构取向和现实关怀。一般而言，它们希望通过学习和借鉴发达国家或地区在高等教育质量保障方面的经验，或者针对现实的质量问题构想出具体的解决方案来提高高等教育质量。其共同点是，关注高等教育质量保障（提高）活动的正式的组织结构及其功能。这一类研究的优点在于其能够直观地向人们呈现高等教育质量保障活动的多种实践范本和操作规范，有助于改进本土高等

---

① Westerheijden, D. F. Where are the Quantum Jumps in Quality Assurance? Development of a Decade of Research on a Heavy Particle [J]. Higher Education, 1999, 38 (2): 233-254.

教育质量保障体系的组织结构及其功能。可以说，在中国高等教育质量研究领域，这是一种占据主导地位的研究文献。但其不足之处在于过于侧重质量保障的普适性而忽略了高等教育质量保障体系所生成和生长的具有"地方性"和"情境性"的制度和文化环境。

第三类研究主要对现有的高等教育质量保障活动进行反思与批判。此类研究主要是从哲学、社会学、政治学、教育学等多学科的视角对高等教育质量保障的政策及相关实践进行现实批判和理论反思。这些研究提示我们，高等教育质量保障并非是价值无涉的。作为一种制度环境的产物，高等教育质量保障本身就是各种意识形态、权力以及利益相互冲突的"竞技场"（arena）。以问责为目的的高等教育质量保障非但不能够提高质量，反而在标榜进步的、不断理性化的质量保障运动中逐渐演化为一种制约高等教育质量提高的"牢笼"。将高等教育质量保障视为一种社会建构的产物而非价值中立的技术，其意义在于展示了高等教育质量保障本身的悖论，即质量保障所宣称的帮助院校提高质量这一带有建设取向的话语，充其量不过是外部利益相关者试图介入学术场域的虚伪的借口而已，他们更为关心的是高等教育质量的外显形式而非其内在意义，真正的质量恰恰因为质量保障主体的置换被"物化"为一种装饰和手段。

一 高等教育质量：相关概念及其内在关联

（一）高等教育质量的概念分析及其哲学基础

高等教育质量之所以成为世界范围内高等教育政策及高等教育研究中的核心议题之一，其中一个重要的原因就在于人们对什么是（is）高等教育质量以及如何（how）看待高等教育质量一直以来都存有争议。何谓高等教育质量以及其背后的哲学基础不仅决定着高等教育质量保障的具体形式和实践形态，也会影响到研究者对高等教育质量问题进行研究的旨趣，所以，梳理现有的有关高等教育质量概念的相关论述不仅是实践的需要，也是厘清学术研究方向的前提。正如马尔科姆·泰特（Tight）所言："对高等教育质量的理解，必然会影响到高等教育质量保证的途径和评估高等教育质量的方法。"[1] 布瑞兰（Brennan）也指出，"部分有关质量的语言要求我们改变思考高等教育的方式，因此，关于语言的争议不仅仅只限于文字。"[2]

1. 高等教育质量：国际学术界的观点

从历史上来看，自中世纪大学建立以来，质量就是大学的核心问题。[3] 但是在高等教育的大部分历史中，"大学和其他高等教育机构都拥有自己的一套机制确保他们的工作质量"[4]，即由教授个人或集体（院校以及学术共同体）来处理高等教育质量问题[5]，这使得高等教育质量长期以来"几乎是无需谈及的事"[6]。外部社会没有兴趣，也无力介入高等教育质量问题。这一时期，以传统的知识生产模式为基础的理智的训练、情感的养成等几乎成为大学教育的全部目的和大学教育质量的核心内容。"能力""卓越""优秀"或者

---

[1] [英] 马尔科姆·泰特：《高等教育研究：进展与方法》，侯定凯译，北京大学出版社2007年版，第127页。

[2] [英] 玛丽·亨克尔、布瑞达·里特主编：《国家、高等教育与市场》，谷贤林等译，教育科学出版社2005年版，第220页。

[3] Neave, G. The Politics of Quality: Developments in Higher Education in Western Europe 1992–1994 [J]. European Journal of Education, 1994, 29 (2): 115–134.

[4] [美] 约翰·布伦南、特拉·沙赫：《高等教育质量管理——一个关于高等院校评估和改革的国际性观点》，陆爱华译，华东师范大学出版社2005年版，第2页。

[5] Henkel, M., Vabø, A. Academic Identities [M] //Kogan, M., Bauer, M., Bleiklie, I., Henkel, M. (Eds.). Transforming Higher Education: A Comparative Study (Second Edition) [M]. Dordrecht: Springer. 2006: 141. Jones, G. A. Governing Quality: Positioning Student Learning as a Core Objective of Institutional and System-Level Governance [R]. Keynote Paper Presented at the International Conference on Higher Education Student Learning and Developmentin a Globalizing Time, Hosted by the Institute of Education, TsinghuaUniversity, Beijing, China, October 27–28, 2013.

[6] 李雪飞：《高等教育质量话语权变迁——从内部到外部的历史路径探析》，《清华大学教育研究》2006年第4期。

"符合教育目的"等通常被视为高等教育质量的核心内容。其言外之意是,高等教育质量仅仅是教育问题。换言之,在精英高等教育阶段,高等教育内部存在广泛且较为一致的学术标准。[①] 可以说,在大部分历史时期,无论是"高等教育质量"这一概念本身,还是人们对高等教育质量的认识都属于一元论或本质主义的范畴。从积极的层面来讲,这种界定和认识有助于维护大学的核心价值。但从消极的层面来讲,这种高等教育质量的界定方式及其表述容易导致高等院校自身对高等教育质量的话语霸权和单向控制。

伴随着高等教育规模持续扩张而引发的高等教育性质和功能的改变以及"评估型国家"的兴起而导致的国家、大学、社会以及市场之间关系的重构[②],"高等教育质量问题不再局限于高等教育系统内部,逐渐从一个单纯的教育问题变为复杂的政治议题"[③],"同时也消除了原先证明其质量的排他性"[④]。差异性、包容性、流动性成为当今高等教育质量所表现出来的典型特点,也就是说,对于什么构成了高等教育质量不再是确定无疑的,而是有争议甚至相冲突的。对质量进行统一和明确界定的困难使得学术界普遍认为,高等教育质量具有多重含义[⑤],是一个相对的[⑥]和难以捉摸的(elu-

---

[①] Trow, M. Trust, Markets and Accountability in Higher Education: A Comparative Perspective [J]. Higher Education Policy, 1996, 9 (4): 309 - 324.

[②] Neave, G. On the Cultivation of Quality, Efficiency and Enterprise: An Overview of Recent Trends in Higher Education in Western Europe, 1986 - 1988 [J]. European Journal of Education, 1988, 23 (1/2): 7 - 23.

[③] 苏永建:《高等教育质量保障中的价值冲突与整合》,《中国高教研究》2013 年第 11 期。

[④] [美] 约翰·布伦南、特拉·沙赫:《高等教育质量管理——一个关于高等院校评估和改革的国际性观点》,陆爱华译,华东师范大学出版社 2005 年版,第 25 页。

[⑤] Tam, M. Measuring Quality and Performance in Higher Education [J]. Quality in Higher Education, 2001, 7 (1): 47 - 54.

[⑥] Harvey, L., Green, D. Defining Quality [J]. Assessment & Evaluation in Higher Education, 1993, 18 (1): 9 - 34.

sive)① 概念。正如格林（Green）所言，我们所有人对于高等教育质量是什么都有一种直观的感受，但却难以清晰地将其表达出来。② 伍德维奇（Vidovich）则形象地将充满矛盾且变动不居的高等教育质量称为"变色龙"（Chameleon）③。大部分文献认为，试图对高等教育质量进行明确和统一的界定不仅仅在理论上难以实现，在现实中也难以获得普遍认可。也就是说，诸多事实和研究表明，在现代高等教育系统中，并不存在唯一的"高等教育质量"本质。在这种情况下，人们逐渐接受了基于不同利益相关者诉求的、多维度的高等教育质量。其中，哈维（Harvey）和格林（Green）早在1993年提出④并在此后的相关论著中⑤加以完善的五种高等教育质量的定义被广泛接受和引用。这五种定义分别是：

◆作为卓越的质量（quality as exceptional）；

◆作为完美或一致性的质量（quality as perfection or consistency）；

◆作为合目的性的质量（quality as fitness for purpose）；

◆作为增值的质量（quality as value for money）；

◆作为变化的质量（quality as transformation）。

---

① Neave, G. The Politics of Quality: Developments in Higher Education in Western Europe 1992–1994 [J]. European Journal of Education, 1994, 29 (2): 115–134.

② Green, D. What is Quality in Higher Education? Concepts, Policy and Practice [M] // Green, D. (Ed.). What is Quality in Higher Education. Milton Keynes: SRHE and Open University Press, 1994: 12.

③ Vidovich, L. That Chameleon "Quality": The Multiple and Contradictory Discourses of Quality Policy in Australian Higher Education [J]. Discourse: Studies in the Cultural Politics of Education, 2001, 22 (2): 249–261.

④ Harvey, L., Green, D. Defining Quality [J]. Assessment & Evaluation in Higher Education, 1993, 18 (1): 9–34.

⑤ Harvey, L., Knight, P. T. Transforming Higher Education [M]. Buckingham: SRHE and Open University Press, 1996.

奥瓦拉（Owlia）认为这五种定义又可归为哲学性（philosophical）定义或者操作性（operational）定义。① 前者包括作为卓越的质量、作为完美或一致性的质量以及作为变化的质量，后者则包括作为合目的性的质量和作为增值的质量。在这两类定义中，从操作层面对高等教育质量进行界定以及由利益相关者来决定高等教育质量的概念反映了一种实用主义的（pragmatic）态度。②

与哈维（Harvey）和格林（Green）的这种界定类似，尼克尔（Nikel）和劳（Lowe）从动态的角度将难以界定的教育质量分解为有效性（effectiveness）、效率（efficiency）、平等（equity）、回应性（responsiveness）、相关性（relevance）、反思性（reflexivity）与可持续性（sustainability）七个维度，③ 为我们理解高等教育质量提供了一个极具包容性的概念框架。此外，阿斯汀（Astin）对高等教育质量的界定也颇有影响。他将高等教育质量分为两种：一种是高校的声誉和资源；另一种是学生的才能发展。④ 他认为后者才是高等教育质量的真正内涵，这一观点如今颇有影响。

在哈维（Harvey）和格林（Green）提出高等教育质量的五种定义这一极富启发性的框架之后，许多学者都应用这一框架和定义或以其为基础进行高等教育质量（保障）的研究。拉莫斯（Lomas）就以其中四种定义（不包括作为完美或一致性的质量）为分

---

① Owlia, M. S. Quality in Higher Education – A survey [J]. Total Quality Management, 1996, 7 (2): 161 – 172.

② Green, D. What is Quality in Higher Education? Concepts, Policy and Practice [M] // Green, D. (Ed.). What is Quality in Higher Education. Milton Keynes: SRHE and Open University Press. 1994: 17. Sarrico, C. S., Rosa, M. J., Teixeira, P. N., Cardoso, M. F. Assessing Quality and Evaluating Performance in Higher Education: Worlds Apart or Complementary Views? [J]. Minerva, 2010, 48 (1): 35 – 54.

③ Nikel, J., Lowe, J. Talking of Fabric: A Multi-dimensional Model of Quality in Education [J]. Compare: A Journal of Comparative and International Education, 2010, 40 (5): 589 – 605.

④ ［美］威廉姆·耐特：《院校研究与质量保证——以美国高等教育为例》，刘智勇译，《高等教育研究》2008 年第 8 期。

析框架来考察高等教育大众化是否带来了质量的终结这一问题。[①]他以英国高校中高级管理人员为样本的研究表明,合目的性和转化是对于高等教育质量的两个最为恰当的界定。但是对作为转化的质量进行测量的困难导致其难以在实践中应用。塔姆(Tam)则对测量高等教育质量的生产模型、价值增值方法等进行了调查和分析,将其与院校绩效的测量相联系,并且探讨了标准、方式、方法的选择对于高等教育质量保障的意义。[②] 范·科梅纳德(Van Kemenade)等人提出了高等教育质量的四个要素:客体(object)、标准(standard)、主体(subject)和价值(values)。[③] 他们集中论述了价值这一要素。博格(Bogue)和霍尔(Hall)在总结以往研究并借鉴工商业领域中有关质量定义的基础上,提出了一个综合性的质量定义。他们认为(高等)教育质量是"在共同可接受的有关问责的和整体性的标准的范围内对任务描述和目标结果的顺应"。[④]

2. 高等教育质量与高等教育质量观:中国学术界的观点

中国学术界关于高等教育质量概念的研究总体而言相对于西方起步较晚,这些研究主要集中在高校扩招以后。赵蒙成、周川[⑤]、赵婷婷[⑥]、朱镜人[⑦]等学者都曾经对何谓高等教育质量进行过研究。他们从历史或比较的角度对高等教育质量进行了系统性梳理和归纳,认为不能用精英高等教育阶段的狭隘的质量标准来衡量和评价

[①] Lomas, L. Does the Development of Mass Education Necessarily Mean the End of Quality? [J]. Quality in Higher Education, 2002, 8 (1): 71–79.

[②] Tam, M. Measuring Quality and Performance in Higher Education [J]. Quality in Higher Education, 2001, 7 (1): 47–54.

[③] Van Kemenade, E., Pupius, M., Hardjono, T. W. More Value to Defining Quality [J]. Quality in Higher Education, 2008, 14 (2): 175–185.

[④] [美] E. 格威狄·博格、金伯利·宾汉·霍尔:《高等教育中的质量与问责》,毛亚庆、刘冷馨译,北京师范大学出版社2008年版,第16页。

[⑤] 赵蒙成、周川:《高等教育质量:概念与现实》,《江苏高教》2000年第2期。

[⑥] 赵婷婷:《从精英到大众高等教育质量观的转变》,《江苏高教》2002年第1期。

[⑦] 朱镜人:《英国高等教育质量理论研究述评》,《比较教育研究》2003年第6期。

大众化阶段的高等教育质量。他们主张从满足高等教育消费者的需求和愿望、目的的适切性以及价值增值等多个维度来界定和理解高等教育质量。刘振天认为，应该将高等教育质量作为一个动态的过程来理解。他将高等教育质量视为学生的学业成绩、服务水平、目标的实现程度、满足不同主体的需求以及教学活动或学校工作水平。①

"由于质量概念本身包含的相对性以及价值判断的特性，高等教育质量概念的内涵变得十分复杂"，② 这使得我们似乎越来越不清楚质量为何物，但国家、社会和市场等高等教育的利益相关者却同时向高等教育提出了越来越多的、差异性的质量诉求。在这种背景下，人们不再纠缠于高等教育质量"是"（"is"）什么，而是退而求其次，试图从质量主体的角度去理解高等教育质量，即我们应该如何看待高等教育质量。③ 中国学者非常热衷的"高等教育质量观"研究当属此类。

这类研究以高等教育大众化为背景，探讨高等教育大众化对传统质量观的冲击和影响，指出质量观的改变有利于推动中国高等教育大众化的进程。例如，有研究认为，质量标准和质量评价主体的变化是高等教育大众化阶段的质量观区别于精英高等教育阶段的质量观的两个主要维度，④ 高等教育质量观的转变与发展是高等教育从精英阶段顺利进入大众化阶段的前提条件之一。⑤ 对于如何转变

---

① 刘振天：《论"过程主导"的高等教育质量观》，《北京大学教育评论》2013年第3期。

② 赵婷婷：《高等教育质量在中国的涵义及质量评价研究的趋势》，《大学教育科学》2012年第5期。

③ 随着时代的发展与教育的变革，学者们从探讨质量定义发展到理解质量，从质量分散的概念研究发展到系统的概念整合研究。参见郭朝红《高等教育质量保障：总结经验、展望未来——高等教育质量保障机构国际网络组织（INQAAHE）第八届双年会综述》，《江苏高教》2008年第2期。

④ 赵婷婷：《从精英到大众高等教育质量观的转变》，《江苏高教》2002年第1期。

⑤ 廖湘阳、王战军：《大众化高等教育质量观发展的现实背景与支持条件》，《江苏高教》2011年第3期。

高等教育质量观,龚放提出可以从受教育者身心发展的要求和规律、学科发展的内在逻辑与相关性以及社会特别是用人单位对毕业生的知识、技能和素质的要求,即从人、学科和社会三个维度来重构高等教育的质量观。① 总体来说,这些研究还只是关于为什么要转变质量观和从哪些方面转变质量观的研究。

相比而言,大众化时期高等教育质量观应该包括哪些方面或者关于高等教育质量观内容的研究则是此类研究的主体。潘懋元认为在高等教育领域,质量观与人才观密不可分,高等教育质量观大致可分为知识质量观、能力质量观、全面素质质量观三类。② 张应强认为中国在高等教育大众化阶段应该树立多样化的质量观、整体性的质量观和发展的质量观,其中,多样化的质量观是这一阶段高等教育质量观的基本出发点。③ 由于他对高等教育质量观的论述从理论上澄清了在高等教育大众化时期我们应该如何看待高等教育质量的问题,因此在后来许多有关高等教育质量观的研究中这一观点及相关论述被广泛引用和参考,《高等教育质量观与高等教育大众化进程》一文也因而成为研究高等教育质量观的一份基础性文献。

高等教育质量观的分类会依研究视角的不同而有所差异。有研究从价值论的视角将高等教育质量观划分为人本取向(个适性)的质量观、社会取向(外适性)的质量观和知识或学术取向(内适性)的质量观。④ 无论将高等教育质量观分为三类还是四类⑤,这些划分都是从高等教育内外部关系角度出发进行的,其分类并不严

---

① 龚放:《高等教育多样化与质量观的重构》,《中国高等教育》2001年第22期。
② 潘懋元:《走向大众化时代的高等教育质量——在全国高等教育学研究会第六届学术年会开幕式上的发言》,《高等教育研究》2001年第4期。
③ 张应强:《高等教育质量观与高等教育大众化进程》,《江苏高教》2001年第5期。
④ 刘黎明、唐萌:《价值论视域中的大众化高等教育质量观探析》,《国家教育行政学院学报》2012年第4期;刘振天:《论"过程主导"的高等教育质量观》,《北京大学教育评论》2013年第3期;田恩舜:《高等教育质量保证体系及其运行机制》,《高教探索》2003年第1期。
⑤ 戚业国:《论高等教育大众化时代的质量观》,《高等师范教育研究》2002年第2期。

谨，并在某种程度上存在重叠和重复的现象。

此外，有研究聚焦于高等教育质量观的历史演进。房剑森和胡弼成等研究者认为，从满足某种"质量的原有规定性"到满足"主体需要程度"的主客体层面的转变以及从为"已知的社会"培养人才到为"未知的社会"培养人才的时间维度的转变是世界高等教育发展中的两个重要转变，以此为标志，高等教育质量观大致经历了合规定性、合需要性和合创新性（发展性）三个发展阶段。[①] 张烨则以1949年为起点，对新中国成立以来中国高等教育质量观的历史演进进行了理论性探究。他认为总体而言，在1949年到1999年高等教育大扩招之前的半个世纪中，中国的高等教育质量观属于"政府主导下的合规格性单向度质量观"，而扩招之后的高等教育质量观则属于"多主体介入表达的合需要性复合质量观"，同时，他还指出，蕴含这两种质量观的制度基础有所不同，前者的制度基础是"制度化的精英主义"，后者的制度基础是"体制性的市场化"。[②]

3. 高等教育质量概念研究的哲学基础与现实意义

通过对上述文献的简要回顾，我们可以看出，在有关高等教育质量概念的研究中，"文献大量地倒向相对主义的观点一边"[③]。高等教育质量成为一个具有多维度的、由具体情境来加以确认的、相对的学术概念。也就是说，与精英高等教育阶段一元论或者本质主义的高等教育质量概念及其认知方式不同，在高等教育大众化以及普及化阶段，人们不再相信质量的客观性，而是更多地从主体性的

---

① 房剑森：《高等教育质量观的发展与中国的选择》，《现代大学教育》2002年第2期；胡弼成：《高等教育质量观的演进》，《教育研究》2006年第11期。

② 张烨：《我国高等教育质量观的演进及其制度基础分析》，《清华大学教育研究》2012年第6期。

③ ［荷］弗兰斯·F.范富格特主编：《国际高等教育政策比较研究》，王承绪等译，浙江教育出版社2001年版，第431页。

角度来理解和重构高等教育质量的概念，体现了多元论或建构主义的特征。哈维和格林从五个方面对高等教育进行界定以及中国学术界提出对高等教育质量观的多维度理解和历史演变分析就是对这种多元论或建构主义倾向的最好诠释。

目前，这种多元论或建构主义的概念解析和认知范式已被学术界广为认可，并体现在高等教育质量保障的诸多政策、措施和实践中。当然，这并不意味着在现实中一元论或本质主义的高等教育质量哲学不复存在或者没有市场。例如，将科研产出和声誉视为高等教育质量的大学排名就秉持一元论或本质主义的高等教育质量观。这也是大学排名饱受质疑的原因之一。不过，这种质疑和批评并不能说明多元论或建构主义取向的高等教育哲学观一定优于一元论或本质主义的高等教育质量哲学，两者仅仅是在核心假设方面有所差别，并无绝对的优劣之分，相反，多元论或多样化的高等教育质量哲学则有可能会被认为是工具理性和相对主义的表现，而忽视了高等教育的特有属性。事实上，两种倾向的高等教育质量哲学在现实中既是冲突的也是互补的[1]，因而，如何将高等教育质量标准的统一性和多样性结合起来[2]也成为研究者们所关注的一个重要问题。

综上所述，学术界上述关于高等教育质量（质量观）的研究本质上是关于转型期（既包括社会转型也包括高等教育转型）高等教育质量的合法性的研究。其背景是，形成于精英高等教育阶段的、传统意义上的高等教育质量概念已经难以应对大众化和普及化阶段多元利益群体对高等教育质量的诸多质疑和高等教育自身所面临的普遍危机。为了回应这些质疑并维护高等教育在现代社会中的合法性，学术界将高等教育质量重新概念化（recontextualization），即用

---

[1] 武毅英：《新世纪我国高等教育的质量观》，《厦门大学学报》（哲学社会科学版）2002年第4期。

[2] 董泽芳、陈文娇：《论我国高等教育质量标准的多样性与统一性》，《高等教育研究》2010年第6期。

一种新的高等教育质量哲学来解释高等教育中出现的越来越多的"质量问题"。但这些研究却一再表明,高等教育质量是一个关系性的、模糊的概念。随着高等教育的发展,这一概念似乎越来越缺乏清晰的边界,逐渐成为一个包罗万象或者类似于"垃圾箱"的概念,涵盖了不同利益相关者的利益诉求和价值判断,呈现出越来越分裂的状态。在这种情境下,人们难以就什么是高等教育质量形成共识,从而导致我们在实践中对于这一概念的使用有点类似于"盲人摸象"。或许正是由于这一概念的社会建构色彩和不同利益相关者对高等教育质量认知的差异性,在高等教育质量保障的理论、政策和实践中才会经常出现政治和价值冲突。正如哈维(Harvey)和威廉姆斯(Williams)所言:"关于质量定义的讨论表明,不能脱离目的与具体情境来分析质量,同时,质量不仅仅指向满意度,它还带有政治性的特点。"[1]而恰恰是高等教育质量所表现出的这种政治性特点,决定了我们不能够仅仅从高等教育或高等院校自身来理解、保障和提高高等教育质量。对于学术研究来讲,这意味着高等教育质量(保障)研究范式需要走向多元化。其中,高等教育质量(保障)所寄生的制度环境变量尤为值得探究。

(二)与高等教育质量相关的概念及其关联

在高等教育质量研究领域,除了"高等教育质量"这一概念,人们还创造了大量与之相关的概念或术语,但与高等教育质量的模糊性和多样性类似,这些相关概念或术语之间常常缺乏连贯性和准确性,让人颇感迷惑,当涉及跨国研究时更是如此。[2]

1. 高等教育中的问责(Accountability in Higher Education)

在今天,问责(accountability)已经成为与高等教育质量紧密

---

[1] Harvey, L., Williams, J. Fifteen Years of Quality in Higher Education [J]. Quality in Higher Education, 2010, 16 (1): 3-36.

[2] [美] 约翰·布伦南、特拉·沙赫:《高等教育质量管理——一个关于高等院校评估和改革的国际性观点》,陆爱华译,华东师范大学出版社 2005 年版,第6页。

相关的一个核心概念,但是在高等教育的漫长历史中,问责却并非一个经常与学术事务联系在一起的词。① 某种程度上可以说,正是问责制的兴起才使高等教育质量成为高等教育领域中的一种时尚。②

罗姆泽克(Romzek)给问责下了一个十分简明的定义。他认为,问责是一种"对绩效的应答能力"(answerability for performance)。③ 尽管这一定义源于公共管理领域,但是,随着绩效成为越来越多的国家和地区对高等院校的新要求,这一定义也被应用到现代高等教育领域中来。亨德利(Hendry)和迪恩(Dean)认为,在高等教育领域,问责意味着整个高等院校或组织的应答能力(answerability)。④ 在《高等教育国际手册》(*International Handbook of Higher Education*)中,伊尔-卡瓦斯(El-Khawas)则把高等教育问责定义为政府对高等院校施加责任所采取的努力的一般趋势。⑤ 与将问责视为单一维度的院校应答和政府政策的定义不同,列文(Levin)从四个维度对问责进行了界定:作为绩效报告的问责、作为一种技术过程的问责、作为一个政治过程的问责以及作为制度化过程的问责。⑥ 与之类似,将问责分为官僚问责、市场问责、专业

---

① Zumeta, W. Public University Accountability to the State in the Late Twentieth Century: Time for a Rethinking? [J]. Policy Studies Review, 1998, 15 (4): 5 – 22.
② [美] E. 格威狄·博格、金伯利·宾汉·霍尔:《高等教育中的质量与问责》,毛亚庆、刘冷馨译,北京师范大学出版社2008年版,第16页。
③ Romzek, B. S. Dynamics of Public Accountability in an Era of Reform [J]. International Review of Administrative Sciences, 2000, 66 (1): 21 – 44.
④ Hendry, G. D., Dean, S. J. Accountability, Evaluation of Teaching and Expertise in Higher education [J]. The International Journal for Academic Development, 2002, 7 (1): 75 – 82.
⑤ El-Khawas, E. Accountability and Quality Assurance: New Issues for Academic Inquiry [A]. Forest, J. F., Altbach, P. G. (Ed.). International Handbook of Higher Education [C]. Dordrecht, Netherland: Springer, 2006: 24.
⑥ Levin, H. M. A Conceptual Framework for Accountability in Education [J]. The School Review, 1974, (3): 363 – 391.

问责、文化问责等也是一种常见的定义方式。① 当然在现实中，这些不同类型的问责并非泾渭分明，而是相互交织在一起。

在高等教育领域，马丁·特罗（Martin Trow）对于问责的界定和分析被认为是比较系统和权威的。他将问责视为高校与外部社会相联系的三种途径之一。② 从本质上，他认为问责是对传统意义上的信任的一种替代，具体而言，问责是指向他人报告（report）、解释（explain）、证明（justify）和回答（answer）资源是如何利用以及产生了何种效果的一种责任（obligation）。在不同的社会情境中，问责事关不同的行动并与不同的支持方式相联系，从而采取了不同的形式。关于问责的最根本性的问题是：由谁来进行问责？问责什么？向谁问责？通过何种方式问责？问责的结果是什么？③ 这一从结构和过程出发对问责所作的界定考虑到了问责的主体、内容、客体、途径（方式）以及结果等，在有关高等教育问责的研究中得到了广泛认可和应用。此外，麦克菲尔逊（Macpherson）认为，尽管"问责"这一概念颇具争议，但价值（values）、政治意识形态（political ideologies）和认识论（epistemologies）是问责所包含的三个关键点。他从实证主义、政治批判以及后实证主义和社群主义三个视角对问责进行了梳理。④ 在实证主义者看来，公共教育中的问责是证明学习质量、确认"最佳实践"和为宝贵的公共资源开支进行辩护的一种工具。政治批判的视角认为问责是政府将对于结果的责难从自身转嫁到教育者和当地社区那里，从而免受批评。在此，

---

① Darling-Hammond, L. Teacher Professionalism and Accountability [J]. The Education Digest, 1989, 55 (1): 15–19. Webb, P. T. The Anatomy of Accountability [J]. Journal of Education Policy, 2005, 20 (2): 189–208.

② 另外两种途径是市场与信任。

③ Trow, M. Trust, Markets and Accountability in Higher Education: A Comparative Perspective [J]. Higher Education Policy, 1996, 9 (4): 309–324.

④ Macpherson, R. J. S. Accountability in City Schools: Theory and Practice in Urban Educational Administration [J]. Education and Urban Society, 1998, 30 (4): 443–458.

问责成为镜像政治的一部分。在后实证主义者和持社群主义观点的人看来,问责则是一种事关什么构成了有价值的知识,学习、教学、领导、治理等是如何加以展示并得以改进以及政策共同体中的利益相关者是如何履行义务的一种理论表述。

从这些有代表性的关于问责的概念的研究中,我们可以看出,和高等教育质量一样,高等教育问责也具有"多面性"[1],是一个不断扩展[2]和人言人殊的、多维度的概念,它不仅与高校自身所应承担的责任有关,而且与不同质量主体的利益诉求、伦理诉求(例如信任)以及宏观场域的环境诉求等诸多因素有关。[3] 与行政管理领域和商业领域中的问责类似,现代意义上的高等教育问责也关注效率、效果,注重结果、产出与绩效。但是,高等教育本身的特性又使得问责在高等教育领域中呈现出某些独有的特征。高等教育领域中的问责不同于一般意义上的问责,它往往与院校自治、政府介入以及质量保障等联系在一起。[4]

2. 高等教育中的质量保障 VS 质量提高/改进/发展

在现代高等教育系统中,质量保障通常是作为高等教育问责的一种实践形式而出现。但现代意义上的质量保障最初主要应用于工商业领域,随着高等教育质量日益受到关注以及受新自由主义和新公共管理运动的影响,高等教育界才开始向工商业界学习如何应对质量问题,质量保障的相关理念和技术也由此被移植到高等教育的话语、政策和日常实践中来。总体而言,学术界主要从质量本身、

---

[1] Burke, J. C. The Many Faces of Accountability [M] //Burke, J. C. Achieving Accountability in Higher Education: Balancing Public, Academic, and Market Demands. San Francisco: Jossey-Bass, 2005: 1.

[2] Mulgan, R. "Accountability": An Ever-expanding Concept? [J]. Public Administration, 2000, 78 (3): 555-573.

[3] 柳亮:《高等教育问责制:内涵、缘起与实践》,《现代教育管理》2010年第2期。

[4] 蒋凯:《全球化背景下的高等教育责任制》,《教育研究》2008年第3期;蒋凯:《全球化时代的高等教育政策走向及其批判性分析》,《大学教育科学》2012年第3期。

质量管理、政府以及院校等几个角度对高等教育质量保障进行界定。

沃瑞吉斯特（Vroeijenstijn）认为高等教育中的质量保障就是"从质量维持和质量提高出发系统化的、有组织的和持续的关注质量"。[①] 哈曼（Harman）则认为，"质量保障指的是通过采用系统化的管理程序来确保质量能够合格或得以改进，同时使主要的利益相关者对质量管理及其结果保持信心。"[②] 在他们看来，质量保障是围绕着保持或者提高高等教育质量而采取的一套系统的或者有组织的管理程序。可以说，这是一种对于高等教育质量保障的技术性定义。

和对问责的界定一样，伊尔－卡瓦斯（El-Khawas）倾向于从政府政策的角度对高等教育质量保障进行界定。他认为质量保障就是要求高等院校接受某种形式的外部审查的政府政策，而高等院校接受外部审查的目的是向公众保证其向社会提供了有价值的服务。在这些政策中，有些是命令式的，有些则是咨询类的。[③] 在高等教育质量保障领域，卡瓦斯的这种定义被广为接受和引用。黄福涛则从高等院校的角度来定义高等教育质量保障。他认为高等教育质量保障是指"高等院校为了确保学习者达到特定的学习目的或为了满足一定组织、机构、群体而制定的标准以及实施的相关活动。这些活动包括高校内部的自我检查和自我评估、来自外部机构或专家的审查认定以及进校核查等一系列活动"[④]。在这一定义中，高等院校

[①] Vroeijenstijn, A. I. Improvement and Accountability: Navigating Between Scylla and Charybdis [M]. London: Jessica Kingsley, 1995: xviii.

[②] Harman, G. Quality Assurance Mechanisms and Their Use as Policy Instruments: Major International Approaches and the Australian Experience Since 1993 [J]. European Journal of Education, 1998, 33 (3): 331-348.

[③] El-Khawas, E. Accountability and Quality Assurance: New Issues for Academic Inquiry [A]. Forest, J. J. F., Altbach, P. G. (Ed.). International Handbook of Higher Education [C]. Dordrecht, Netherland: Springer, 2006: 24.

[④] 黄福涛：《高等教育质量保证的国际趋势与中国的选择》，《北京大学教育评论》2010年第1期。

作为高等教育质量的直接供给者的主体地位得到了关注和肯定，但它们仍然要接受外部利益相关者的问责与监督。

尽管对于何谓高等教育质量保障尚未有一个权威的和普适性的定义。但从上述研究中，我们不难看出，高等教育质量保障的目的是维持和提高高等教育质量（具体包括向社会公众提供有价值的服务、满足学生作为消费者的需求以及院校的目标等），要达到这一目的，高等院校需要接受外部的监督和审查，或者进行自我检查或评估。同时，政府的高等教育质量政策能够直接或间接影响到具体的质量保障活动。可以说，问责是质量保障的一个核心特征。

和质量保障一样，质量改进、质量提高和质量发展在高等教育质量研究中也是非常重要的概念。一般而言，质量改进大致等同于质量提高，它们指的是通过系统化的行动来改善学术机构的政策。这个词汇通常与强调院校要遵从质量保障的政策存在诸多不同。[1] 格斯灵（Gosling）等人则使用了"质量发展"（Quality Development）的概念。他们认为，从本质上说，质量发展是一种整合性的教育发展模式，它将教学提高与大学中质量和标准的监控过程结合在一起。在这一模式之中，教育发展涉及三个领域的工作：学术人员的学术发展、学生的学习发展和整个院校的质量发展。他们认为对整个高等教育机构来说，质量发展是一个双赢的模式。因为它不但满足了公共问责的需求，同时，它还允许学术人员做自己最擅长的事情：制定、保证、提高和传播教育性的学习项目。此外，它给予了学生在一个支持性的学习团体中实现他们教育目标的机会。[2]

尽管在高等教育质量领域中存在这些指向不同的概念，但在具

---

[1] El-Khawas, E. Accountability and Quality Assurance: New Issues for Academic Inquiry [A]. Forest, J. J. F., Altbach, P. G. (Ed.). International Handbook of Higher Education [C]. Dordrecht, Netherland: Springer, 2006: 24.

[2] Gosling, D., D'Andrea, V. Quality Development: A New Concept for Higher Education [J]. Quality in Higher Education, 2001, 7 (1): 7–17.

体的实践过程中,无论是为了问责还是为了提高,保障和提高高等教育质量均需借助于一定的途径或者形式才能变为现实。

3. 高等教育质量保障的主要形式

萨雅(Sanyal)和马丁(Martin)将高等教育质量保障机制分为质量审计(quality audit)、质量评估(quality assessment)和质量认证(quality accreditation)三种基本类型[①]:

◆ 质量审计指的是对某一院校或其下属单位的质量保障体系或程序进行审查,以确定其适当性;

◆ 质量评估则是对院校或其专业进行评估,以确定它们是否达到了由指定利益相关者预先确定或商定的标准;

◆ 质量认证是指由外部机构确认高等院校或其专业是否已经达到了关键的质量标准。

在这三种基本类型之外,质量控制(quality control)、质量管理(quality management)、基标法(benchmarking)等也是实践中较为常用的高等教育质量保障方法。[②] 约翰·布伦南和特拉·沙赫认为,质量评估是对高等教育质量的判断和衡量的过程;[③] 质量管理则是对高等教育质量的判断、决策和行动的整个过程,它涵盖了保障高等教育质量所涉及的一切内部的和外部的结构和过程,其中对质量评估的安排就构成了质量管理的一个重要部分。而质量控制更

---

① 转引自[美]特伦斯·W. 拜高尔克、迪恩·E. 纽鲍尔主编《亚太地区高等教育:质量与公共利益》,杨光富、任友群等译,华东师范大学出版社2012年版,第138页。

② 当然,也有许多研究者不同意这种分类,比如王建华、史秋衡等就认为,质量管理是质量评估、质量控制、质量保障和质量提高的上位概念。参见王建华《高等教育质量研究——管理的视角》,《高等教育研究》2009年第2期;史秋衡、吴雪《英国高等教育质量管理制度变迁探析》,《厦门大学学报》(哲学社会科学版)2009年第3期。

③ [美]约翰·布伦南、特拉·沙赫:《高等教育质量管理——一个关于高等院校评估和改革的国际性观点》,陆爱华译,华东师范大学出版社2005年版,第6页。

强调规定性职能,与之相比,质量保障和质量管理则同时涉及规定和促进两个方面。① 在研究者们试图对高等教育质量保障的方法进行界定并分类的同时,我们同样可以从一些国家或地区的高等教育政策以及高等教育质量保障的专业组织中找到对高等教育质量保障具体方法或机制所作的区分与描述。1991 年 5 月,英国颁布的《高等教育:一个新框架》(*Higher Education: A New Framework*)白皮书中就明确列出了三种主要的高等教育质量保障机制:质量控制、质量审计和质量评估。

◆ 质量控制:"院校维持和提高其所提供的质量的内部机制";

◆ 质量审计:"旨在为保证院校拥有合适的质量控制机制的外部审查";

◆ 质量评估:"对于院校教学质量的外部检查和判断"。

作为欧洲层面的高等教育质量保障的专业组织,欧洲高等教育质量保障协会(European Association for Quality Assurance in Higher Education,ENQA)在对其成员组织的调查中发现,评估、审计、认证、基标法是四种常用的对质量进行审查的方式:②

◆ 评估:对考察对象的质量进行评估;

◆ 审计:对学校或专业的质量保障机制进行审查;

◆ 认证:对考察对象的质量是否达到最低标准做出判断;

---

① [美] 约翰·布伦南、特拉·沙赫:《高等教育质量管理——一个关于高等院校评估和改革的国际性观点》,陆爱华译,华东师范大学出版社 2005 年版,第 7 页。

② 赵炬明:《超越评估(上)——中国高等教育质量保障体系建设之设想》,《高等工程教育研究》2008 年第 6 期;张爽、曾又其、李辉:《欧盟国家高等教育质量保障探析》,《中国大学教学》2008 年第 3 期。

◆ 基标：把考察对象的工作和最佳实践作比较，以便发现成就、不足与问题，促使考察对象向最佳实践者学习，并以此来提高质量。

在上述这些高等教育质量保障方式中，质量评估是最为常见和常用的质量保障方式。①"从20世纪80年代的世界质量保障运动开始，质量评估就一直是质量保障的主要技术。"② 此外，近些年来，随着高等教育国际化和全球化的深度发展，认证作为美国高等教育质量保障的主要方式也传播或扩散到其他国家和地区。相比而言，质量审计则经常出现在英联邦以及位于斯堪的纳维亚半岛的国家和地区的高等教育质量保障体系之中。③ 由于每一种质量保障方式都有其特定的哲学基础，因此，它们各自都有其优势与局限性，我们很难说哪一种质量保障方式会更加有利于保障或提高高等教育质量，而且每一种质量保障方式能够起到的作用还要受制于宏观的高等教育制度以及特定的高等教育传统。所以，我们会看到，囿于制度环境的差异，在采用相同高等教育质量保障方式的不同的国家和地区，质量保障的效果自然也会有所不同。

二 如何保障和提高高等教育质量的研究

（一）高等教育质量保障模式（理想类型）

在对一些发达国家和地区的高等教育质量保障体系进行历史和比较研究的过程中，研究者在对不同国家（地区）的高等教育传统、制度环境等因素进行深入分析的基础上，对具有相同或相似特

---

① 张应强、苏永建：《高等教育质量保障：反思、批判与变革》，《教育研究》2014年第5期。

② 杨立军、颜晓红、李玉倩：《技术与文化的融合：构建高校教学质量保障体系的路径》，《大学》（学术版）2013年第3期。

③ 崔瑞锋、张俊珍：《学术审计探析》，《外国教育研究》2007年第7期。

征的高等教育质量保障体系进行了归纳与提炼，总结出了高等教育质量保障的一些基本模式（理想类型）。总的来说，比较有影响的有两种模式说、三种模式说、四种模式说和五种模式说。

"两种模式说"指的是从高等教育历史的演变来看，受外部权威控制的法国模式和学者团体自治的英国模式是最早的两种高等教育质量评估模式。[①] 法国模式可以视为关于问责的质量评估模式的典型（原型）。在法国模式中，决定教什么以及允许谁施教的权力掌握在外部权威手中，教师的教学内容要对校长负责。英国模式就是我们今天所谓的"同行评估"。在英国模式中，由学者们来决定教什么以及由谁来教。此后提出的诸多高等教育质量保障的基本模式大体都是这对这两种模式的深化和拓展。

我们经常见到的"三种模式说"[②]将高等教育质量保障模式归纳为欧洲大陆模式、英国模式和美国模式。[③] 欧洲大陆模式的典型特征是由政府控制（管理）高等教育质量，英国模式的高等教育质量保障则以高校自主进行质量保障和外部同行评估为其主要特色，以认证为主体、市场作用显著的高等教育质量保障体系则被称为美国模式。

与"三种模式说"类似，"四种模式说"也将欧洲大陆模式、英联邦模式和美国模式视为高等教育质量保障的三种基本模式，但与"三种模式说"不同的是，在这三种基本模式之外，"混合型"的日本模式或荷兰的叠加式评估模式则成为"四种模式说"中的第

---

① Van Vught, F. A., Westerheijden, D. F. Towards a General Model of Quality Assessment in Higher Education [J]. Higher Education, 1994, 28 (3): 355-371.

② 早在1985年，就有研究者提出了国外高等教育质量评估的三种基本方式：自上而下的国家监督检查方式（苏联）；特许状方式（英国）；大学团体合格鉴定方式（美国、日本）。但这种分类并未引起广泛关注。具体参见何瑞琨《教育评估要从实际出发——日本大学导入合格鉴定方式的经验教训》，《辽宁高等教育研究》1985年第5期。

③ 陈廷柱：《中国高等教育质量保证的基本策略：市场化》，《江苏高教》2002年第1期；陈玉琨等：《高等教育质量保障体系概论》，北京师范大学出版社2004年版，第19—39页。

四种基本类型。① 还有研究者专门考察了欧洲的高等教育质量保障模式，并将其划分为四种基本类型，即英国的多元评估型、法国的中央集权型、比利时的二元结构型、荷兰的校外评估型。②

"五种模式说"则将世界范围内的高等教育质量保障体系划分为自主型、控制型、市场型、合作型和多元复合型五种类型，其中多元复合型模式被认为是世界范围内高等教育质量保障模式发展的共同趋势。③ 由于我国的高等教育质量保障模式仍然以政府控制为主要特征④，因此可归为控制型模式。

无论是将高等教育质量保障归为几种模式，其本质都是"国家权力、市场和院校这三种力量在不同时空背景下的张力与整合"⑤，而这种分类无疑都受到了伯顿·克拉克对高等教育系统中权力分配模式的经典研究的影响。⑥ 这种从权力关系的角度对高等教育质量保障模式的分类表明某种特定的高等教育质量保障模式与所在国家和地区的高等教育制度有着同构性，即有什么样的高等教育制度就有什么样的高等教育质量保障模式。换言之，高等教育质量保障模式具有情境性的特征，在实践中是多种多样的。⑦

---

① 安心：《高等教育质量保证体系研究》，甘肃教育出版社1999年版，第87—101页；李守福：《国外大学评价的几种模式》，《比较教育研究》2002年第6期；范文曜、马陆亭主编：《国际视角下的高等教育质量评估与财政拨款》，教育科学出版社2004年版，第4—5页。

② 熊志翔：《欧洲高等教育质量保障模式的形成及启示》，《高等教育研究》2001年第5期。

③ 田恩舜：《高等教育质量保证模式研究》，中国海洋大学出版社2007年版，第81—111页。

④ 田恩舜：《我国高等教育质量保证模式的建构策略》，《高等教育研究》2006年第7期。

⑤ 田恩舜：《高等教育质量保证模式论略》，《大学·研究与评价》2007年第4期。

⑥ [美]伯顿·克拉克：《高等教育系统——学术组织的跨国研究》，王承绪等译，杭州大学出版社1994年版。

⑦ 罗德斯（Rhoades）和斯邦（Sporn）在研究质量保障和战略管理由美国传播到欧洲以及在欧洲内部传播的时候就提到，虽然在政策中存在着强有力的国际模式，但对具有不同历史传统的地域来讲，质量保障和战略管理同样存在着地方差异和选择的余地。参见 Rhoades, G., Sporn, B. Quality Assurance in Europe and the U. S.：Professional and Political Economic Framing of Higher Education Policy [J]. Higher Education, 2002, 43 (3)：355 - 390。

其实，在这种多样性的背后，不同的高等教育质量保障模式在现实运作的过程中也表现出某些一致性，例如在具体的技术和操作层面，即使在制度环境迥异的情况下，不同国家和地区的高等教育质量保障活动在形式上还是呈现出诸多趋同性特征。例如，范富格特（Van Vught）和韦斯特赫德（Westerheijden）在对北美（美国、加拿大）和欧洲（英国、法国、荷兰等）高等教育质量评估体系的经验进行总结的基础上，从质量保障（评估）活动本身的构成与实践出发提出的一个超越具体情境的高等教育质量评估体系的一般模式:①

◆一个独立的质量评估体系的管理机构（或代理机构）；

◆任何质量评估体系都必须以自我评价（self-evaluation）（或者是 self-study, self-assessment）为基础；

◆同行评估（peer review）机制，特别是外部专家的一次或多次进入院校的现场评估（site visits）；

◆一份在整体计划内具有多种不同形式的公开的报告。

这一模式考虑到了高等教育质量评估的历史传统和现实经验，在国际上被广泛认可和应用。② 这个"四阶段模式"还被欧洲高等教育质量保障协会（ENQA）作为获得其成员资格的标准。③ 不过，这个一般模式仅仅是保障和提高高等教育质量的必要但非充分条件，也就是说，同样采用这个一般模式并不一定能够使得高等教育

---

① Van Vught, F. A., Westerheijden, D. F. Towards a General Model of Quality Assessment in Higher Education [J]. Higher Education, 1994, 28 (3): 355-371.

② 其实在这四个要素之外，范富格特（Van Vught）和韦斯特赫德（Westerheijden）所提出的这个一般模式中还包括第五个要素，即评估结果与资助之间的可能关系。但这一要素并未得到普遍认可。所以，通常而言，高等教育质量评估的一般模式就包括上述四个要素。中国普通高等学校本科教学工作水平评估的模式在形式上也大致符合这个一般模式。

③ 阙阅：《欧洲高等教育质量保障探析》，《高等农业教育》2005年第8期。

质量保障具有同样的结果和效果。但是当前许多研究却将各种高等教育质量保障技术作为能够脱离具体情境来直接提高高等教育质量的自变量加以介绍和推广。这些研究文献一方面主要集中于对英国、美国、澳大利亚、法国、荷兰、日本、欧洲等一些发达国家和地区高等教育质量保障的历史、机构、具体的操作规范和流程进行介绍和分析，另一方面主要致力于本土的高等教育质量保障体系的建构。

（二）对发达国家和地区高等教育质量保障的研究

世界范围内的现代高等教育质量保障运动主要源于20世纪80年代的美国和欧洲，它们在具体的实践中形成了一些较为成熟的规程和操作方法，随着高等教育质量逐渐成为一个普遍性的问题，在全球化的推动下[1]，这些国家和地区的高等教育质量保障实践自然成为模仿和学习的对象。而且，这些国家和地区也是历史上和现实中高等教育最为发达的区域，这也是促使研究者重点关注这一区域高等教育质量保障实践的重要原因之一。

早在20世纪80年代，中国的学术界就已经开始介绍国外的一些高等教育质量保障的方式和方法[2]，但是直到1999年之前，这样的研究尚处于一种零散和自发的状态，而且大多属于宏观层面的简介[3]。这些点状的、初步的研究难以使我们真正了解国外的高等教育质量保障是如何运行和具体操作的。从1999年开始，随着中国高等教育大规模扩招政策的强力推行，社会各界开始担忧高等教育

---

[1] Rhoades, G., Sporn, B. Quality Assurance in Europe and the U. S.: Professional and Political Economic Framing of Higher Education Policy [J]. Higher Education, 2002, 43 (3): 355 – 390.

[2] 何瑞琨：《教育评估要从实际出发——日本大学导入合格鉴定方式的经验教训》，《辽宁高等教育研究》1985年第5期。

[3] 王英杰：《八十年代美国高等教育改革的趋向》，《高等师范教育研究》1989年第4期；许庆豫：《国外高等教育发展的重要机制——社会评价》，《上海高教研究》1993年第3期；王烽、霍雅玲：《发达国家高等教育评估的发展趋势及其启示》，《高等工程教育研究》1996年第4期；王爱国：《发达国家提高高等教育质量的基本措施纵论》，《教育研究》1998年第6期。

质量能否得以保障。在这种背景之下，许多学者开始将高等教育质量作为一个重要的理论和实践问题来加以研究。董秀华以法国、荷兰、英国、美国作为案例集中考察了政府在高等教育质量评估中的职能与作用。[①] 此后，这种从政府行为的角度研究高等教育质量保障成为一个重要的研究方向。

总体而言，国内学术界对发达国家和地区高等教育质量保障的研究主要集中于英国、美国、澳大利亚、法国、日本、荷兰等国家以及欧洲等地区。这些研究又大体可以分为三类：

第一类研究：以单个国家或区域为单位，从宏观层面对其高等教育质量保障的历史和现状进行的研究。从研究目的而言，这类研究有着鲜明的指向，即"洋为中用",[②] 但必须明确的是，这种"洋为中用"关注最多的是哲学层面或指导思想方面的一般性的原则或条件。从研究路径来讲，此类研究是从异域有关高等教育质量的政策文本和机构的历史演变轨迹中寻找提高中国高等教育质量保障有效性的一般法则或"生命密码"。具体来说，它们基本上都是从高等教育质量保障产生的背景与动力、相关政策话语[③]、高等教育经费资助机构与质量保障机构[④]的更迭与功能等角度对该国或该地区的高等教育质量保障进行一般性描述和阶段划分，最后提炼出

---

① 董秀华：《政府在高等教育评估中的职能与作用——个案与比较研究》，《比较教育研究》1999 年第 1 期。

② 这类研究经常会使用"他山之石，可以攻玉"来表达其研究的基本价值取向。

③ 例如，1981 年和 1985 年的绿皮书、1987 年和 1991 年的白皮书、1988 年的《教育改革法》、1992 年的《继续和高等教育法》以及 20 世纪 80 年代中期的《雷诺兹报告》和《贾特勒报告》中有关高等教育经费资助与质量评估的建议和规定是研究英国高等教育质量保障历史变迁的主要政策载体。

④ 例如，英国第一个正式的高等教育质量保障机构全国学位授予委员会（CNAA）、大学校长和副校长委员会（CVCP）、学术审计部（AAU）、大学拨款委员会（UGC）、大学基金委员会（UFC）、多科技术学院和其他学院基金委员会（PCFC）、高等教育基金委员会（HEFCs）、教学质量保障委员会（QAC）、高等教育质量委员会（HEQC）、高等教育质量保障署（QAA）等是研究高等教育质量（保障）历史变迁的主要组织载体。

这种变革方式、话语表达和组织变迁所蕴含的理论和现实意义或者可供中国完善高等教育质量保障体系时直接学习或借鉴的方面。刘忠学、金顶兵等人①对英国高等教育质量保障体系的研究，侯威、丁丽军、肖毅等人②对澳大利亚高等教育质量保障体系的研究，李延成、张民选、王建成和李明华等人③对美国高等教育认证和评估制度的研究是这一类研究的代表性文献。此外，还有一些研究译介了法国、日本、荷兰、欧洲等国家和地区高等教育质量保障体系的历史与现状。通过此类研究，他们得出了一些有价值并被广泛认可的结论。

例如英国的高等教育质量保障相对来说之所以成功，是因为将基于问责的外部质量保障和基于提高的内部质量保障结合起来，通过政府政策和中介组织来进行调控和协调④并不断通过拨款机制的改革来促使院校自觉地进行质量监控和质量提高⑤。可以说，英国高等教育质量保障的历史变革是一个"政府与学术界通过协商、妥协和行动协调利益关系的过程"。⑥ 金顶兵认为，这一变革过程也是

---

① 刘忠学：《英国高等教育质量保证体系的发展及现状分析》，《比较教育研究》2002年第2期；金顶兵：《英国高等教育评估与质量保障机制：经验与启示》，《教育研究》2005年第1期。

② 侯威、许明：《澳大利亚高等教育质量保证机制概述》，《比较教育研究》2002年第3期；丁丽军：《澳大利亚高等教育质量保障模式研究——以AUQA质量审核为例》，博士学位论文，华东师范大学，2010年；肖毅：《澳大利亚高等教育质量保障体系改革新动向研究》，《外国教育研究》2013年第4期。

③ 李延成：《美国高等教育认证制度：一种高等教育管理与质量保障模式》，《高等教育研究》1998年第6期；张民选：《关于高等教育认证机制的研究》，《教育研究》2005年第2期；王建成：《美国高等教育认证制度研究》，教育科学出版社2007年版；李明华：《美国高等教育认证制度的变革趋势研究（上）》，《复旦教育论坛》2008年第4期；李明华：《美国高等教育认证制度的变革趋势研究（下）》，《复旦教育论坛》2008年第5期。

④ 刘忠学：《英国高等教育质量保证体系的发展及现状分析》，《比较教育研究》2002年第2期。

⑤ 史秋衡、吴雪：《英国高等教育质量管理制度变迁探析》，《厦门大学学报》（哲学社会科学版）2009年第3期。

⑥ 贺利：《英国高等教育质量外部保证体制变革研究》，硕士学位论文，华东师范大学，2006年。

从大学教师个体到高等院校,再从高等院校到国家(政府),最后从国家(政府)再次回归到院校的历程,体现了英国高等教育质量保障机制的深度变革,即从传统的文化机制到科层机制,最后又回归到文化机制,这说明高等教育质量保障必须符合高等教育自身的性质和规律,中国要提高高等教育质量应该借鉴英国的经验,将高等院校和教师作为质量保障的主体。[1] 此外,其他文献也指出,英国高等教育质量保障体系所展示出来的独立性和自主性,学术界、政府官员、高校校长、工商界人士等不同利益相关者的广泛参与,体系内不同组织之间的有机联系,[2] 体系的法制化、质量保障机构的多元化、体系构建的融合性、体系发展的平衡性等[3]既是英国高等教育质量保障的特色和优势,也是中国完善高等教育质量保障体系可以借鉴的地方。

在有关美国高等教育认证的研究中,研究者们认为,作为一种独具特色的高等教育质量保障制度,认证(包括院校认证和专业认证)是在美国多样化、分权化和自由竞争的高等教育制度环境中生长起来的,它以自愿、同行评估、非政府导向为特点。[4] 美国高等教育被其他国家和地区认为具有较高的质量与这种认证制度是分不开的。在赋予院校更多自治权的同时,让更多的利益相关者参与质量保障的过程,推动评估人员和评估标准的国际化、进行评估机构的整合、通过评估等手段进行问责则是法国高

---

[1] 金顶兵:《英国高等教育评估与质量保障机制:经验与启示》,《教育研究》2005 年第 1 期。
[2] 蒋家琼、姚利民、游柱然:《英国高等教育外部质量保障组织体系及启示》,《比较教育研究》2010 年第 1 期。
[3] 莫甲凤:《大学自治模式的英国高等教育质量保障体系:特点与启示》,《中国高教研究》2012 年第 4 期。
[4] 李延成:《美国高等教育认证制度:一种高等教育管理与质量保障模式》,《高等教育研究》1998 年第 6 期。

等教育质量保障体系建设的主要经验,[①] 现有的研究认为,这对同样具有集权传统的中国高等教育质量保障的完善有着重要的借鉴意义。

第二类研究:对中观层面的组织(机构、高等教育质量保障工具)进行的案例研究。与第一类研究一样,此类研究的主要目的也是"洋为中用",但其不同之处在于,这类研究侧重于高等教育质量保障的具体规程和操作层面的介绍和描述。其基本的研究路径是,以某一个高等教育质量保障组织(机构)的历史变迁为研究背景,详细介绍质量保障的目的或目标、组织架构、人员组成、正式的规章制度、职责范围、质量标准、质量保障的方式方法、操作流程、实践的结果和效果以及经验和启示等。

方鸿琴和俞佳君等[②]对英国高等教育质量保障署(QAA)的研究,丁丽军对澳大利亚大学质量保障署(AUQA)的质量审核的研究,[③] 肖毅等对澳大利亚第三级教育质量和标准署(TEQSA)的研究,[④] 童康对英国南安普顿大学院系评估的案例研究[⑤]等是第二类研究中的代表性文献。此外,还有少数文献介绍了一些具体的高等教育质量保障工具。罗晓燕和陈洁瑜对美国全国大学生

---

① 高迎爽:《法国高等教育质量保障历史研究(20世纪80年代至今)——基于政府层面的分析》,博士学位论文,华东师范大学,2010年;朱家德:《自治—问责:法国高等教育转型与质量保障体系的发展》,《中国高教研究》2012年第4期;胡淼:《高等教育外部质量评估模式的发展趋势——来自法国的经验》,《比较教育研究》2012年第7期。

② 方鸿琴:《英国高等教育质量保证署的院校审核》,《高等教育研究》2005年第2期;俞佳君:《英国QAA的建立与发展——兼论英国高等教育外部质量保障机制》,《煤炭高等教育》2008年第6期。

③ 丁丽军:《澳大利亚高等教育质量保障模式研究——以AUQA质量审核为例》,博士学位论文,华东师范大学,2010年。

④ 肖毅:《澳大利亚高等教育质量保障体系改革新动向研究》,《外国教育研究》2013年第4期;陈欣、郝世文:《澳大利亚高等教育问责和质量保证:2007年之后的新举措》,《外国教育研究》2013年第4期。

⑤ 童康:《英国大学的自我评估:南安普顿大学的院系评估案例评析》,《教师教育研究》2014年第5期。

学习投入度调查（NSSE）产生的背景与发展历程、调查体系与测量指标、调查流程以及如何应用等几个方面进行了简要的介绍。[①] 李奇的研究中则介绍了包括 NSSE 在内的六种调查工具。[②]

不同于第一类研究，第二类研究将研究对象的组织结构和操作规程视为可以直接模仿甚至复制的对象，这对于正处在起步阶段的中国高等教育质量保障的规章制度的建设、组织机构的建立和完善以及具体的实施过程有着重要的参考价值。随着全球化和国际化的深度发展，这种带有"标杆学习"性质的行动指南类研究[③]正日益增多，其特色和优势在于抛弃了宏观层面的宏大叙事，转向了行动取向的微观层面的技术细节，但其局限性同样明显，后文将对其局限性做出阐述。

第三类研究：国际（区域）层面的比较研究。这类研究是建立在前两类研究的基础之上的，也可以说，此类研究综合了上述两类研究的特征。在研究目的上，它们兼具哲学或指导思想层面以及操作层面的"洋为中用"。在研究路径上，这类研究既包括从历史和现状层面出发进行的整体性的描述研究，也包括就多个高等教育质量政策、机构以及具有不同传统的院校进行的多案例分析。但是和前两类研究的不同之处在于，由于跨越了不同的国家和地区，此类研究关注的是更为普适性的原则和做法。这一类型的研究又可以分为两个分支，第一个分支是通过对不同国家和地区高等教育质量保

---

① 罗晓燕、陈洁瑜：《以学生学习为中心的高等教育质量评估——美国 NSSE "全国学生学习投入调查"解析》，《比较教育研究》2007 年第 10 期。

② 李奇：《试析美国本科教育质量评估中的问卷调查》，《比较教育研究》2008 年第 3 期。

③ 马尔科姆·泰特认为，行动指南类的文献相当于一份汽车修理手册或烹饪书，只要"依样画葫芦"，你就能做得很好。同时，他还对"行动指南"与"可以做什么"这两类文献进行了区分，他认为后者在方法上更具前瞻性或"布道式"的意味，它们认定存在唯一、最佳的高等教育管理方法，遵循这一方法，不但可以求得生存，而且有望达到卓越的境界。参见［英］马尔科姆·泰特《高等教育研究：进展与方法》，侯定凯译，北京大学出版社 2007 年版，第 152 页。

障政策、制度、过程以及组织结构等进行比较分类，提出质量保障的几种模式，前面所提到的高等教育质量保障的理想类型就是此类研究的主要成果之一。这是一种理论取向的质量保障研究，其中熊志翔、陈玉琨、田恩舜、黄福涛等人[①]的研究最具代表性。第二个分支则是实践取向的，例如赵炬明的研究通过对美国、欧洲以及中国高等教育质量保障体系的历史、现状和问题的比较来构建未来中国高等教育质量保障体系的框架。[②] 此外，马健生等人以美国、英国、法国、德国、日本、荷兰和澳大利亚等国家的高等教育质量保障体系为基础，通过综合性的国际比较将上述这些研究取向整合为一个综合性的研究框架，总结出了国际范围内高等教育质量保障实践中的一些共同经验。[③] 作为一项重大研究课题，这一研究代表了国内对国际高等教育质量保障研究的最新成果。

（三）工商业领域中质量保障的应用与中国高等教育质量保障的本土建构

在向发达国家和地区进行学习的同时，研究者们还试图将工商业领域中有关质量保障的理念、方式和方法引入高等教育领域。作为工商业领域中风靡一时的质量保障的理念和方法，全面质量管理（Total Quality Management，TQM）和 ISO 9000 族标准在企业和西方高等教育领域中的应用引起了人们的广泛关注。对于在高等教育领域应用 TQM，历来存有争论。支持者认为，在市

[①] 熊志翔：《欧洲高等教育质量保障模式的形成及启示》，《高等教育研究》2001 年第 5 期；陈玉琨等：《高等教育质量保障体系概论》，北京师范大学出版社 2004 年版；田恩舜：《高等教育质量保证模式研究》，中国海洋大学出版社 2007 年版；黄福涛：《本科教育质量保证研究——历史与比较的视角》，《高等教育研究》2008 年第 3 期。

[②] 赵炬明：《超越评估（上）——中国高等教育质量保障体系建设之设想》，《高等工程教育研究》2008 年第 6 期；赵炬明：《超越评估（下）——中国高等教育质量保障体系建设之设想》，《高等工程教育研究》2009 年第 1 期。

[③] 马健生等：《高等教育质量保证体系的国际比较研究》，北京师范大学出版社 2014 年版。

场化的背景之下，重视管理和消费者的需要是质量保障的核心，因此，高等教育领域应该引入风靡于工商业领域中的 TQM。汉森（Hansen）和杰克逊（Jackson）就建议将全面质量改进的方法应用于课堂之中。[1] 但在支持者拥抱这种质量保障模式的同时，反对者则指出 TQM 只不过是工商业领域中一种过时的"管理时尚"，TQM 并不适合于高等教育领域。[2] 巴尼特（Barrett）就批评了将学生视为消费者的观念并反对将商业领域中的质量概念简单地移植到教育领域。[3] 事实上积极采取了 TQM 的许多院校也未能坚持下来，与此同时，即使仍在应用 TQM 的院校也是将其用在学籍管理、宿舍管理、后勤管理等边缘领域，而将其用在教学和科研等关键或核心领域的实践并不多见。[4] 可以说 TQM 对高等教育的影响并不大。[5]

在希望借鉴工商业领域中质量保障的经验和方法的同时，也有许多研究者尝试从体系（模式）、框架和具体指标等方面构建本土的高等教育质量保障体系。李奇从高等教育系统的角度来构建一个由内部和外部、输入及过程与输出、问责组成的三位一体的、相互协调的中国高等教育质量保障体系。[6] 张丽从权力的角度提出了一个基于质量决策、质量管理、质量监控三个要素构成的"高等教育

---

[1] Hansen, W. L., Jackson, M. Total Quality Improvement in The Classroom [J]. Quality in Higher Education, 1996, 2 (3): 211-217.

[2] Houston, D. TQM and Higher Education: A Critical Systems Perspective on Fitness for Purpose [J]. Quality in Higher Education, 2007, 13 (1): 3-17.

[3] Barrett, R. "Quality" and the Abolition of Standards: Arguments Against Some American Prescriptions for the Improvement of Higher Education [J]. Quality in Higher Education, 1996, 2 (3): 201-210.

[4] 张会敏、方向阳：《全面质量管理在高等教育应用中的哲学思考》，《当代教育科学》2010 年第 11 期。

[5] Koch, J. V. TQM: Why is Its Impact in Higher Education so Small? [J]. The TQM Magazine, 2003, 15 (5): 325-333.

[6] 李奇：《论我国高等教育质量保障体系的建构》，《国家教育行政学院学报》2010 年第 11 期。

质量保障内部机制"结构框架。① 方鸿琴在对影响高校教学质量因素进行文献分析和实地调研的基础上构建了一个由"价值取向、目标与标准集合""组织框架集合""支持资源集合"和"教学质量控制集合"四个基本集合（共 26 个子项）组成的高校教学质量保障体系基本要素框架，并详细描述了各子项的内涵、基本要求以及基本的运行机制。②

第一轮本科教学评估在取得一定成效的同时，也受到了来自众多利益相关者的质疑和批评。由于评估体系本身的缺陷成为众矢之的，如何完善本科教学评估体系就自然成为政策制定者和研究者所关注的核心问题。这类研究大都是受教育行政主管部门委托或是在相关部门资助之下进行的，从事高等教育研究和管理的评估专家则是此类研究的主体。刘振天在反思首轮本科教学评估的基础上提出了"建立健全以学校自我评估为基础，以院校评估、专业认证及评估、国际评估和教学基本状态数据常态监测为主要内容，政府、学校、专门机构和社会多元评价相结合，与中国特色现代高等教育体系相适应的教学评估制度"的基本框架。③ 上海市高等教育评估研究中心则提出了一个以分类评估为核心的第二轮普通高校本科教学评估整体方案的构想。④ 赵炬明以 ENQA 的方案为基础，同时部分汲取美国高等教育质量保障的经验（多元参与、多元标准），根据中国高等教育管理的行政模式、传统和现实设计了一个涉及管理体制、质量保障方式、院校分类和考察重点、评估专家、院校基本运行信息的收集、分析与报告制度、减少干扰、时间规划等多个方面

---

① 张丽：《构建高等教育质量保障内部机制的研究》，《江苏高教》2012 年第 5 期。
② 方鸿琴：《我国高校质量保障体系一般模式构建与质量审计》，博士学位论文，华东师范大学，2011 年。
③ 刘振天：《我国新一轮高校本科教学评估总体设计与制度创新》，《高等教育研究》2012 年第 3 期。
④ 上海市高等教育评估研究中心：《突出分类指导 实现模式创新——关于我国第二轮普通高校本科教学评估整体方案的构想》，《教育发展研究》2006 年第 10A 期。

的中国高等教育质量保障体系的概念框架。① 需要指出的是，赵炬明的研究虽然同样是以首轮本科教学评估的实践为背景，但与其他研究的不同之处在于，其方案构想和框架设计并不局限于本科教学评估体系，而是试图超越评估而将其作为质量保障体系的一个环节加以处理。

三 对高等教育质量保障的反思与批判

现代意义上的高等教育质量保障源于学术组织（机构）有着本质差异的工商业领域。在诸多利益相关者的推动之下，高等教育中的质量保障不可避免地夹杂着复杂的意识形态、权力关系和利益考量，因此，无论从理论上进行审视还是观察日常的院校实践，我们会发现，高等教育质量保障已经不仅仅是一种用来保障或提升质量的技术手段，它本身已经演化为以问责为核心的意识形态和以控制为特征的权力机制。②

近些年来，随着高等教育质量保障的深入发展，人们已经从最初的讨论如何借鉴其他领域或国家（地区）的经验来完善本国的高等教育质量保障体系（总体上这是一种技术取向的研究范式）转移到分析制约高等教育质量保障有效性的外部制度环境③和高等教育质量保障的结果④及其影响⑤，由此也形成了一种反思——批判取

---

① 赵炬明：《超越评估（上）——中国高等教育质量保障体系建设之设想》，《高等工程教育研究》2008年第6期；赵炬明：《超越评估（下）——中国高等教育质量保障体系建设之设想》，《高等工程教育研究》2009年第1期。

② 张应强、苏永建：《高等教育质量保障：反思、批判与变革》，《教育研究》2014年第5期。

③ 周湘林：《中国高校问责制度重构——基于本科教学评估的新制度主义分析》，博士学位论文，华中科技大学，2010年。

④ Stensaker, B. Outcomes of Quality Assurance: A Discussion of Knowledge, Methodology and Validity [J]. Quality in Higher Education, 2008, 14 (1): 3–13.

⑤ El-Khawas, E. Accountability and Quality Assurance: New Issues for Academic Inquiry [A]. Forest, J. J. F., Altbach, P. G. (Ed.). International Handbook of Higher Education [C]. Dordrecht, Netherland: Springer, 2006: 31.

向的高等教育质量保障研究范式。这种反思和批判虽然不能为采取何种高等教育质量保障体系提供一种明确且具体的路径，但是它意在揭示高等教育质量保障本身的局限性及其在实践中的种种不足，因而同样有助于完善现有的质量保障体系。正如福柯所言："批评可以把思想进一步擦亮，并努力改变它：表明事物并不是如人们所相信的那样不言而喻的，使人们看到不言而喻的东西将不再以这种方式为人们所接受。批评的实践就是使得自然的行为变得陌生化。"[①]

（一）世界范围内对高等教育质量保障的反思与批判

1. 从日常实践出发对高等教育质量保障进行的反思与批判[②]

在高等教育质量领域，质量保障通常由外在于高等院校的政府以及其他社会组织发起和实施，而且它们倾向于采用繁杂的程序和绩效指标来衡量院校的管理以及学术工作，因此，高等院校，特别是院校内部的学术人员往往对质量保障持消极态度，甚至抵制质量保障。[③] 他们认为质量保障不但无助于提高高等教育质量，相反还会引发许多"意外后果"[④]（如官僚主义、弄虚作假、侵蚀学术自治等）。随着高等教育质量保障运动的深入发展，越来越多的研究开始关注高等教育质

[①] ［法］福柯：《权力的眼睛——福柯访谈录》，严锋译，上海人民出版社1997年版，第51页。

[②] 这一部分的很多原始文献在笔者和导师合作的文章《高等教育质量保障：反思、批判与变革》中曾经引用过。

[③] Anderson, G. Assuring Quality/Resisting Quality Assurance Academics' Responses to "Quality" in Some Australian Universities [J]. Quality in Higher Education, 2006, 12 (2): 161 – 173. Gaither, G. H. The Future Dynamics of Quality Assurance: Promises and Pitfalls [J]. New Directions for Institutional Research, 1998, 99 (Fall): 87 – 91.

[④] Elton, L. Accountability in Higher Education: The Danger of Unintended Consequences [J]. Higher Education, 1988, 17 (4): 377 – 390.

量保障的政策和实践对院校管理、教师教学和学生学习的影响。[1] 诸如此类的研究大都是从学术人员的视角,[2] 通过问卷调查和深度访谈来反思质量保障(评估、认证、审计、绩效指标等)的目的、实施效果及意义。此外,也有许多研究是从院校决策者[3]或质量保障机构[4]的角度以及对具有不同身份的院校内部人士所持观点进行比

---

[1] Askling, B. Quality Monitoring as an Institutional Enterprise [J]. Quality in Higher Education, 1997, 3 (1): 17 - 26. Baldwin, G. Quality Assurance in Australian Higher Education: The Case of Monash University [J]. Quality in Higher Education, 1997, 5 (1): 27 - 36. Stensaker, B. Trance, Transparency and Transformation: The Impact of External Quality Monitoring on Higher Education [J]. Quality in Higher Education, 2003, 9 (2): 151 - 159. Coates, H. The Value of Student Engagement for Higher Education Quality Assurance [J]. Quality in Higher Education, 2005, 11 (1): 25 - 36. Henkel, M. Academic Identities and Policy Change in Higher Education [M]. London, UK: Jessica Kingsley, 2000. Melo, A. I., Sarrico, C. S., Radnor, Z. The Influence of Performance Management Systems on Key Actors in Universities [J]. Public Management Review, 2010, 12 (2): 233 - 254.

[2] Bauer, M., Henkel, M. Responses of Academe to Quality Reforms in Higher Education: A Comparative Study of England and Sweden [J]. Tertiary Education and Management, 1997, 3 (3): 211 - 228. Trowler, P. Academics Responding to Change: New Higher Education Frameworks and Academic Cultures [M]. Buckingham, UK: SRHE/Open University Press. 1998. Newton, J. Feeding the Beast or Improving Quality?: Academics' Perceptions of Quality Assurance and Quality Monitoring [J]. Quality in Higher Education, 2000, 6 (2): 153 - 163. Newton, J. Views From Below: Academics Coping With Quality [J]. Quality in Higher Education, 2002, 8 (1): 39 - 61. Brunetto, Y., Rod, F. - W. Academics' Responses to the Implementation of a Quality Agenda [J]. Quality in Higher Education, 2005, 11 (2): 161 - 180. Watty, K. Want to Know About Quality in Higher Education? Ask an Academic [J]. Quality in Higher Education, 2006, 12 (3): 291 - 301. Cheng, M. Academics' Professionalism and Quality Mechanisms: Challenges and Tensions [J]. Quality in Higher Education, 2009, 15 (3): 193 - 205. Fletcher, R. B., Meyer, L. H., Anderson, H., Johnston, P., Rees, M. Faculty and Students Conceptions of Assessment in Higher Education [J]. Higher Education, 2012, 64 (1): 119 - 133.

[3] Minelli, E., Rebora, G., Turri, M., Huisman, J. The Impact of Research and Teaching Evaluation in Universities: Comparing an Italian and a Dutch Case [J]. Quality in Higher Education, 2006, 12 (2): 109 - 124.

[4] Harvey, L. Impact of Quality Assurance: Overview of a Discussion Between Representatives of External Quality Assurance Agencies [J]. Quality in Higher Education, 2006, 12 (3): 287 - 290.

较的角度①进行的。现有的研究文献显示，院校管理者、决策者和外部质量保障机构对质量保障持更为积极的态度，相比之下，学术人员对质量保障之于学术工作与院校的影响则充满了更多的忧虑和不满。②

胡森（Hodson）和托马斯（Thomas）对20世纪90年代英国高等教育质量保障的效果进行了研究。③ 他们认为，强调遵从与问责的高等教育质量保障方式在当时的英国是可以理解的，但是它同时塑造了一种使学术人员处于孤立的危险境地并危害整个高等教育系统的院校文化。如果高等教育质量保障体系承认21世纪高等院校日益增加的多样性，那么它需要通过鼓励创新和更加强调每个教学人员的自我改进来对质量保障中的遵从性加以平衡。如果高等教育系统要对21世纪的变革做出积极的回应，质量保障体系和高等院校就要适应彼此的政策、程序和文化。

赫奇（Hoech）通过访谈教师对英国高等教育质量保障中的信任、控制、专业自治与问责的问题进行了考察。他明确提出，问责与公开是学术人员应该竭诚信奉的重要准则，然而这种以审计和控制为基础的高等教育质量保障却在一定程度上削弱了学术人员的专业自治和信任，具有很高的机会成本，且不利于创新大学教学。④ 伍德维奇（Vidovich）和波特（Porter）对澳大利亚6所大学内部的

---

① Rosa, M. J., Tavares, D., Amaral, A. Institutional Consequences of Quality Assessment [J]. Quality in Higher Education, 2006, 12 (2): 145-159.

② Rosa, M. J., Tavares, D., Amaral, A. Institutional Consequences of Quality Assessment [J]. Quality in Higher Education, 2006, 12 (2): 145-159. 这种现象在中文文献中也得到了体现，如高耀明等的调查表明，教学管理人员对评估影响的肯定程度高于教学科研人员。参见高耀明等《本科教学工作水平评估对高校教学工作影响的调查研究》，《高等教育研究》2006年第11期。

③ Hodson, P., Thomas, H. Quality Assurance in Higher Education: Fit for the New Millennium or Simply Year 2000 Compliant? [J]. Higher Education, 2003, 45 (3): 375-387.

④ Hoecht, A. Quality Assurance in UK Higher Education: Issues of Trust, Control, Professional Autonomy and Accountability [J]. Higher Education, 2006, 51 (4): 541-563.

主要人员进行深度访谈后的分析表明,在具有不同历史背景的大学中高等教育质量政策呈现出纷繁复杂的现实和巨大差异。但是,尽管存在巨大差异,澳大利亚高等教育质量政策的整体效果还是加强了政府对高等教育的控制,即使这种控制不是直接控制。[1] 这种以绩效文化为典型特征的"远程控制"已经日益渗透到许多 OECD 国家的高等教育中。这样做的结果是,政府对大学和学术人员的控制并未减弱,只是变换了一种形式,其长远影响是增加了大学之间以及大学内部的不平等。[2]

罗萨（Rosa）等人的研究主要考察了葡萄牙学术人员对高等教育质量评估的目的的看法,[3] 他们的问卷调查和分析表明,尽管学术人员对质量评估中所包含的改进（improvement）和交往（communication）的目的支持率更高,对控制（control）和激励（motivation）的目的支持率较低,但总体上质量评估的所有的目的都得到了学术人员的支持。充分实施质量评估体系需要得到学术人员的支持,所以,他们认为在设计高等教育质量评估体系时需要以一种平衡的方式将学术人员的观点整合进来。和他们的研究类似,特伦（Trullen）和路德瑞格兹（Rodríguez）在对 300 多位大学教师进行调查和分析后认为,[4] 尽管国家质量评估的目的在于改进大学产品和服务的质量,但是部分大学教师却将其视为一种证明政府削减高等教育经费的合法性的工具。他们认为,大学教师参与评估的过程

---

[1] Vidovich, L., Porter P. Quality Policy in Australian Higher Education of the 1990s: University Perspectives [J]. Journal of Education Policy, 1999, 14 (6): 567 – 586.

[2] Vidovich, L. Quality Assurance in Australian Higher Education: Globalisation and "Steering at a Distance" [J]. Higher Education, 2002, 43 (3): 391 – 408.

[3] Rosa, M. J., Sarrico, C. S., Amaral, A. Academics' Perceptions on the Purposes of Quality Assessment [J]. Quality in Higher Education, 2012, 18 (3): 349 – 366.

[4] Trullen, J., Rodríguez, S. Faculty Perceptions of Instrumental and Improvement Reasons Behind Quality Assessments in Higher Education: The Roles of Participation and Identification [J]. Studies in Higher Education, 2013, 38 (5): 678 – 692.

能够明显减少其认为质量评估中包含工具理性的可能性。此外，那些认为质量评估中带有质量改进因素的大学教师更倾向于认为质量评估是合法的，他们也更乐意支持那些接受评估的学术项目。他们的研究意在强调大学教师对于质量评估的重要性，同时，他们的分析也表明大学教师的参与在缓和对外部干预的质疑方面是至关重要的。琼斯（Jones）的研究也建议通过增强教学质量评估体系的灵活性，在学术人员和管理者之间建立信任文化来改进质量评估。[①]

在大学教师的视角之外，还有许多研究试图从整体上或者组织层面[②]对高等教育质量保障进行反思和批判。哈曼（Harman）对澳大利亚的高等教育质量保障是如何被当作一种政治工具加以运用进行了研究。[③] 他认为，尽管政府通常使用质量保障来满足主要利益相关者的需要以及实现质量改进，但评估和审核等不仅仅是问责和改进的技术手段，而且它们还被政府和不同的政客当作实现多种政策目标的机制加以使用。哈维（Harvey）和纽顿（Newton）也指出，质量评估仅仅是一种新的控制机制，它是改变政府与高等院校之间权力分配的更大战略的一部分。[④] 随着高等教育质量保障的深入发展，在某些国家，学术委员会的主要角色就转变为进行学术质量保障。罗兰德（Rowlands）分析了问责和质量保障中澳大利亚大学的学术委员会性质的变化。[⑤] 他认为聚焦于审计驱动的问责机制

[①] Jones, J., De Saram, D. D. Academic Staff Views of Quality Systems for Teaching and Learning: A Hong Kong Case Study, Quality in Higher Education, 2005, 11 (1): 47-58.

[②] Nilsson, K.-A., Wahlen, S. Institutional Response to the Swedish Model of Quality Assurance [J]. Quality in Higher Education, 2000, 6 (1): 7-18.

[③] Harman, G. Quality Assurance Mechanisms and Their Use as Policy Instruments: Major International Approaches and the Australian Experience Since 1993 [J]. European Journal of Education, 1998, 33 (3): 331-348.

[④] Harvey, L., Newton, J. Transforming Quality Evaluation [J]. Quality in Higher Education, 2004, 10 (2): 149-165.

[⑤] Rowlands, J. Accountability, Quality Assurance and Performativity: The Changing Role of the Academic Board [J]. Quality in Higher Education, 2012, 18 (1): 97-110.

对于学术委员会而言是有问题的，但是他同时也建议，作为一个广义上的高等教育质量保障框架的一部分，学术委员会也有机会在提高学生学习成果而非遵从质量保障的学术标准方面发挥重要作用。布伦南（Brennan）和沙赫（Shah）对质量管理与评估系统之于高校中的学术权力和价值观产生的影响进行的跨国比较研究也表明，与学科和专业的价值相比，国家和院校的质量评估使得管理的和市场的价值变得更为重要，从而强化了外部价值，使其置于内部价值之上。[①]

2. 高等教育质量保障中的问责与提高之争[②]

自从高等教育中引入质量保障以来，就存在着质量保障的目的是问责还是改进（提高、发展）的二元划分及争论。米德赫斯特（Middlehurst）对高等教育中的问责与发展进行过区分（见表1—1）。

表1—1　　　　　　　　　问责与发展的对比

问责	发展
外部要求	内在利益
外在动机	内在动机
静止的/回溯性的	动态的/前瞻性的
检查	评价
信息	数据

资料来源：Middlehurst, R. Quality Enhancement for Accountability and Transformation: A Framework for the Future [J]. Tertiary Education and Manageraent, 1997, 3 (1): 15-24.

[①] Brennan J., Shah T. Quality Assessment and Institutional Change: Experiences From 14 Countries [J]. Higher Education, 2000, 40 (3): 331-349.

[②] 这一部分的部分内容已发表。详见苏永建《试论高等教育质量议程中的质量保障与质量提高》，《中国高教研究》2016年第5期。

他认为，[①] 从动机方面来看，问责主要依赖于奖励或惩罚这样的外在动机，而发展则是由院校内部利益和内在动机驱动的；从关注的重点来看，问责的关注点本质上是静止的和回溯性的，发展的关注点是动态的和具有前瞻性的，前者是在外部要求的驱动之下向资助者对院校做了什么进行解释和说明，后者则是对通过应该做什么或将要做什么来推动院校或者项目发展而进行说明；从过程和结果来看，问责主要包括导致非协商性判断的检查，其结果是通过提供信息来为那些具有选择权的人提供指导，发展的过程则主要围绕着院校的优势、劣势、威胁和机会进行协商性的评价，其结果是将收集到的数据作为一种严格性的分析工具来指导院校决策。

其实早在米德赫斯特之前，撒切斯（Sachs）就从关注的重点（问责 VS 改进）、背后的哲学基础（工具性的 VS 转化性的）、动机（政府的命令/政策 VS 组织本身改进的愿望）、时效性（短期的 VS 长期的）、管理结构（集中的/科层的 VS 授权的/促进的）等十三个维度对质量保障模式和质量发展模式之间的主要差异进行了详细的阐释和对比（见表1—2）。[②]

表1—2　　　　　　　　　质量保障与质量改进的比较

	质量保障	质量改进
重点	问责	改进
哲学	工具性的	转化性的
控制的场所	外部的	内部的
	管理/政府推动的	雇员推动的

---

① Middlehurst, R. Quality Enhancement for Accountability and Transformation: A Framework for the Future [J]. Tertiary Education and Management, 1997, 3 (1): 15-24.

② Sachs, J. Strange Yet Compatible Bedfellows: Quality Assurance and Quality Improvement [J]. Australian Universities' Review, 1994, 37 (1): 22-25.

续表

	质量保障	质量改进
动机	政府的命令/政策	组织本身改进的愿望
社会性	竞争的	合作的
关系	命令的	协商的
管理风格	权威主义的	民主的
管理结构	集中的/科层的	授权的/促进的
时间	短期的	长期的
评价	外部审计	同行评估
对象	外部利益相关者	内部利益相关者
定位	过去的实践	未来的可能性
成就指标	定量的	定性的

资料来源：Sachs, J. Strange Yet Compatible Bedfellows: Quality Assurance and Quality Improvement [J]. Australian Universities' Review, 1994, 37 (1): 22-25.

比格斯（Biggs）虽然没有和撒切斯（Sachs）一样用类似于质量改进（提高或者发展）这样的概念取代质量保障，但是他从高等教育质量的三种定义（质量作为价值增值；质量作为合乎院校的目的；质量作为转化）出发将质量保障分为回溯性的质量保障和前摄性的质量保障。[①] 在比格斯那里，这两种类型的质量保障之间具有根本的区别。他认为根据第一种定义进行的质量保障属于回溯性的质量保障，这种类型的质量保障主要关注院校做了些什么，并且会根据外部强加的标准对院校的教育质量进行终结性的判断，其议程是管理性的而非学术性的，程序是自上而下和官僚化的，问责在其中占据优先地位；而根据后两种定义所进行的质量保障是前摄性的质量保障，它用以保障目前以及未来的教与学的质量，以符合高等院校的目标，同时，它也鼓励通过质量提高来不断地提升与改进教

---

① Biggs, J. The Reflective Institution: Assuring and Enhancing the Quality of Teaching and Learning [J]. Higher Education, 2001, 41 (3): 221-238.

学,其目的是建立一种满足这些要求的教学系统。

与以上这些研究类似,艾威尔(Ewell)在对美国20世纪80年代末期以来的高等教育评估历史进行研究时所提出的两种相互对立的评估范式同样是基于问责与改进的二元划分(见表1—3)。①

表1—3　　　　　　　　　　两种评估范式

维度		范式	基于持续改进的评估	基于问责的评估
战略维度		目的	形成性的(改进)	终结性的(判断)
		立场	内部的	外部的
		主要的理念	参与	服从标准化的
应用维度		手段	多元的/三角互证	
		证据的类型	定量的/定性的	定量的
		参考点	及时的、可比的、固定的目标	可比的或固定的标准
		结果的传播	多种内部渠道和媒介	公共传播
		结果的使用	多个反馈圈	报告

资料来源:Ewell, P. T. Assessment and Accountability in America Today: Background and Context [J]. New Directions for Institutional Research, 2008, Fall (Assessment Supplement 2007):7-17.

虽然越来越多的研究通过对比分析认识到高等教育质量保障的局限性,并试图以质量提高来平衡质量保障的消极后果甚至以之取代质量保障,但是,菲利帕克亚(Filippakoua)和坦普尔(Tapper)对英国高等教育质量保障的历史演变进行研究后认为,质量提高虽然从理论上说作为一种变革性的话语(a transformative discourse)能够拓展高等教育质量议程,并使其更加能够批判性地进行自我反思,但是既得利益集团的支持使得质量保障不太可能在支持质量提高方面发生大的变化,因而,它不太可能撼动使高等教育

---

① Ewell, P. T. Assessment and Accountability in America Today: Background and Context [J]. New Directions for Institutional Researc, 2008, Fall (Assessment Supplement 2007):7-17.

质量保障发挥作用的相对稳定的结构。[1] 当然，质量保障也并非如许多研究所批判的那样一无是处。特纳（Thune）[2]、斯汀萨克（Stensaker）[3] 和罗萨（Rosa）[4] 等研究者都一致认为在基于问责的质量保障和基于提高的质量改进之间应该形成一种平衡。其实，包括米德赫斯特、撒切斯和艾威尔等这样一些对两者做出明确区分的学者也承认问责与改进之间并非是截然对立的。他们在明确两者在某些方面存在差别的同时也认为它们各自仅仅代表一种理想类型或范式。在实践中，质量保障与质量提高是"相互补充的"，应该将看似对立的双方结合起来，在一种动态的平衡中共同致力于提高高等教育质量。正如特纳（Thune）所言，以问责为目的的外部的、系统化的质量保障在保证公正性、可靠性、权威性、广泛性、一致性以及透明性方面具有明显的优势。但成功的外部质量保障是以其与以信任、承诺和理解为特征的院校内部的质量改进之间耦合的程度为基础的。[5]

3. 从相关学科的理论出发对高等教育质量保障的反思与批判

舒勒（Shore）和罗伯茨（Roberts）较早运用边沁（Jeremy Bentham）的全景敞视（panopticon）模型和福柯（Foucault）的规训权力模型（model of disciplinary power）对英国高等教育质量保障

---

[1] Filippakoua, O., Tapper, T. Quality Assurance and Quality Enhancement in Higher Education: Contested Territories? [J]. Higher Education Quarterly, 2008, 62 (1/2): 84 – 100.

[2] Thune, C. The Alliance of Accountability and Improvement: The Danish Experience [J]. Quality in Higher Education, 1996, 2 (1): 21 – 32.

[3] Danø, T., Stensaker, B. Still Balancing Improvement and Accountability? Developments in External Quality Assurance in the Nordic Countries 1996 – 2006 [J]. Quality in Higher Education, 2007, 13 (1): 81 – 93.

[4] Rosa, M. J., Sarrico, C. S., Amaral, A. Academics' Perceptions on the Purposes of Quality Assessment [J]. Quality in Higher Education, 2012, 18 (3): 349 – 366.

[5] Thune, C. The Alliance of Accountability and Improvement: The Danish Experience [J]. Quality in Higher Education, 1996, 2 (1): 21 – 32.

和质量评估的功能及其影响进行了研究。① 他们认为，英国高等教育质量保障（评估）中使用的"管理"的术语和技术，使高等院校更加类似于商业领域。它通过构建一个类似于全景敞视监狱的评估和监控体系使大学教师成为被监视、控制乃至自我表演的个体，这种控制事实上导致了学术标准的降低。同时，透过福柯的规训权力模型，他们认为，质量评估作为一种规训技术非但不能改善教学与科研的绩效和质量，反而它本身也被改造得与以社会控制和意识形态重构为目的的政治议程更为一致，其结果会使知识自由和学生学习遭到践踏。

苏斯皮特斯娜（Suspitsyna）利用经典的修辞学理论（classic rhetoric）和福柯的治理术（governmentality）的概念分析了美国联邦教育部话语中问责的修辞学建构并对其在管理教育机构和学科中的问责的角色进行了考察。② 作者向我们展示了，作为一种修辞，教育中的问责制是如何以一种"神圣的语言"（sacred language）来传播新自由主义的价值，同时，作为一种治理术，它是如何维持新自由主义的政治合理性，将教育机构置于政府的监督之下并通过消费者选择的责任化和道德化来使其具有积极进取的主体性的。作者指出，以市场导向的问责形式为核心的联邦教育政策在实现其官方目标，特别是在为少数族裔和来自低收入家庭的学生提供均等的机会方面难有作为。

恩格布瑞特斯恩（Engebretsen）等人通过一个具体的案例（护理学士学位项目的认证），对由挪威教育质量保障署（NOKUT）所

---

① Shore, C. Roberts, S. Higher Education and The Panopticon Paradigm: Quality Assessment as "Disciplinary Technology" [A]. Paper Pesented at the Society for Research into Higher Education Conference [C]. Brighton, England: December, 1993: 14 – 16. Shore, C. Roberts, S. Higher Education and The Panopticon Paradigm: Quality Assessment as "Disciplinary Technology" [J]. Higher Education Review, 1995, 27 (3): 8 – 17.

② Suspitsyna, T. Accountability in American Education as a Rhetoric and a Technology of Governmentality [J]. Journal of Education Policy, 2010, 25 (5): 567 – 586.

实施的高等教育认证中的话语进行了研究。① 在这一研究中，他们同样使用了治理术和全景敞视建筑的概念。但他们的研究的兴趣点是存在于语言之中并通过语言而表现出来的权力，即话语权力。通过集中考察政策文本中所选择的词汇及其形式，他们揭示了认证的困境及其权力形式。和话语分析的思路一致，他们将关注点从词语的意义转到了词语的产生，其关注点不是句子的意义，而是它们如何产生意义的。更确切地说，他们研究的是在使用和选择词语时所暗含并产生的权力技术或逻辑。具体而言，他们的分析包括如下四个方面：第一，治理术和全景敞视建筑这两种权力是如何重新将质量定义为一个可以量化的概念，渗入用以进行质量控制的计划的；第二，质量监督是如何给予特定知识以优先权的；第三，质量监督的权力是如何改造成促进高等教育质量发展和实现尚未开发潜能的自我控制机制的；第四，这种权力是如何使所有的参与者成为另一种类型的质量控制者而使自己合法化的。

(二) 对中国高等教育质量保障的反思与批判

1. 对本科教学工作水平评估的反思与批判

许多研究者以对高校管理人员、高校教师、学生等利益相关者进行问卷调查和访谈为基础，对首轮本科教学评估的影响和效果进行了实证研究和理论分析。高耀明等的研究表明，首轮本科教学评估对高校教学工作的影响总体上是积极的，但"教学管理人员对评估影响的肯定程度高于教学科研人员；评估对教师教学和教学管理的影响大于对学生学习的影响；评估对教学工作的外在影响强于内在影响；评估对教学工作的影响随时间推移会逐渐减弱"。② 张妍的

---

① Engebretsen, E., Heggen, K., Eilertsen, H. A. Accreditation and Power: A Discourse Analysis of a New Regime of Governance in Higher Education [J]. Scandinavian Journal of Educational Research, 2012, 56 (4): 401–417.

② 高耀明等：《本科教学工作水平评估对高校教学工作影响的调查研究》，《高等教育研究》2006年第11期。

研究也表明，①第一轮本科教学评估对高校基本建设起到了很大的促进作用，对教师讲授以及学生学习过程的促进作用却没有得到全面认同，且学生对评估作用的认同程度远低于教师。同时，评估的效果从高校管理层面到教师讲授层面再到学生学习层面也是递减的，有效的评估文化尚未因此得以形成，从某种程度上说"提高质量"这一根本目的在短期内并没有实现。章建石和张松青对高校教师的调查也显示，"从评估工作的成效来看，高校的教学条件、教学规范等改进程度比较高，但在学风改进、学生进步等体现教学质量核心指标方面的促进作用并不明显。"②

因此，刘振天就直接指出，我们的第一轮本科教学评估，只是围绕着教学外部条件展开，并没有真正评估教学，也没有真正触动教学，更未走进真正的教学生活本身。③一个以53份中国高校教学评估中的自评报告为对象，运用内容分析法进行的研究也认为，相比于反映高校内部的教学质量，这些自评报告更倾向于向外部世界展示院校的组织质量，但这种类型的评估安排有潜在的局限甚至会扭曲其对高等院校教育质量，即教学质量的影响。④周湘林的实证研究也表明，首轮本科教学评估的有效性并不高，其中调查对象（在校生、高校教师、高校管理人员和一般社会公众）认为"较低"和"很低"的比例还较高，认为"较好"和"很好"的比例相对偏低。⑤在进行调查和数据分析的基础上，他

---

① 张妍:《本科教学评估对高校发展的影响研究——高校内部利益相关者的视角》,《清华大学教育研究》2009年第2期。

② 章建石、张松青:《高校教师视角下本科教学评估成效的调查分析》,《国家教育行政学院学报》2008年第6期。

③ 刘振天:《高校教学评估何以回归教学生活本身》,《高等教育研究》2013年第5期。

④ Zou, Y. H., Du, X. Y., Rasmussen, P. Quality of Higher Education: Organisational or Educational? A Content Analysis of Chinese University Self-evaluation Reports [J]. Quality in Higher Education, 2012, 18 (2): 169–184.

⑤ 周湘林:《本科教学评估制度有效性分析——基于模糊综合评价原理》,《高等工程教育研究》2011年第2期。

运用新制度主义框架从问责的视角对这一现象进行了理论解释。①

2. 对高等教育质量政策的反思与批判

精品课程作为中国高等教育"质量工程"的一个主要组成部分，是研究高等教育质量政策的一个重要切入点。现有文献主要对当前精品课程建设中存在的"重申报，轻建设"、"重形式，轻内容"、经费投入不足、课程使用和共享效率不高、网络课程的可获得性和教学有效性较低、课程内容不能及时更新、评审机制不完善等问题进行了讨论和分析。② 周光礼和张文静以理性选择制度主义为分析框架，从理论层面对国家精品课程难以维系的困境进行了初步的分析和解释。他们的基本判断是，国家精品课程政策实施效果不佳的直接原因在于相关行动者的机会主义行为，而制度不完善则是阻碍这一政策实施的根本原因。③

和精品课程一样，整个中国高等教育"质量工程"政策在实践中同样面临着诸如"重申报、轻管理"、重复建设、效率不高等问题。④ 李祥云以武汉市9所高校的学生为对象的问卷调查⑤表明，从结果来看，"质量工程"的实施在促使院校加大本科教学投入，改善教学基本设施等方面成效明显，但学生对"质量工程"实施效果

---

① 周湘林：《中国高校问责制度重构——基于本科教学评估的新制度主义分析》，博士学位论文，华中科技大学，2010年，第146—147页；周湘林：《本科教学评估中高校行为的制度分析》，《现代大学教育》2011年第1期。

② 李慧仙：《"精品课程"评审体系：问题与对策》，《高等工程教育研究》2004年第2期；王欣、陈锡宝：《我国精品课程评审工作现状及存在问题》，《教育发展研究》2007年第10B期；王佑镁：《国家精品课程网上资源可及性评估研究》，《高等工程教育研究》2007年第3期；夏洪文、郑哲、李巧丹：《国家精品课程的可用性研究》，《高等工程教育研究》2008年第6期；王佑镁：《高校精品课程网络资源教学有效性的调查研究》，《开放教育研究》2010年第5期。

③ 周光礼、张文静：《国家精品课程建设七年回望——一个政策评价框架的初步运用》，《高等工程教育研究》2010年第1期。

④ 赵婉莹：《高校"质量工程"建设的问题与对策》，《教育发展研究》2009年第17期。

⑤ 李祥云：《本科教学质量与教学改革工程实施现状、问题与政策建议——基于武汉市9所高校的学生问卷调查》，《中国高教研究》2011年第7期。

的总体评价偏低,其原因既存在于政策本身(例如对于何谓"质量"没有清晰的界定、政策本身设计不合理),也存在于政策的具体实施过程之中(例如评审程序不规范、缺乏有效的监督、监管和评估)。

  随着"质量工程"的逐步推进,有研究者从公共政策和哲学的视角对"质量工程"进行了理性的反思与批判。韩映雄以《关于实施高等学校本科教学质量与教学改革工程的意见》(通常称为"质量工程")为研究对象,对"质量工程"的政策目标进行了分析。他认为,决策者未能认识到质量问题的症结所在,致使这一政策意欲达成多重目标,同时这些目标之间的关系也尚未厘清,其结果是政府出台的这些看似有针对性的措施不仅难以"对症下药",而且还造成了高等院校的"资金崇拜症""叠加效应"和"抗生素效应"等多种非预期的政策效果。[①] 王友航和郝庆则对2007年的"高等教育质量工程政策"进行了文本分析。他们认为,从完成预定的显性目标来看,这一政策在较短的时间内取得了明显的成效,但其问题在于未能明确和清晰界定"高等教育质量是什么",同时,这一政策还存在把数量化的显性指标直接等同于质量,在专业设置方面过于注重市场需求,忽视区域和校际之间均衡发展等问题。[②] 在后续的研究中,王友航则进一步从话语策略的视角对"高等教育质量工程政策"所潜藏的过度追求市场效率的价值立场进行了更为深刻的反思和批判。[③]

[①] 韩映雄:《我国高等教育"质量工程"政策目标分析》,《复旦教育论坛》2009年第5期。

[②] 王友航、郝庆:《保障高等教育质量:中国政府在行动》,《高校教育管理》2010年第1期。

[③] 王友航:《高等教育质量政策的话语策略》,《教育学术月刊》2012年第10期。

四 现有文献的贡献、局限及其与本研究的关联

从现有的文献来看，人们已经从早期对于高等教育质量概念的辨析转到更为务实的行动取向的研究上来，即探讨通过何种途径才能更好地保障和提高高等教育质量。这一类研究向我们展示了有着较为成熟的高等教育质量保障经验的国家或地区高等教育质量保障的理念、模式、组织机构、功能、操作规程、质量标准、测量质量的工具和手段等。我们可以称此类研究为技术取向的结构功能主义研究。这种范式的研究为理解中国高等教育质量问题提供了极为重要的知识基础，拓展了中国高等教育质量（保障）研究的范围和视野，为构建中国本土的高等教育质量保障体系提供了学习、模仿并付诸行动的实践经验。但是，这种研究企图将已经存在的高等教育质量保障形态视为一种理想类型和努力的方向，但却忽视了其在地方性情境中的适切性，因而此类研究虽然为未来的变革设计了路线图，但却无法回答为什么现实难以朝这个方向发展，也无法回答为什么中国高等教育质量保障采取了类似的结构却不能发挥类似的功能。

在大部分研究者以技术理性的视角研究高等教育质量保障的同时，还有一些研究者从反思和批判的视角来质疑高等教育质量保障的合法性，并批评"理性化"的质量保障所导致的种种非理性的意外后果。从这一视角出发，我们认识到改进高等教育质量保障的技术固然可以提高其有效性，但是质量保障过程甚至质量保障技术本身是深深嵌入在充满利益纷争和权力博弈的制度环境中的，[1] 因而，

---

[1] 菲利帕克亚（Filippakoua）和坦普尔（Tapper）在分析英国高等教育质量保障体系的历史演变时就指出，英国的质量议程表明高等教育政策是在主要的政治利益团体的妥协之下形成的。他们认为，质量保障的实施不是一项价值无涉的政策，质量体系作为相互冲突的价值观的反映，其实施结构和程序是政治过程的反映。参见 Filippakoua O., Tapper, T. Quality Assurance in Higher Education: Thinking Beyond The English Experience [J]. Higher Education Policy, 2007, 20(3): 339–360。

如何保障和提高高等教育质量就不仅仅是一个技术问题，还是一个涉及众多利益相关者的政治和伦理问题。此类反思—批判取向的研究范式的价值在于能够帮助我们认识到作为技术的高等教育质量保障本身的局限性，并改变我们对于高等教育质量问题的思考方式。但是，激进的批判在试图解构一切的同时却无法导向一个现实的路径。

总之，当前有关高等教育质量保障的研究大体归属于学习—建构范式和反思—批判范式。这些研究对完善中国高等教育质量保障体系和提高高等教育质量有其不可替代的价值与意义。但是，上述两类范式的研究均忽略了中国高等教育质量保障的特殊性，学习—建构范式难以对中国高等教育质量保障"对症下药"，反思—批判范式则认为高等教育质量保障本身"无药可救"，但这两类研究都没有回答与世界其他国家和地区的高等教育质量保障体系相比，中国高等教育质量保障体系是一种什么样的体系，其靠何种机制运行，其独特性何在，这些恰恰是认识和改进中国高等教育质量保障体系的起点。

为弥补现有研究的不足，并深入探究中国高等教育质量保障的运行机制及其改进路径，本研究总体上采取的是一种基于经验材料和概念分析的、解释取向的研究范式。① 此外，世界范围内高等教育质量保障的实践经验也表明，如今的"高等教育质量保障体系已经不是一项实验，而是一项主流的实践。因此，忙于学习和偶尔使用良好的实践或许不再能满足需要。对于质量保障体系发生了什么，以及对于参与其中的行动者而言，潜在的利益和问题是什么需

---

① Cyert 和 March 的组织学行为理论提出，组织研究应该着眼于组织运行中表现出的实际行为和规律，对这些实证现象加以分析解释，回答"为什么"的问题；而不是像经济学那样研究组织的"理想状态"和"应该怎么做"的问题。参见周雪光《"逆向软预算约束"：一个政府行为的组织分析》，《中国社会科学》2005 年第 2 期。

要采取一种更具分析性和反思性的观点"①。

第三节 基本概念、研究设计与研究思路

一 基本概念

(一) 高等教育质量保障

高等教育质量保障是本研究的核心概念。在现有文献的基础上，本研究对高等教育质量保障采取了一种广义的界定方式，即国家和高校所采取的旨在保障和提高高等教育质量的相关政策以及由此衍生的管理活动和具体行动。从目的来看，高等教育质量保障包括两种类型，即比格斯（Biggs）所区分的问责占主导地位的回溯性的高等教育质量保障和以改进教学为目的的前摄性的高等教育质量保障。② 在中国的现实语境和政策话语中，中国的高等教育质量保障中到底是问责成分更多还是改进成分更多，正是本研究所要回答的问题之一。

在此，需要指出的是，高等教育质量保障包括的范围非常广泛，在能够达到本研究目的的基础上，为了研究的便利，同时考虑到世界范围内高等教育质量保障的主流话语聚焦于本科教育（教学）质量保障，本研究选择与本科人才培养紧密相关的本科教育（教学）质量保障作为主要的考察对象。具体来说，在本研究中，本科教学（教育）质量保障包括教育行政部门主导的本科教学评估、各种本科教育（教学）质量项目以及高校内部所采取的以保障

---

① Jeliazkova, M., Westerheijden, D. F. Systemic Adaptation To a Changing Environment: Towards a Next Generation of Quality Assurance Models [J]. Higher Education, 2002, 44 (3/4): 433–448.

② Biggs, J. The Reflective Institution: Assuring and Enhancing the Quality of Teaching and Learning [J]. Higher Education, 2001, 41 (3): 221–238. 有关讨论在本研究的文献综述部分已经进行了详细的比较分析，在此不再赘述。

和提高本科教育质量为目的结构化的行动。

(二) 高等教育质量保障运行机制

机制是指一个系统或事物的组成要素所构成的结构、所表现出来的行为方式及其释放出来的功能的总和。高等教育质量保障运行机制是指高等教育质量保障的基本结构、活动方式及其在实践中是如何发挥作用的。

高等教育质量保障的运行机制是高等教育制度环境与该制度环境下的行动者互动的产物，是一种结构化的存在。高等教育质量保障运行机制影响高等教育质量保障中行动者的态度和行为，决定了高等教育质量保障的实践逻辑，关系到高等教育质量保障的结果和效果。

二 研究设计

(一) 理论导向下的解释性研究

近年来，随着高等教育质量实践的深度发展，学术界从多学科视角对高等教育质量保障进行的量化取向的实证研究和批判研究日渐增多。前者坚持价值中立，试图寻求高等教育质量保障的一般规律，后者秉持价值涉入和现实关怀，通过揭示高等教育质量保障中潜在的利益和权力冲突，旨在为改进高等教育质量保障提供方向性指引。量化取向的实证研究意在确立"最好的"高等教育质量保障，批判研究则致力于发现"更好的"高等教育质量保障。两者均具合理性和合法性，但两者之间留下了对高等教育质量保障进行进一步探究的空间。从中国高等教育质量保障的相关研究和实践来看，一方面，我们致力于学习并构建与国际接轨的高等教育质量保障体系；另一方面，中国的高等教育质量保障又呈现出"与众不同"的特征。国际化与本土化的张力塑造了一个"熟悉而又陌生"的中国高等教育质量保障体系。

从过程和效果来看，中国高等教育质量保障的本土化特征非常明显，但遗憾的是，当前的研究较少从总体上对这种本土化特征进行扎根于经验的、理论化的提炼和分析。换言之，当前的研究忽略了对中国高等教育质量保障运行机制的探究，而这恰恰是确立"最好的"和发现"更好的"高等教育质量保障的知识基础。进而言之，只有认清了"自我"，即理解了中国高等教育质量保障的运行机制，我们进一步的改革才能"有的放矢"。从这一现状和理论关怀出发，本书选择对中国高等教育质量保障是如何运行的，即中国高等教育质量保障的运行机制进行探究。

具体来说，本研究旨在为理解中国高等教育质量保障的运行机制提供一个概念化或属于中层理论范畴的解释和分析框架。从这个角度来讲，本研究属于质性研究的范畴，是一项建立在经验材料和已有概念基础上的、理论导向的经验研究[①]。这表明，本研究既不同于以往偏重于宏大叙事的规范性研究和寻求"普遍规律"的量化取向的实证研究，也不同于基于个体体验的经验总结。从本体论上来说，本研究的对象是中国高等教育质量保障的经验世界，是由包括研究者本人在内的、高等教育质量保障的所有利益相关者建构起来的对象世界。从认识论的角度来说，本研究建立在研究者与研究对象进行互动的基础之上。从方法论的角度来看，本研究是在大量经验材料的基础之上对中国高等教育质量保障的运行机制进行概念分析和理论归纳。

（二）分析单位

对现有文献的系统梳理表明，当前有关高等教育质量保障特别

[①] "理论导向"包括"以发展理论为目的"（theory-oriented）和"在理论指导之下"（theory-guided）两层含义。赵炬明认为，这个术语较好地揭示了社会科学研究中理论与实践之间的互动关系。参见陈学飞、茶世俊《理论导向的教育政策经验研究探析》，《北京大学教育评论》2007年第4期；赵炬明《高等教育研究科学化——对北京大学高等教育研究发展的一点感想》，《北京大学教育评论》2010年第4期。

是中国高等教育质量保障的研究大多属于宏观层面的规范性研究。有研究指出，从宏观层面的政策视角研究高等教育质量问题成为主导范式的情况下，中观层面的组织视角和微观层面的教育视角的引入会有助于更加全面地理解高等教育质量及其保障问题。弗利南德和阿尔弗德认为，"一种充分和完全的社会理论，必须在三个分析层次上——彼此竞争和谈判的个人、处于冲突与协调中的组织、彼此矛盾和相互依赖的制度——同时进行研究。"[①] 这三个分析层次分别对应于一项研究中的微观层面、中观层面和宏观层面。按照这种思路，从整体上对中国高等教育质量保障运行机制的研究也应该在国家、高校和教师三个不同的层面同时进行，即本研究的分析单位同时包括国家、高校和教师。

(三) 研究方法

方法又称研究策略，是指将特定的理论与特定的技术手段相结合而形成的具体的研究工具，可适用于某些特定的研究问题，属于方法的中观层面。[②] 本研究从整体上对中国高等教育质量保障的运行机制（如何运行）及其形成原因进行探究，与案例研究旨在对一些既有现象作深度描述和解释（例如一些社会现象如何形成，如何运行）[③] 相契合。换言之，在探究"怎么样"和"为什么"之类的问题以及帮助人们全面了解复杂的社会现象时，案例研究被认为是一种适切的研究策略，使用案例研究能够有效解决本研究所关注的议题和所要研究的问题。

基于上述考虑，本研究选择案例研究作为主要的研究方法。具

---

① [美] 沃尔特·W. 鲍威尔、保罗·J. 迪马吉奥主编：《组织分析的新制度主义》，姚伟译，上海人民出版社2008年版，第263页。

② [美] 约翰·W. 克里斯韦尔：《质的研究及其设计方法与选择》，余东升译，中国海洋大学出版社2009年版，"总序"第1页。

③ [美] 罗伯特·K. 殷：《案例研究：设计与方法》（原书第5版），周海涛、史少杰译，重庆大学出版社2017年版，第6页。

体而言，从采用比较方法还是非比较方法的角度来说，本研究采取的是非比较的单案例研究；从是否关注理论来讲，此处的案例研究属于"约束—构造型案例研究"（采用特定框架来研究案例）或"解释取向的集约型案例研究"；[①] 从类型来说，此处的案例研究兼具探索性、描述性和解释性。

案例研究法用来归纳和提炼中国高等教育质量保障的运行机制。在研究高等教育质量保障的历史变迁及其传播和扩散时，本研究主要采用基于文献的历史研究法和比较研究法。同时，历史研究法还会在梳理和描述第一轮本科教学工作水平评估时加以使用。

如果我们将中国高等教育质量保障放置在整个世界高等教育质量保障的场域之中的话，那么本研究就属于以国家为基本单位的案例研究，旨在通过与其他国家和地区高等教育质量保障的对比，发现中国高等教育质量保障的特殊性。同时，在对中国高等教育质量保障实践进行深度描述和分析时，本研究选择了H大学作为高校层面的典型案例。对于案例高校的选择，本研究依照的是目的性抽样原则。目的性抽样的"逻辑和力量在于选择信息丰富的案例来进行深度研究，研究者从中可以获得很多对研究目的至关重要的事件"。[②] 在众多的高等教育质量保障形式中，本书以本科教学（教育）质量保障为主进行研究。

在最终确定案例高校之前，本研究最初拟定的案例高校包括一所"985工程"高校、一所"211工程"高校和一所普通省属高校。在进行初步访谈和系统地收集相关材料之后，笔者发现不同高校在高等教育质量保障制度和实践方面呈现出非常强的同质化倾向。为此，本研究最终选定了H大学进行单案例研究。选择H大

---

① ［英］马尔科姆·泰特：《案例研究：方法与应用》，徐世勇、杨付、李超平译，中国人民大学出版社2019年版，第13页。

② 费小冬：《扎根理论研究方法论：要素、研究程序和评判标准》，《公共行政评论》2008年第3期。

学也考虑了可行性和便利性问题。笔者在 H 大学学习生活多年，对该校的历史和办学情况非常熟悉，可以通过不同渠道进入研究现场，获取研究资料，并通过"熟人"联系访谈对象。

选择 H 大学作为案例高校还有另外一些重要的原因。首先，H 大学是 20 世纪 50 年代院系调整时组建的一所"新大学"，建立时间短，但发展迅速，其学术和教育质量位居中国高校前列，被称为"新中国高等教育的缩影"。其次，作为一所教育部直属的"985 工程"高校，H 大学与中央教育行政主管部门有着频繁的互动，参与了国家层面大量的高等教育质量保障活动，是国家许多高等教育改革政策的试点单位，这使得 H 大学具备了典型性。最后，作为中国精英大学的一员，H 大学有着较多的自主权，这有益于我们观察高校是如何在高等教育质量保障活动中处理其与国家政策的关系并据此选择自己的行动的。此外，H 大学也是许多高等教育研究人员进行研究时经常选择的案例大学，这些研究为本研究提供了许多有价值的材料和具有启发性的视角。基于上述原因，本研究选择了 H 大学作为高校（中观）层面的研究案例。

（四）技术手段

技术手段，指收集和分析材料的技术以及文本表述的方式，属于方法的微观层面。① 对于质性取向的案例研究而言，观察、访谈、文本分析等是常用的收集经验材料的手段。观察作为一种重要的质的研究的方法，"有助于研究者融入情境并探究其中的复杂性，有助于研究者经历和感受情境中那些未言明的、未为人们意识到的或人们不愿意谈论的信息"②。关于访谈在高等教育研究领域的重要性，伯顿·克拉克在回顾其学术生涯时曾经这样说道，"我们从大

---

① ［美］约翰·W. 克里斯韦尔：《质的研究及其设计方法与选择》，余东升译，中国海洋大学出版社 2009 年版，"总序"第 1 页。

② 转引自张银霞《大学初任教师学术身份及其建构的质性研究》，清华大学出版社 2018 年版，第 102 页。

量密集的面对面访谈中学到了不少东西。被访者谈到一些相互矛盾的感受，这些是不能用问卷调查方式所能调查到的。我还越来越确信，那些不能深入发掘由学术工作而引起的种种差异的研究者一定陷入误导的、思维简单的陈词滥调"①。与观察和访谈相比，"文本分析可以更好地超越时空的限制，帮助研究者更好地获得多年前在各地发生的事情"②。

具体而言，本研究采用的技术手段包括查阅相关文献、进行政策文本分析、对院校管理者和大学教师进行访谈（包括非正式访谈和半结构式访谈）以及在 H 大学的参与式观察等。相关文献包括有关中国高等教育质量保障历史变迁和高等教育质量政策的相关研究成果。政策文本既包括国家层面与高等教育质量保障有着密切关联的法律、法规、条例、通知、意见以及社会媒体报道等，也包括案例院校（H 大学）所颁布的与高等教育质量保障（主要是本科教学质量保障）相关的政策文本和相关材料。此外，在具体的收集材料的过程中，笔者还以研究者的身份在案例高校参加了两次全校性的迎接教育部本科教学审核评估的会议以及案例高校教务部门组织的教师教学竞赛等。对于相关管理人员和一线教师的深度访谈是本研究重要的材料来源。资料来源的广泛性有助于消除仅仅依赖一种资料收集方法、来源等而产生的偏见③，从而更好地保证研究的可靠性。

遵循目的性抽样原则，本研究在选择 H 大学作为分析高校层面高等教育质量保障的案例的同时，还选择了该校 2 位教育行政管理

---

① ［美］伯顿·克拉克：《我的学术生涯（下）》，赵炬明译，《现代大学教育》2003 年第 1 期。
② 柯政：《理解困境：课程改革实施行为的新制度主义分析》，教育科学出版社 2011 年版，第 18 页。
③ ［美］梅雷迪斯·D. 高尔、沃尔特·R. 博格、乔伊斯·P. 高尔：《教育研究方法导论》（第六版），许庆豫等译，江苏教育出版社 2002 年版，第 472 页。

人员和 14 位从事本科教学的一线大学教师作为访谈对象,每次访谈时间在 60—90 分钟。在 2 位教育行政管理人员中,其中 1 位已调离原来从事的教学质量管理工作岗位,但仍然在 H 大学从事行政管理工作,另外 1 位为现职教学质量管理人员。[①] 14 位大学教师分属于文管和理工两大学科类别,其中,教授 4 人、副教授 6 人、讲师 4 人。具体而言,接受访谈的对象中,文管类的教授、副教授和讲师人数均为 2 人,理工类的教授、副教授和讲师人数分别为 2 人、4 人和 2 人。在访谈资料整理阶段,笔者用 L 指代属于文管学科类别的教师,用 S 指代理工类的教师,用 P 指代教授,用 V 指代副教授,用 J 指代讲师。同一学科类别相同职称的教师分别用阿拉伯数字以示区别。例如,L－P－1 指的就是文管类的 1 位教授,S－V－1 指的就是理工类的 1 位副教授。

三 研究思路

通过对已有文献的梳理,我们可以看出,高等教育质量保障是世界范围内高等教育的利益相关者应对和解决质量问题的共同选择。对于处于后发现代化进程中的中国高等教育而言,那些拥有较为成熟的高等教育质量保障体系的国家和地区,无疑对中国保障和提高高等教育质量保障有着重要的参照价值。不过,这种学习或借鉴不应仅限于技术和程序层面的模仿和复制,而应该将其能够保障和提高高等教育质量的制度精神引入中国高等教育质量的实践中来。因此,本书第二章在大量一手文献的基础上回顾与介绍全球范围内高等教育质量保障的演进、传播和趋势,试图从制度和意义层面上为中国进一步有效变革高等教育质量保障体系提供一种参考

[①] 管理人员是经熟人介绍才接受笔者访谈的,但他们出于职位要求或其他原因表示不能够将访谈内容直接呈现在本书之中,所以,出于研究伦理的考量,本研究并未将这些材料直接呈现出来。不过,对他们的访谈激发了笔者对于很多问题的思考。

框架。

不过,即使我们深知通过学习异域经验固然可以为提高中国高等教育质量保障的有效性提供多种可能的选择,但正如本书在文献综述部分所指出的,高等教育质量保障具有鲜明的本土特征,如果说成熟的高等教育质量保障实践提供了一种"示范"或"标杆"的话,那么"示范"或"标杆"在何种程度上才能对学习者产生实质影响还要受到本地情境中已有的高等教育质量保障范式的制约。因此,本书的第三、四、五章转入对中国高等教育质量保障运行机制的研究,这也是本书的核心部分和重点所在。

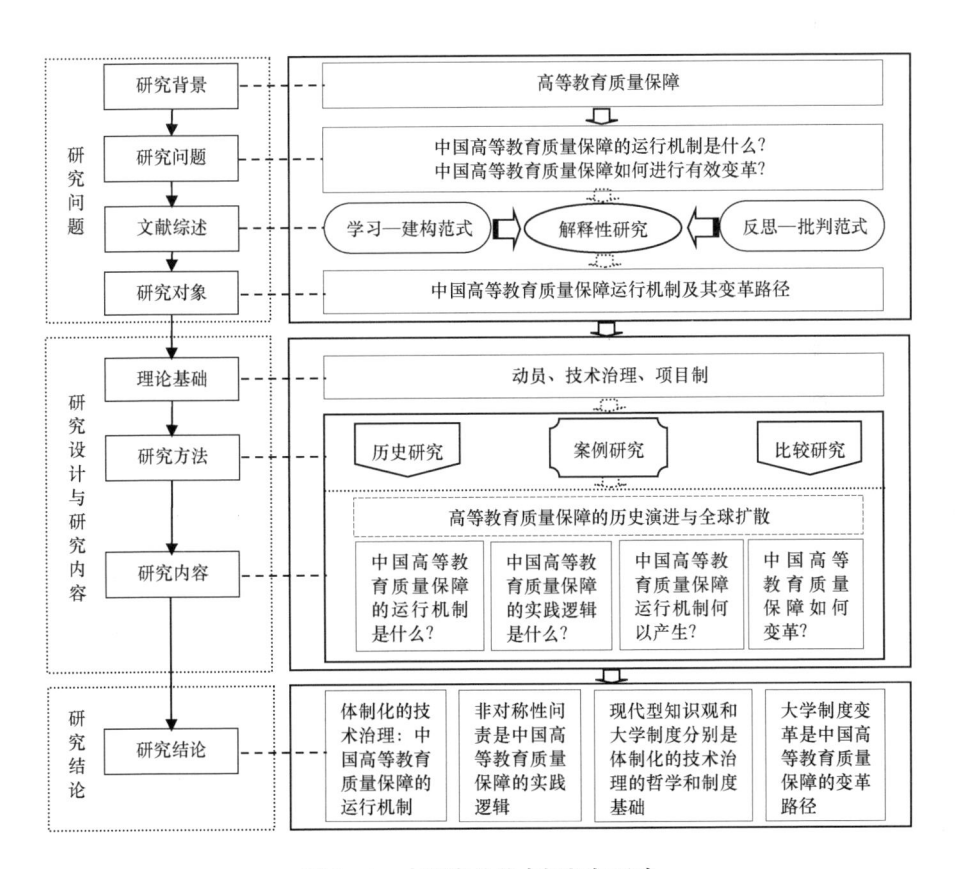

图1—1 本研究的基本框架与思路

另外,纽顿(Newton)对质量的界定进一步为本研究指明了方向。纽顿将质量笼统地分为管理层面的质量和操作层面的质量。他认为,宏观管理取向的质量大致等同于问责与管理主义,而从操作层面(微观层面)而言,质量则与行动者如何解释和建构"质量"与"质量体系"有关。[①] 按照纽顿的这种分类,本书主要从国家(高等教育系统层面)和实践两个层面对中国高等教育质量保障的运行机制进行系统研究。

本书第三章从国家(高等教育系统)层面入手,在分析国家高等教育质量政策文本和高等教育质量保障的典型案例后,借助社会学的相关概念框架,初步提炼中国高等教育质量保障的运行机制。在初步提出概念框架的基础上,第四章继而转入高校和教师层面,探究此种运行机制在高校质量实践中的实际运行情况和教师对高等教育质量保障的评价以及由此出现的质量行为。在此基础上,第五章尝试对塑造中国高等教育质量保障运行机制的知识和制度环境进行分析。第六章以前面几个章节的分析为基础,提出中国高等教育质量保障的变革路径。

[①] Newton, J. Feeding the Beast or Improving Quality?: Academics' Perceptions of Quality Assurance and Quality Monitoring [J]. Quality in Higher Education, 2000, 6 (2): 153–163.

第 二 章

全球视野中的高等教育质量保障

高等教育中的质量问题由来已久,但是在大学的大部分历史时期,质量问题主要由教授以个人或集体的方式来处理。[①] 随着 20 世纪高等教育规模在全球范围内的持续扩张[②]以及大学的日益理性化[③],原先被认为是嵌入在高等教育事业内部的质量问题不断突破高等院校的边界,从而演变为一个涉及众多利益相关者的社会和政治议题。[④] 直观而言,高等教育质量范围的拓展和议题的变迁是高等教育系统自身演化的产物,但是以社会学的视角观之,高等教育质量受到前所未有的关注是经济与社会变革导致的必然结果。为了应对质量问题,美国和欧洲率先建立起现代高等教育质量保障体系,同时,随着全球化的深度发展,高等教育质量保障不断向世界其他国家和地区传播和扩散。中国高等教育质量保障受全球高等教

[①] Jones, G. A. Governing Quality: Positioning Student Learning as a Core Objective of Institutional and System-Level Governance [R]. Keynote Paper Presented at the International Conference on Higher Education Student Learning and Developmentin a Globalizing Time, Hosted by the Institute of Education, Tsinghua University, Beijing, China, October 27 – 28, 2013.

[②] Schofer, E., Meyer, J. W. The Worldwide Expansion of Higher Education in the Twentieth Century [J]. American Sociological Review, 2005, 70 (6): 898 – 920.

[③] Ramirez, F. O. The Rationalization of Universities [M] //Djelic, M. -L., Sahlin-Andersson, K. Transnational Governance: Institutional Dynamics of Regulation [M]. New York: Cambridge University Press, 2006: 225 – 244.

[④] 张应强、苏永建:《高等教育质量保障:反思、批判与变革》,《教育研究》2014 年第 5 期。

育质量保障的影响的同时，表现出独有的特征。

第一节　作为教育议题的高等教育质量

20世纪是人类历史上动荡的一个世纪，也是一个挑战与变革并存的世纪。特别是第二次世界大战之后，社会和政治的巨大变动极大地促进了美国和欧洲的经济发展。① 这一时期，高等教育之于个人提升经济和社会地位的重要性日益增加，经济与社会的发展对高素质人才的需求也日益旺盛。当高等教育需求的"推力"和经济社会需求的"拉力"②形成作用于同一个方向的"合力"，以及个人与社会对高等教育的投入是一种极具增值的投资而不仅仅是一种教育开支③作为一种强势的信念被普遍接受之时，扩大高等教育规模就成为一种适时的集体行动和政策选择。美国著名高等教育社会学家马丁·特罗（Martin Trow）明确指出，第二次世界大战以来，为了满足社会各个阶层日益增长的、广泛的入学需求以及劳动力市场对更多受过训练和教育的劳动力的需求，大部分西方工业社会中的核心问题就是如何将19世纪和20世纪前半期小型的精英大学系统转变成大众高等教育系统。④ 作为这种集体行动和政策变革的结果之一，高等教育规模的持续扩张成为整个20世纪尤其是20世纪后半叶世界高等教育版图上最为引人关注的变化。据统计，刚进入20世纪之时，全球范围内高等教育机构的在校生人数仅占适龄人

---

① ［美］马丁·特罗：《多样性与领导力——马丁·特罗论美国高等教育和研究型大学》，马万华等译，教育科学出版社2011年版，第44页。
② 阎凤桥：《高等教育规模可持续扩张的制度保障——〈二十一世纪的高等教育：从精英到大众再到普及〉读后感》，《高等教育研究》2011年第9期。
③ ［美］卡洛斯·阿尔伯托·托里斯：《新自由主义常识与全球性大学：高等教育中的知识商品化》，许心译，《北京大学教育评论》2014年第1期。
④ Trow, M. Managerialism and the Academic Profession: The Case of England [J]. Higher Education Policy, 1994, 7 (2): 11–18.

口的 1%，这一比例在一个世纪之后的 2007 年已增至 26%。① 当然，由于制度环境和文化传统的诸多差异，各个国家或地区高等教育规模扩张的时间节点、整体进程和呈现方式各有不同。在西方工业化社会中，美国较欧洲更早地进入高等教育大众化和普及化阶段。但是，时间序列上的先后和不同形式的规模扩张背后存在一个共同的教育事实，即量的增长所引发的质的变化。

一 传统的高等教育质量标准陷入合法化危机

多元化的入学群体不断涌入高校，使得基于认识论传统的、具有高共识度的高等教育质量标准陷入了合法化危机。不同社会阶层、不同种族和非传统意义上的大学生（与传统大学生相比，他们通常被认为没有为接受高等教育做好充足的学术准备）基于各自不同的诉求选择接受高等教育，但差异化的诉求不约而同地指向同一个目的，即获得技能和文凭，为日后的工作和生活做准备。换言之，规模扩大所反映的深层事实是，大学生的求学动机日益受到经济和社会生活需求的驱动，这使得传统的以人文主义为主要特征的高等教育具有了越来越强烈的功利主义和职业主义意味，成为通向世俗意义上职业成功的桥梁。因此，量的增长所带来的首要变化就是高等教育功能的转变，即大规模扩张之后的高等教育"不再强调学生个体心智和能力的全面发展，不再强调高等教育对社会的文化贡献，不再强调非功利性的纯学习观"②，而是"逐步转向强调学生对于迅速变化着的工业和技术社会的适应性"。③ 在这种背景之下，高等教育质量标准不再具有唯一性，为更多的社会群体和个人

---

① 转引自鲍威《中国高等教育规模扩张的理论解释与扩张机制》，《教育学术月刊》2012 年第 8 期。
② ［英］托尼·比彻、保罗·特罗勒尔：《学术部落及其领地：知识探索与学科文化》，唐跃勤译，北京大学出版社 2008 年版，第 6 页。
③ 黄福涛主编：《外国高等教育史》（第二版），上海教育出版社 2008 年版，第 274 页。

服务而非拘泥于传统"精英"的培养成为评判高等教育质量高低的新标准或更具合法性的标准。由此所产生的问题就是，如果我们依据精英阶段的质量标准来衡量大众化和普及化阶段的高等教育质量时就会产生高等教育质量下降的判断。尽管这种认识和判断越来越没有市场，但是它仍然存在于一部分研究者和社会公众的认知图式之中。

二 高等教育中出现问责制

高等教育成本的不断攀升引发了社会各界对高等教育质量的质疑、不满和问责。在精英高等教育阶段，少数学生进入少量的大学是一种通行的实践和普遍的模式，这时，高等教育的成本维持在较低的水平。在一些高等院校主要由国家财政支持的高等教育系统中，精英教育阶段的高等教育成本尚处于政府财力可以承受的范围之内。同时，缘于公共利益的考量，政府也乐意对高等教育进行资助。不过，随着高等教育规模的不断扩张以及政府财源的不稳定性日益增强，增加甚至维持原有的高等教育资助水平几乎成为难以实现的事情。但是，高等教育经济功能之于国家发展的重要性以及将支持高等教育作为维护政治合法性的文化理念却一再要求高等教育要"用不足的成本做更多的事"[①]。

当然，从积极意义上看，用更少的成本做更多的事情意味着效率的提升，但在一些因规模扩张而造成高等教育资助水平下降的国家和地区，人们普遍怀疑甚至抱怨高校没有足够的全职教师与学生进行面对面的交流和传授，也难以改善课程设置和为学生个人发展提供更好的服务。同样，在成本分担方面运作较为成功的高等教育系统中，承担越来越高昂的学费的学生及其家长和其他"出资人"

---

① [美]约翰·布伦南、特拉·沙赫：《高等教育质量管理——一个关于高等院校评估和改革的国际性观点》，陆爱华译，华东师范大学出版社2005年版，第27页。

对高等教育质量的期望和要求非但没有降低，反而产生了更强烈的问责意识，要求高等教育在保障和提高质量方面更透明和更有作为。

三 "重科研，轻教学"成为一种普遍的事实

高等教育规模扩张导致高校组织结构日益复杂和功能日趋分化，高校教师的角色因此日益多元化。这在消减高校教师投入本科教学精力的同时，引发了高等教育中有关"重科研，轻教学"的持续不断的争论。第二次世界大战之后一直到今天，世界范围内几乎所有类型的高等院校都鼓励其教师将精力和重心放在科学研究上。在制度驱使和精力所限的夹缝中，一种情况是，教师们不得不策略性地减少所应该承担的教学任务，将更多的时间投入到学术研究中去，[①] 另一种情况则是与历史上的情形相比，高校教师在教学时间投入方面虽有所增加，但是与对科学研究的重视程度比较而言，其投入精力和投入热情则明显不足，即"出工不出力"。[②] 在科研被赋予更多权重和合法性的同时，教学更加被关心高等教育质量的人士寄予厚望，社会公众和本科教育自身也一再要求高校及其教师要对学生负责并有效地进行教学。[③] 不过，现实的情况依旧是，"许多处于这种工作状态下的教师都喜欢把本科教学看成次要的事情，而且那些热衷于研究的教师尤其容易产生这种看法"。[④] 20世纪80年代以来，这种"重科研，轻教学"的事实一直是人们质疑高等教育

[①] ［美］厄内斯特·博耶：《大学：美国的大学生的就读经验》，徐芃等译，北京师范大学出版社1993年版，第108页。

[②] 阎光才：《研究型大学中本科教学与科学研究间关系失衡的迷局》，《高等教育研究》2012年第7期。

[③] ［美］欧内斯特·博耶：《美国大学教育——现状·经验·问题及对策》，复旦大学高等教育研究所译，复旦大学出版社1988年版，第18页。

[④] ［美］爱德华·希尔斯：《教师的道与德》，徐弢译，北京大学出版社2010年版，第13页。

质量下降的主要理由。

此外，由规模扩张所引发的"文凭贬值"[1]，以及学业完成率过低、毕业生失业等问题也被许多利益相关者归结为高等教育质量的下降或高等教育质量的危机。同时，还有一些有识之士将批评的矛头直接指向现代大学教育自身。他们认为在高等教育大规模扩张的教育脉络中，现代大学过于迎合市场和社会的需求而忽视了以培养学生道德、社会责任和批判性思维能力为目标的通识教育；他们认为大学教师过于"讨好"学生而导致"分数贬值"；他们还批评大学教师固守传统的以"教"为中心的教学范式而不致力于大学教学方法的改进，如此等等。和前述对于高等教育质量的关注和批判不同，这些尖锐的批评更多出自有着丰富的学术经历和管理经验的高校内部人士之口。或许用哈瑞·刘易斯的"失去灵魂的卓越"[2]来描述当前人们对高等教育质量问题的批判再恰当不过了。

当然，我们需要再次申明的是，尽管未有充分、明确和被一致承认的数据表明高等教育质量随着高等教育规模的扩张而出现下降，但是在各种质疑和争论中，高等教育质量问题作为一种事实却被不断建构出来。对高等教育质量问题的广泛而持续的关注本身就说明高等教育质量是存在问题的，只是人们就存在何种问题尚未形成共识，而这进一步表明，高等教育质量是一个具有多维度和多面向的问题而不是一个具有内在一致性的问题。

第二节　作为社会议题的高等教育质量

上文将高等教育质量问题产生的教育背景归结为高等教育规模

---

[1] ［英］安东尼·史密斯、弗兰克·韦伯斯特：《后现代大学来临?》，侯定凯、赵叶珠译，北京大学出版社2010年版，第3页。

[2] ［美］哈瑞·刘易斯：《失去灵魂的卓越：哈佛是如何忘记教育宗旨的》（第二版），侯定凯等译，华东师范大学出版社2012年版。

的持续扩张以及由此衍生的高等教育中的各种矛盾和冲突再次印证了马丁·特罗高等教育大众化理论的核心观点,即"增长是一切问题的根源"①。但是,高等教育作为整个社会系统的一个子系统,其本身的变化还不可避免地受制于宏观的政治、经济、社会及文化背景。而且,高等教育规模的持续扩张这一事实本身就是各种外在于高等教育的因素交互影响的结果。除了上述简要提及的第二次世界大战之后的经济与社会的大发展对高等教育的需求所产生的"拉力"之外,高等教育质量问题之所以成为近四十年来世界范围内高等教育中的核心议题,是因为市场因素的强力渗透、知识经济的兴起以及国际化和全球化的推波助澜。

一 高等教育开启市场化之路

以市场化为核心的新自由主义和新公共管理运动重塑了高等教育机构。第二次世界大战之后,高等教育规模的持续扩张以及高等教育中各种欣欣向荣的景象表明西方高等教育进入了一个前所未有的"黄金时代"。这个"黄金时代"的出现很大程度上则是由当时欧美国家强大的经济基础所决定的。为了应对20世纪20年代末30年代初期严重的经济危机,以强调"小市场,大政府"和扩大公共投入为特征的凯恩斯主义主导了20世纪30年代到70年代西方许多国家的经济、社会政策和实践。② 诸多事实也表明,彼时的政府干预在重启经济与社会繁荣之路的同时也为欧美各国政府增加对高等教育的公共投入,从而支持高等教育的大扩张和大发展奠定了坚实的经济和社会基础。这时,高等教育备受政府和社会的信任。然而,正当人们为高等教育的这一"黄金时代"高唱赞歌之时,经济

---

① 赵炬明:《中国大学与院校研究》,《高等教育研究》2005年第8期。
② 戴晓霞、莫家豪、谢安邦主编:《高等教育市场化》,北京大学出版社2004年版,第15—16页。

的动荡与社会的不安却使高等教育陷入前所未有的财政困境和信任危机。20世纪70年代末期开始,经济的不景气以及政府公共财政负担过重导致西方社会中的高福利政策难以为继,"关于以何种方式才能最好地提供公共福利成为政策讨论中的一个常规特征"。[1]

在此背景之下,源于私立部门的"竞争""经济""效率""效益"等新自由主义的核心理念以及"分权化""市场化""管理主义""表现性"[2] 等新公共管理运动中经常采用的政策范式(policy paradigm)[3] 和政策技术(policy technologies)[4] 被引入包括高等教育机构在内的公共部门,以改变其被广为诟病的"官僚化""集权化""低效率""质量下降"。[5] 总之,由经济低迷导致的资源短缺引发了人们对高校能否有足够的资源来维持高等教育质量的质疑。与此同时,毕业生的失业问题也使得在高等教育成本分担中占据越来越多份额的消费者担忧接受高等教育能否获得足够的回报。为了重振高等教育的辉煌并消除整个社会范围内对高等教育质量的信任危机,许多国家和地区通过引入(准)市场机制来分配日益紧缺的财政资源,利用"竞争"和"问责"等手段来激发高校提升高等教育服务的效率和质量。[6] 尽管支持市场力量的一方对市场化条件

---

[1] Salter, B., Tapper, T. The Politics of Governance in Higher Education: The Case of Quality Assurance [J]. Political Studies, 2000, 48 (1): 66 – 87.

[2] 斯蒂芬·鲍尔认为,表现性(Performativity)是一种以奖励和惩罚(包括物质性和象征性的)为基础,运用判断、比较和展示作为激励、控制、吸引和变革的工具的一种技术、文化和管理模式。参见 Ball, S. J. The Teacher's Soul and the Terrors of Performativity [J]. Journal of Education Policy, 2003, 18 (2): 215 – 228。

[3] Deem, R., Hillyard, S., Reed, M. Knowledge, Higher Education, and the New Managerialism: The Changing Management of UK Universities [M]. New York: Oxford University Press, 2007: 1.

[4] Ball, S. J. The Teacher's Soul and the Terrors of Performativity [J]. Journal of Education Policy, 2003, 18 (2): 215 – 228.

[5] 张应强、苏永建:《高等教育质量保障:反思、批判与变革》,《教育研究》2014年第5期。

[6] 张银霞:《新管理主义背景下西方学术职业群体的困境》,《高等教育研究》2012年第4期。

下高等教育质量的提升充满信心，但悲观主义的论调则倾向于将市场化视为维持和提高高等教育质量的"绊脚石"。不过，这种对立和冲突的态势恰恰说明现代社会中的高等教育质量具有极强的政治性特点。

二 知识经济重视高等教育功用

知识经济的兴起推动了高等教育使命的更新与高等教育功能的变迁。20世纪的最后25年，随着工业社会向后工业社会的转型，知识逐渐成为左右经济发展的基础力量，人类历史进入知识经济时代。作为围绕高深知识①建立起来的组织，大学是知识生产和知识创新的主要场所。不过，在知识经济时代，当研究越来越成为一项花费高昂的事业以及知识成为"经济发展的必要条件"②之时，知识逐渐偏离了自身作为目的的常识，演化为一种高等教育与外部社会进行资源交换的媒介。换言之，知识已经由传统意义上的公共产品演化为一种可供买卖的私有化的商品，大学则"不再是超然世外的发明和创造的源泉，而是勾勒出知识产业基本特点的问题解决、问题识别和战略经济的一部分"③。当知识的交换价值而非文化价值和象征价值占据更加重要位置的时候④，从事应用型和技术型的知识生产就成为学术职业在知识经济时代得以存续的现实依据。

在这样一个被称为"学术资本主义"的时代，知识经济以其居高临下的气势迫使高等教育进行使命更新和功能变革，将"谋生"作为学者及其所在的组织机构的首要任务予以合法化，"把教学从

---

① ［美］伯顿·克拉克：《高等教育系统——学术组织的跨国研究》，王承绪等译，杭州大学出版社1994年版，第11—18页。

② ［美］爱德华·希尔斯：《教师的道与德》，徐弢译，北京大学出版社2010年版，第139页。

③ ［英］迈克尔·吉本斯等：《知识生产的新模式——当代社会科学与研究的动力学》，陈洪捷、沈文钦等译，北京大学出版社2011年版，第87页。

④ 卢乃桂、罗云：《西方高等教育的企业化进路》，《高等教育研究》2005年第7期。

一种天职变成某种类似于产业的东西"①,而传统意义上大学及其学者的反思批判和文化引领的使命与功能则被边缘化。因此,在知识经济中依赖商品化知识而生存与发展的机构和个人不仅仅对知识的质量提出各自的要求,而且将更多经济因素和社会因素渗透到高等教育质量生产的整个过程。透过这一历史进程,我们不难看到,知识经济的兴起在将高等教育质量与外部需求紧密结合起来从而给高等教育带来新生的同时,也将高等教育质量这一由学术场域自决的事务纳入一个将高等教育质量极不恰当地等价于经济功用的"类"学术场域之中。

三 全球化加剧了高等教育竞争

如果说市场化是从运行机制的层面导致了现代社会中高等教育质量问题的产生,知识经济的兴起是在内容方面引发高等教育质量问题的主要动因,那么全球化背景下的国际竞争则是20世纪80年代以来高等教育质量问题成为一个世界性议题的最为重要的宏观背景和驱动力量。在露易丝·莫瑞(Louise Morley)看来,正是全球化催生了高等教育质量这一产业。②"为了在这个变动不居的洪流中获得并保持一个相对优势的位置,各国无不积极寻找自身的利基,提升国家的竞争力。在内外力量的交错影响下,担负开创、传播知识和培育高级人才职责的高等教育自然成为在全球化中制胜的利器之一。"③换言之,全球化的发展使得民族国家国际竞争力的提升日益依赖高质量的高等教育。

知识经济时代,高等教育不仅通过储备和培育人力资本服务于经济发展和社会进步,其自身也通过知识的"市场化"和"商品

---

① [美]哈佛委员会:《哈佛通识教育红皮书》,李曼丽译,北京大学出版社2010年版。
② Morley, L. Quality and Power in Higher Education [M]. Maidenhead: Society for Research into Higher Education & Open University Press, 2003: 1.
③ 戴晓霞、莫家豪、谢安邦主编:《高等教育市场化》,北京大学出版社2004年版,第20页。

化"被迫或主动参与到国家及其他组织所资助的致力于"进步"的事业之中。与"自由的现代性时期"的高等教育不同,"组织化的现代性时期"[①] 的高等教育不仅仅要服务于本国和本地区,而且要在异域开疆拓土。随着高等教育国际化程度的提高,全球范围内的教师和学生流动已经超越了教育自身的意义而成为具有政治意义的战略资本。从某种程度上可以说,那些能够持续吸引高水平研究人员以及最具潜力的学生的国家和地区,就是那些被人们认为是高质量高等教育的聚集区或者是珍视高质量高等教育的核心地带。因此,我们不难发现,在世界高等教育版图中,尽管全球化并非为处于所有情境中的高等教育提供了均等的机遇,甚至某种程度上,全球化正在制造一种新的不平等[②],但无论是主导全球化进程的国家和地区,还是被迫加入全球竞争的国家和地区,"质量"都是其高等教育政策的起点和旨归。

总之,全球范围内高等教育质量议题的兴起具有共同的、深刻的教育背景和社会背景。基于这样一种类似的境遇,高等教育质量保障作为一种应对高等教育质量问题的"意识形态、技术手段和权力机制"[③] 出现在许多国家和地区及其高校的政策话语和日常实践之中。

第三节　高等教育质量保障的历史与比较[④]

如果说高等教育质量是高等教育大众化、市场化以及全球化和

[①] [英]杰勒德·德兰迪:《知识社会中的大学》,黄建如译,北京大学出版社2010年版,第32—70页。

[②] Altbach, P. G. Globalisation and the University: Myths and Realities in an Unequal World [J]. Tertiary Education and Management, 2004, 10 (1): 3-25.

[③] 张应强、苏永建:《高等教育质量保障:反思、批判与变革》,《教育研究》2014年第5期。

[④] 这一部分的核心内容已发表。详见苏永建《高等教育质量保障的历史演进、全球扩散与发展趋势》,《高等教育研究》2017年第12期。

国际化背景下高等教育所面对的主要问题的话,那么高等教育质量保障的出现则是国家和高校试图解决这些问题所采取的共同的措施和手段。在保障和提高质量的名义下,无论是发达国家和地区,还是发展中国家和地区几乎都建立起了理性化的高等教育质量评估和保障体系。[①] 从历史性维度来看,与高等教育自身的历史演变类似,高等教育质量保障也经历了一个从传统到现代的蜕变过程。从共时性维度来看,现代意义上的高等教育质量保障体系的广泛建立又是一种制度扩散和政策学习的结果。在全球化的影响下,高等教育质量保障呈现出一些共同的发展趋势,也面临着不小的挑战。

一 高等教育质量保障的演进、传播和扩散

(一)高等教育质量保障的演进及其制度化

在高等教育发展的大部分历史中,大学依靠学业考试、同行评审、职业资格证制度等传统手段[②]就能够控制质量,这些方式几经变革,在当今的高等教育质量实践中依然发挥着重要作用。19世纪末20世纪初,产生于美国的"高等教育认证"被认为是现代意义上高等教育质量保障的滥觞。[③] 发展到今天,"认证"(accreditation)已经成为世界范围内高等教育质量保障中最为主要的形式之一,"尤其是在北美以及中欧、北欧和东欧等一些国家和地区"。从20世纪下半叶开始,"院校排名、毕业生追踪调查以及政府和专业团体组织的其他调查先后进入高等教育领域,为大规模、有组织的现代高等教育质量保障的兴起奠定了基础"。[④] 不过,在20世纪80

[①] Trow, M. Trust, Markets and Accountability in Higher Education: A Comparative Perspective [J]. Higher Education Policy, 1996, 9 (4): 309 - 324.

[②] 张应强、苏永建:《高等教育质量保障:反思、批判与变革》,《教育研究》2014年第5期。

[③] 张民选:《关于高等教育认证机制的研究》,《教育研究》2005年第2期。

[④] 张应强、苏永建:《高等教育质量保障:反思、批判与变革》,《教育研究》2014年第5期。

年代之前，高等教育质量保障更多处于一种自发和零散的形态，影响力有限，并未引起过多关注。

20世纪八九十年代，随着政府对高等教育质量的干预和问责制的兴起，评估被广泛用来证明绩效和提高质量。研究表明，20世纪80年代中期到末期，正是对本科教育质量的质疑导致了高等教育中评估运动的兴起。[①] 这一时期，高等教育认证、大学排名等也不断变革与发展。这些传统的手段与从工商业领域中引入的基标法、绩效指标等新方法等共同组成了我们今天所言说的"系统化的、正式的"[②] 高等教育质量保障。如肯瑟（Kinser）所言，在20世纪80年代中期以前，在国际高等教育版图中，质量保障无足轻重，但是，在接下来的1/4世纪里，高等教育质量保障已经迅速成为一种全球性的现象。[③] 总之，当今的高等教育质量保障虽然与传统的高等教育质量控制手段有关联，但彼此在目的、范围和过程等方面均有较大差别。从某种意义上说，现代意义上的高等教育质量保障是"审计社会"（audit society）和"评估型国家"（evaluative state）的必然产物。

在高等教育质量保障发展的历史进程中，有的措施和制度经过不断改进被保留下来，成为当前高等教育质量实践的重要组成部分，有的则在漫长的历史演进中被淘汰。[④] 发展到今天，高等教育质量保障成为一个目的多元、类型多样、层次繁多的系统。博格（Bogue）认为，当今的高等教育质量保障主要分为四种类型或通过

[①] Burkee, J. C., Minassians, H. P. The New Accountability: From Regulation to Results [J]. New Directions for Institutional Research, 2002, 116 (Winter): 5-19.

[②] Anderson, G. Assuring Quality/Resisting Quality Assurance Academics' Responses to "Quality" in Some Australian Universities [J]. Quality in Higher Education, 2006, 12 (2): 161-173.

[③] Kinser, K. Questioning Quality Assurance [J]. New Directions for Higher Education, 2014, 168 (Winter): 55-67.

[④] 赵炬明：《超越评估（上）——中国高等教育质量保障体系建设之设想》，《高等工程教育研究》2008年第6期。

四种途径进行:①

第一种是传统的同行评审的评价方式（Traditional Peer Review Evaluations）。具体包括对院校使命和目标进行考察（test）的认证（accreditation）；对声誉进行检测的排名和评级（rankings and ratings）；考察同行评价的项目评审（program reviews）。

第二种是评估与结果运动（assessment-and-outcomes movement），这一方法要求制定绩效证据，关注增值问题。

第三种是全面质量管理（TQM）运动，它关注的是持续改进和顾客满意度。

第四种是定期问责和绩效指标报告。

从实践来看，上述四种路径都不同程度地分布于所有的高等教育质量保障模式中。可以说，经过长期的历史演进，质量保障已经不是少数高校为了控制质量而偶尔为之的自发行为，也不仅仅是一种实现问责与提高质量的技术工具，而是整个高等教育系统在不确定环境中经共同选择而建构的一种正式的制度安排。经过日益理性化的发展，质量保障已经成为现代高等教育体系中不可或缺的组成部分，并逐渐发展为一门新兴的、专门化的职业（profession）。② 其制度化程度日益提高。这不仅仅表现在不同的国家、地区以及高校几乎都出现了以质量保障作为使命和任务的专门机构和从业人员，更为引人注目的是，"在这些机构之间和机构内部业已形成了一套专业化的知识基础和大量为良好实践提供范本的标准、协议和指

---

① Bogue, E. G. Quality Assurance in Higher Education: The Evolution of Systems and Design Ideals [J]. New Directions for Institutional Research, 1998, 99 (Fall): 7 – 18.

② Rozsnyai, C. The Quality Volution [J]. Quality in Higher Education, 2010, 16 (1): 77 – 79.

南。尽管具体的高等教育质量保障结构在不同的国家之间还存在差异,但是不同国家的高等教育质量保障已经形成了一些共同的且可以接受的假设。同样,质量保障机构中的从业人员也逐步建立起了自己的专业知识和专业水准。他们中的许多人从一个质量保障机构流动到另一个质量保障机构并承担着越来越多的责任,有时候,这样的情况还会发生在跨国层面。质量保障机构的工作人员会定期与同仁进行沟通,分享经验、新技术和可能的有关质量问题的解决之道。"[1] 此外,一些国际性或地区性的高等教育质量保障组织的成立以及由这些组织开展的专业培训和专业会议、设立的研究生专业项目等均旨在培育学术共同体,以促进质量保障的专业化和制度化发展。[2]

在一些对高等教育质量保障持乐观态度的人士看来,现代社会中高等教育质量的维系与提高正是得益于这种专业化和制度化的高等教育质量保障。一些批评人士则认为,这种日益专业化的高等教育质量保障体系在实践中并没有按照预想的方式运行。[3] 经过多年的实践探索和理论研究,"人们逐渐认识到,高等教育质量保障并非一个'神话'(myth),只不过是一个社会建构的现实存在(reality)"。[4] 换言之,建立在问责基础上的现代"高等教育质量保障的话语和实践在帮助高等院校应对质量问题的同时,也逐渐将其纳入一个理性化的'牢笼',并由此导致种种非理性的后果"。[5]

---

[1] El-Khawas, E. Quality Assurance as a Policy Instrument: What's ahead? [J]. Quality in Higher Education, 2013, 19 (2): 248 – 257.

[2] 赵立莹、司晓宏:《国际化背景下高等教育质量保障发展趋势及中国选择》,《高等教育研究》2015 年第 6 期。

[3] Tight, M. Researching Higher Education [M]. Buckingham: SRHE and Open University Press, 2003: 112.

[4] 张应强、苏永建:《高等教育质量保障:反思、批判与变革》,《教育研究》2014 年第 5 期。

[5] 同上。

（二）高等教育质量保障的全球传播和扩散

从一个全球性的视角来看，高等教育质量保障体系一经建立便会跨越区域传播和扩散至其他国家和地区，成为一种"共享"的和普遍的制度范式。跨境高等教育的发展则进一步推动了质量保障在不同国家和地区的传播与扩散。从其方向与路径来看，这种传播和扩散既可能发生在本国或本地区的院校之间，也可能在国家、区域乃在全球范围内发生。

1. 高等教育质量保障从高等教育"中心"向"外围"溢出

发展中国家高等教育大众化的进程及其由此引发的质量问题普遍晚于发达国家和地区而显现，因而，作为一种政策学习的范例和结果，发展中国家的高等教育质量保障政策和实践大都是从发达国家和地区引进的。[①] 例如，东欧以及中欧的许多国家在东欧剧变和苏联解体之后迅速重构了其高等教育系统，其中引入认证、审计、绩效指标等多种质量保障方法以及建立国家和院校层面的质量保障机构成为一种共同的趋势和选择。20 世纪末期，土耳其也曾以英国高等教育质量保障为模板努力建立本国的高等教育质量保障体系。[②] 个中原因在于，发达国家和地区在应对现代高等教育质量问题的过程中形成了一套较为成熟且被证明是行之有效的质量保障体系和诸多具体的质量保障措施，通常情况下，由于"后发优势"的存在，即模仿既成的、有效的制度和向其进行组织学习的时间和成本都要小于"另起炉灶"[③]。因此，作为理性的组织或机构，发展

---

① Ntshoe, I., Letseka, M. Quality Assurance and Global Competitiveness in Higher Education [M] //Portnoi, L. M., Rust, V. D., Bagley, S. S. Higher Education, Policy and the Global Competition Phenomenon. New York: Palgrave Macmillan, 2010: 60.

② Billing, D., Thomas, H. The International Transferability of Quality Assessment Systems for Higher Education: The Turkish Experience [J]. Quality in Higher Education, 2000, 6 (1): 31 – 40.

③ 赵炬明：《超越评估（下）——中国高等教育质量保障体系建设之设想》，《高等工程教育研究》2009 年第 1 期。

中国家和地区及其所属高校，可以通过有目的、有组织的学习和模仿，在较短的时间内建立起一套高等教育质量保障体系来应对自身遇到的质量问题。

2. 发达国家和地区之间高等教育质量保障的传播和扩散

在发达国家和地区，由于制度和文化的差异，不同国家和地区建立质量保障体系的动机和时间也有显著的不同。总体来看，美国最先建立了现代高等教育质量保障体系，并且将其输送到包括欧洲在内的许多国家和地区。[①] 例如，最初，认证在欧洲高等教育质量保障方式中处于一个不起眼的位置，但20世纪90年代以来，在全球化和国际化的影响下，这种情况发生了根本性的变化。[②] 德国自20世纪90年代末引入具有美国特色的高等教育认证制度以来，在短短的十几年时间里建立起了一个非政府性的、分权式的高等教育认证体系。[③] 事实上，在博洛尼亚进程的推动下，认证已经成为构建欧洲高等教育区"黄金三角"中不可或缺的一个维度。[④] 罗德斯（Rhoades）和斯邦（Sporn）对高等教育质量保障是如何从美国传播到欧洲的过程进行了详细考察。他们认为，正是在高度"规范性"的专业化机制（专业协会、学术会议、学术期刊以及专业人士的流动）以及全球政治经济的竞争压力之下，发端于美国的质量保障才会漂洋过海直抵欧洲大陆。[⑤] 在东亚，中国香港地区率先采用高等教育质量保障的相关措施来监督高等教育部门。[⑥] 但是，无论

[①] 孙进：《德国高等教育认证——机构、程序与标准》，《高等教育研究》2013年第12期。
[②] Stensaker, B. Accreditation of Higher Education in Europe-Moving Towards the US Model? [J]. Journal of Education Policy, 2011, 26 (6): 757–769.
[③] 孙进：《德国高等教育认证——机构、程序与标准》，《高等教育研究》2013年第12期。
[④] 周满生、褚艾晶：《成就、挑战与展望——欧洲高等教育区质量保证十年发展回顾》，《北京大学教育评论》2011年第2期。
[⑤] Rhoades, G., Sporn, B. Quality Assurance in Europe and the U.S.: Professional and Political Economic Framing of Higher Education Policy [J]. Higher Education, 2002, 43 (3): 355–390.
[⑥] Mok, K. H. The Impact of Globalization: A Study of Quality Assurance Systems of Higher Education in Hong Kong and Singapore [J]. Comparative Education Review, 2000, 44 (2): 148–174.

从科研评估（RAE）和教学质量过程审计（TLQPR）来看，还是就质量保障理念和制度的变迁而言，我们很容易在中国香港地区高等教育质量保障中找到英国高等教育质量保障的影子。可以说，中国香港地区高等教育质量保障体系的建立很大程度上是模仿英国高等教育质量保障体系的结果。

事实上，作为一个以"强市场（社会）—弱国家"和院校拥有高度自主权为典型特征的国家，美国不仅向外"输出"其质量保障的理念和方法，也注意学习其他国家和地区质量保障的成功经验。比如，"源于欧洲的审计方法、绩效指标和绩效拨款法、基标法等，近年来在美国都有所运用"。[①] 因此，随着高等教育质量保障在全球范围的发展，高等教育质量保障的传播和扩散不仅仅是从某一个点出发的单向输出过程，而是构成了一个相互影响的互动网络。

3. 高等教育质量保障日益形成一个相互交织的网络体系

在全球化的影响下，高等教育质量保障的传播和扩散不仅表现在不同国家和地区将外来的质量保障体系植入本土的实践之中，吸纳国际成员（组织或个人）参与本国或本地区的质量保障过程也是质量保障在全球范围内传播和扩散的主要表现形式之一。在博洛尼亚进程成员国所进行的质量保障活动中，国际成员参与评估、认证和政策咨询已经成为一种通行的做法。此外，如今的高等教育质量保障已经超越了单个院校和国家，在跨院校、跨国家和跨地区层面建立了许多地区性和国际性的质量保障机构和质量保障网络。[②] 在这些机构和网络中，影响最大的莫过于高等教育质量保障机构国际

[①] 赵炬明：《超越评估（下）——中国高等教育质量保障体系建设之设想》，《高等工程教育研究》2009年第1期。

[②] Umemiya, N. Regional Quality Assurance Activity in Higher Education in Southeast Asia: Its Characteristics and Driving Forces [J]. Quality in Higher Education, 2008, 14 (3): 277 - 290.

网络（International Network of Quality Assurance Agencies in Higher Education，INQAAHE）。1990 年，当其在中国香港举行首次会议时，仅吸纳了来自 17 个国家或地区的 25 个成员，[1] 如今，其成员的数量已经超过 280 个，是成立之初的十倍之多。这些超国家层面的质量保障机构"通过举办定期的会议、出版刊物、建立包罗万象的网站以及制定针对具体质量问题的文件和指南的方式给国家层面的质量保障行动以极大帮助。总的来说，这些网络为在国际范围内分享思想和经验提供了宝贵的场所，其目的在于帮助高等教育质量保障机构改进其实践"[2]。

二 高等教育质量保障的趋同化与差异性

（一）全球化背景下高等教育质量保障的共识与同形

在全球化的影响下，高等教育质量保障的传播和扩散导致许多具有不同传统和制度环境的国家和地区在质量保障的理念、制度、具体实施路径等诸多方面表现出一种"家族类似"的特征。

1. "问责"作为高等教育质量保障的核心价值理念

20 世纪 80 年代开始，随着高等教育质量问题逐渐成为政策议程的核心，"几乎所有欧美国家都出现了一个由政府主导的高等教育质量检查和监督运动，或称高等教育质量保障运动。"[3] 在这种席卷全球的高等教育质量保障运动中，问责无一例外成为外部利益相关者对高等教育质量进行干预的意识形态。20 世纪 80 年代，美国

---

[1] Shah, M. The Effectiveness of External Quality Audits: A Study of Australian Universities [J]. Quality in Higher Education, 2013, 19 (3): 358 – 375.

[2] El-Khawas, E. Quality Assurance as a Policy Instrument: What's ahead? [J]. Quality in Higher Education, 2013, 19 (2): 248 – 257.

[3] 赵炬明：《超越评估（上）——中国高等教育质量保障体系建设之设想》，《高等工程教育研究》2008 年第 6 期。

高等教育领域评估运动（assessment movement）兴起的主要动因就是为了回应高校外部利益相关者对高等教育质量的问责。[①] 2006年，著名的斯佩林斯委员会发布的报告则进一步强化了这种关于高等教育质量及其信息的问责。斯佩林斯委员会的报告中指出："有用的数据和问责的缺乏在阻碍政策制定者和公众作出可靠的决定的同时会妨碍高等教育向公众展示其贡献和价值。"近年来，随着问责的负面效应的凸显和学术人员对于问责的抵制，在一些具有大学自治和学术自由传统的高等教育系统中，问责的形式正在发生变化。在美国，美国州立大学与学院协会（AASCU）和美国州立大学与赠地学院联合会（NASULGC）召集来自高等教育界的代表制定了自愿问责体系（VSA），将其作为一种回应各种利益相关者质疑的机制，同时，VSA还为家庭和学生对院校进行比较提供了一个有意义的基础。[②] 尽管问责的形式和严苛程度在不同国家、地区和不同发展阶段有所不同，但对于现代高等教育质量保障而言，问责已经成为其核心的价值理念，我们很难找到一个国家或地区的高等教育系统没有问责的成分。

2. 设置专门的质量保障机构

传统上，学术机构对质量自我负责，但今天，许多国家都建立了正式的高等教育质量保障机构来保障质量。[③] 1997年，英国通过整合高等教育基金委员会和高等教育质量委员会的相关职能，成立了质量保障署（QAA），负责对院校内部的质量保障体系进行审计或评审，这一机构成为世界范围内一个具有标志性意义的质量保障

[①] Ewell, P. T. Assessment and Accountability in America Today: Background and Context [J]. New Directions for Institutional Research, 2008, Fall (Assessment Supplement 2007): 7-17.

[②] Keller, C. M., Hammang, J. M. The Voluntary System of Accountability for Accountability and Institutional Assessment [J]. New Directions for Institutional Research, 2008, (Fall, Assessment Supplement 2007): 39-48.

[③] El-Khawas, E. Who's in Charge of Quality: The Governance Issues in Quality Assurance [J]. Tertiary Education and Management, 2001, 7 (2): 111-119.

机构。据统计，在欧洲，根据博洛尼亚进程确定的总体目标和具体要求，所有成员国都组建了国家层面的高等教育质量保障机构。2003 年，挪威建立了挪威教育质量保障署（NOKUT）这一独立的国家机构，取代了 1997 年成立的挪威网络委员会（Norwegian Network Council）来保障高等教育质量。[①] 2006 年，在整合原有的国家评估委员会（CNE）、教学、科学与技术教育使命委员会（MSTP）、全国科学研究评估委员会（CNER）等评估机构及其职能的基础上，法国重新组建了高等教育与研究评估署（AERES）这一新的、国家层面的、统一的高等教育质量保障机构，由其负责对法国境内的高等教育与研究机构及其附属机构所开展的教学、科研及其行政管理活动进行评估。[②]

在日本，2004 年国立大学法人化改革之后，成立了由政府主导的国立大学法人评价委员会，对国立大学实施六年一个周期的评估。[③] 在《布拉德利报告》（Bradley Review）的建议之下，2011 年 7 月，澳大利亚在整合包括澳大利亚大学质量署（AUQA）等相关质量保障机构的基础之上成立了新的、统一的国家高等教育质量管理和保障机构——高等教育质量和标准署（TEQSA），"评估教育机构的质量，提供高等教育的质量信息，提出关于标准、质量和监管的独立建议"[④]。在美国，最为我们所熟知的高等教育质量保障机构就是六大区域高等教育认证委员会，它们主要负责各自区域内院

[①] Engebretsen, E., Heggen, K., Eilertsen, H. A. Accreditation and Power: A Discourse Analysis of a New Regime of Governance in Higher Education [J]. Scandinavian Journal of Educational Research, 2012, 56 (4): 401 – 417.

[②] 高迎爽：《法国高等教育质量保障历史研究（20 世纪 80 年代至今）——基于政府层面的分析》，博士学位论文，华东师范大学，2010 年，第 196 页。

[③] 黄福涛：《高等教育质量保证的国际趋势与中国的选择》，《北京大学教育评论》2010 年第 1 期。

[④] ［澳］理查德·詹姆斯：《澳大利亚高等教育和国家教学标准》，邢欢、叶赋桂译，《清华大学教育研究》2014 年第 3 期。

校的认证事宜。虽然传统上美国的高等教育认证具有"非政府的""自愿的""同行评议"[①]的典型特征，但是近些年来尤其是在斯佩林斯委员会发布其报告之后，联邦政府在对加强对认证进行认可的基础上开始做出在历史上由认证委员会来做出的某些学术决策。[②]

可以说，在大部分国家和地区，高等教育质量保障机构都被政府赋予正式的权威来对高校的质量进行管理和监督。[③] "这不仅出现在质量保障机构具有较强的指令性模式的国家，也出现在高等教育质量保障模式中非常尊重学术机构的国家。"[④] 但在大部分承续欧美高等教育传统的国家和地区，虽然政府也试图对高等教育质量保障施加影响，但国家层面的质量保障机构并不直接听命于政府，而是在政府等诸多利益相关者之间保持自治或者独立的姿态，以协调者和促进者的角色来履行高等教育质量保障的使命。

3. 遵循近似的原则与实施程序

不同国家和地区的质量保障虽有差异，但在具体的实践过程中其规则和实施程序则基本一致。首先，在规定的法律框架之下，所有的院校和项目都要在一定的周期之内接受外部评估[⑤]或者接受外部质量保障机构对院校内部质量保障体系的完备性和有效性的审查。其次，越来越多的国家和地区将制定和实施共同的高等教育质量框架或统一的质量标准作为高等教育质量保障的基础和核心。例如，欧洲高等教育质量保障协会（ENQA）所制定

---

① Brittingham, B. Accreditation in the United Statdes: How Did We Get to Where We Are? [J]. New Directions for Higher Education, 2009, (Spring): 7 – 27.

② Eaton, J. S. The Future of Accreditation [J]. Planning for Higher Education, 2012, 40 (3): 8 – 15.

③ El-Khawas, E. Quality Assurance as a Policy Instrument: What's ahead? [J]. Quality in Higher Education, 2013, 19 (2): 248 – 257.

④ El-Khawas, E. Who's in Charge of Quality: The Governance Issues in Quality Assurance [J]. Tertiary Education and Management, 2001, 7 (2): 111 – 119.

⑤ Thune, C. The European Systems of Quality Assurance: Dimensions of Harmonisation and Differentiation [J]. Higher Education Management, 1998, 10 (3): 9 – 25.

的《欧洲高等教育质量保障标准和指南》（ESG）就明确提出了外部高等教育质量保障机构使用的质量标准、院校内部质量保障的标准以及对外部质量保障机构本身进行评估和认可的标准。为了兑现博洛尼亚宣言的承诺以及对接不断变化的社会需求，俄罗斯业已将高等教育的国家质量标准更新至第三代。[①] 和世界上许多国家和地区的情形相似，澳大利亚也正在积极"制定清晰明确的高等教育国家标准"[②]。最后，在具体的实践方面，无论是对于院校和项目的评估、认证还是审计，采取相似的实施程序或步骤在大部分国家和地区已经高度制度化。这种制度化的程序通常包括遵循质量保障机构准则的学术机构的自我评估；由质量保障机构组织的对于每一所院校或专业的现场调查（同行评估）；质量保障机构出具的最终报告或者决议[③]等。

（二）地方情境与高等教育质量保障的不同实践

虽然在"模仿"与"强制"这两种制度同形机制的影响之下，许多国家和地区的高等教育质量保障在理念、制度和具体的实施程序方面表现出越来越多的相似之处。但是在地方化和全球化的巨大张力中，不同地域的质量保障还是体现出鲜明的本土特征。套用哈罗德·玻金的话来说[④]，我们今天都在谈论高等教育质量保障，但是，质量保障作为现代高等教育系统试图应对质量问题的主要途径，我们只有在不同时代、不同地点的具体环境里才能清楚地知道

---

① 李艳辉、［俄］O. A. 玛什金娜：《俄罗斯第三代高等教育国家标准：背景、框架、特点》，《高等教育研究》2014年第2期。

② ［澳］理查德·詹姆斯：《澳大利亚高等教育和国家教学标准》，邢欢、叶赋桂译，《清华大学教育研究》2014年第3期。

③ El-Khawas, E. Who's in Charge of Quality: The Governance Issues in Quality Assurance [J]. Tertiary Education and Management, 2001, 7 (2): 111–119.

④ 哈罗德·玻金认为，谁都在谈大学，但是大学作为学者进行教学、科研和从事社会服务的场所，我们只有在不同时代、不同地点的具体环境里才能弄懂大学的这些任务究竟是什么。参见［美］伯顿·克拉克主编《高等教育新论——多学科的研究》，王承绪等译，浙江教育出版社2001年版。

高等教育质量保障的所指。

首先,从类型学的角度来讲,根据质量保障过程中权威与合法性的来源不同可以将质量保障划分为不同的类型。萨瑞克(Sarrico)等研究者指出,由于国家文化和政治环境的不同,高等教育质量评估体系也是建立在不同的理论基础(rhetorical doctrines)上的。[①] 他们认为,一种主要的质量评估的类型主要存在于欧洲大陆以及那些依然将大学视为公共服务部门的国家和地区。在这些地方,人们已经认识到质量改进问题,但国家仍然是高等教育的主要管理者。另一种以美国为代表,建立在经济或市场基础之上并受市场驱动。在这种类型中,国家的任何管理都容易被认为是过度的,质量评估更倾向于采取市场的形式。换言之,在欧洲,质量保障体系通常由国家发起,它们通过建立一个(准)独立的机构来负责进行各种类型的高等教育质量评估。[②] 而在美国,虽然联邦政府和外部利益相关者对高等教育质量保障施加了越来越多的压力,但是到目前为止还没有形成国家层面的统一的高等教育质量保障机构。因此,欧洲和美国在高等教育质量保障方面虽然都在彼此学习对方的长处和经验,但建立在院校自主竞争基础上的多元化和多样化依然是美国高等教育质量保障的优势和特色,而保持相对的统一和规范仍旧是欧洲大陆高等教育质量保障的典型特征。[③] 即使在欧洲内部,根植于历史上业已形成的文化,同处欧洲的不同国家所采取的具体

[①] Sarrico, C. S., Rosa, M. J., Teixeira, P. N., Cardoso, M. F. Assessing Quality and Evaluating Performance in Higher Education: Worlds Apart or Complementary Views? [J]. Minerva, 2010, 48 (1): 35 – 54.

[②] Stensaker, B. Outcomes of Quality Assurance: A Discussion of Knowledge, Methodology and Validity [J]. Quality in Higher Education, 2008, 14 (1): 3 – 13.

[③] 赵炬明:《超越评估(上)——中国高等教育质量保障体系建设之设想》,《高等工程教育研究》2008年第6期。

的质量保障方式仍然有很大的差异。[1]

其次，在不同的国家和地区，高等教育质量保障的目的不尽一致。[2] 有的侧重于问责，有的则致力于质量改进。从整体而言，建立高等教育质量保障体系的最初目的均与问责有关，且大多是属于管理问责和市场问责，而随着质量保障过程中不断发生各种权力博弈和利益冲突，尤其是院校和学术人员基于院校自治和学术自由对外部问责的抵制以及外部问责的有效性的衰减，质量保障的目的中质量改进的诉求会渐趋增加。从大部分发展中国家的实践来看，增强透明性和强化问责仍然是其当前质量保障的主旨所在。比较而言，大多数欧洲国家正在逐步减弱质量保障中问责的程度，转而将基于院校自我发展的质量提高作为当前及今后质量保障发展的主要方向。有关中国香港地区和新加坡高等教育质量保障的比较就很好地说明了不同地方背景中质量保障目的的差异。[3] 对中国香港地区而言，虽然提高质量是其质量保障所宣称的目的，但是，在经济衰退和管理主义的冲击之下，提高高等教育效率和大学部门的绩效，从而证明高等教育公共开支的合法性才是20世纪90年代中国香港地区引入高等教育质量保障的更为重要的目的。而同样是在全球化的背景之下，新加坡的高等教育并未遇到严重的财政问题，其引入高等教育质量保障的主要目的是通过提高大学的竞争力进而提高新加坡在地区或全球市场中的国家竞争力。此外，与高等教育质量保障的目的不同相关联的是占据主导地位的质量保障方式的差异。在强调问责的国家和地区中，其质量保障体系更倾向于采取直接评估

---

[1] Rozsnyai, C. The Quality Volution [J]. Quality in Higher Education, 2010, 16 (1): 77-79.

[2] Wahlén, S. Is there a Scandinavian Model of Evaluation of Higher Education? [J]. Higher Education Management, 1998, 10 (3): 27-41.

[3] Mok, K. H. The Impact of Globalization: A Study of Quality Assurance Systems of Higher Education in Hong Kong and Singapore [J]. Comparative Education Review, 2000, 44 (2): 148-174.

的方式，而在强调质量改进的质量保障体系中，重在确保高校建立有效的内部质量保障体系的审核或者是审计则成为其主要的形式。

最后，高等教育质量保障的制度化程度不同。从整体看来，作为一种应对高等教育质量问题的制度和措施，质量保障产生了广泛而积极的影响。但是，受制于高等教育纷繁复杂的实践，在欧美这些高等教育的核心地带，质量保障体系已经制度化并被广泛接受，而在一些新兴国家等高等教育的边缘地带，质量保障体系建设起步较晚，在很多方面尚存争议。[①] 英美等许多国家和地区，不仅从规制性层面颁布了相关法律和政策，要求高校接受外部质量保障机构的审查、认证或评估，同时，在规范层面上，全社会基本形成了一种高校应该就其内部运作向内外部利益相关者做出解释、说明并提供相关证据的质量问责共识。在美国，作为一项教育改革、一场运动和一种社会趋势，对于质量的问责深入人心并逐步形成了重视透明性、测量和评价的特有文化。[②] 或许更为值得关注的是，这些国家和地区的许多院校已经将"责任""公开性""以学生为中心"等诸多理念内化为高校的管理哲学，并自愿和主动接受外部问责、把质量改进或质量提高作为高校日常实践的核心。近年来，在美国兴起的自愿问责运动和学生学习成果评估运动就表明高校正在自发地向公众展示更大的责任和管理能力，以及通过测量教育成果来提高教育实践的有效性。[③] 与之形成对照的是，有的国家虽然建立了形式上较为完备的质量保障体系，但是高校并未将其内化为自主的

---

① Harman, G. Competitors of Rankings: New Directions in Quality Assurance and Accountability [M] //Shin, J. C., Toutkoushian, R. K., Teichler, U. University Rankings Theoretical Basis, Methodology and Impacts on Global Higher Education. Springer, 2011: 35 – 36.

② Suspitsyna, T. Accountability in American Education as a Rhetoric and a Technology of Governmentality [J]. Journal of Education Policy, 2010, 25 (5): 567 – 586.

③ Keller, C. M., Hammang, J. M. The Voluntary System of Accountability for Accountability and Institutional Assessment [J]. New Directions for Institutional Research, 2008, (Fall, Assessment Supplement 2007): 39 – 48.

质量实践。

当然，因地方情境不同，质量保障的差异化还表现在诸多方面：[1] 有的国家的质量保障机构是独立于政府和院校的、有的是由政府一手成立的、有的则是由院校共同发起的；对院校而言，外部评估有的是自愿申请的，有的则是强制性的。有的国家的质量评估报告是公开发表且公众可以方便查询的，而在有的国家，评估报告则是保密的。对于评估是否与资助挂钩则更无统一规定。不仅如此，尽管几乎所有的机构都使用同行评估，但是由哪些同行参与、来自哪里，对专家的选择和培训，专家组的构成以及如何组织实地考察，实地考察持续的时间、范围、考察的对象等也各不相同。

三 高等教育质量保障的发展趋势

作为一种新兴的正在形成中的专门职业和制度安排，质量保障逐渐从高等教育系统的边缘走向中心，成为现代大学制度中不可或缺的组成部分。世界范围内的高等教育质量保障虽然没有统一和固定的模式，但却有历史轨迹可循。按照发展阶段的不同，我们可以粗略地将高等教育质量保障分为前质量保障阶段、质量保障阶段和后质量保障阶段，这三个阶段也可以分别称为 1.0 版本、2.0 版本和 3.0 版本。在大部分时期，高等教育质量保障属于 1.0 版本，2.0 版本产生于 20 世纪 80 年代，以问责为主要特征，是 20 世纪最后 20 年和 21 世纪初期高等教育质量保障的主流，目前正在进入 3.0 版本。从 2.0 到 3.0 过渡过程中高等教育质量保障出现了一些共同且稳定的发展趋势，也面临着一些不可

---

[1] Brennan, J., Shah, T. Quality Assessment and Institutional Change: Experiences From 14 Countries [J]. Higher Education, 2000, 40 (3): 331 - 349. Billing, D. International Comparisons and Trends in External Quality Assurance of Higher Education: Commonality or Diversity? [J]. Higher Education, 2004, 47 (3): 113 - 137.

忽视的挑战。

（一）寻求问责与改进之间的平衡

从世界范围内高等教育质量保障的发展趋势来看，如今的质量保障似乎正沿着两条相反的方向演进：[①] 一方面，以认证和其他更具侵略性的质量保障形式以及院校排名为基础的国家质量保障体系正在迅速增加；另一方面，在一些国家和地区出现了从质量保障转向质量提高的运动[②]，以此来恢复院校和学术人员的信任。在前一种趋势为代表的国家和地区，国家权力的渗透和外部问责日益成为影响质量实践的重要变量。在美国，传统上以认证为核心的质量保障并不直接对院校的教学质量进行评估，其质量保障方式可以视为质量改进取向的[③]，但强调消费者选择权的市场问责一直在美国高等教育质量保障中占据重要位置，同时，近些年来联邦政府通过包括联邦资助在内的各种手段或杠杆加强对高等教育质量的问责，试图用统一的标准对院校进行比较性评估[④]。后一种趋势为代表的国家和地区，外部质量保障结构虽然依旧能够影响质量保障的总体发展方向，但是外部问责的非意图性后果在遭到院校和学术人员的批判与抵制之后，其有效性和合法性日益式微，代之而起的是轻触式（light touch）的质量保障方式。在英国，质量保障经历了从院校主导到外部质量保障机构主导再回归到院校自身主导的过程，其质量保障的理念也正在从质量问责转向质量改进。中国高等教育质量保

[①] Rosa, M. J., Sarrico, C. S., Amaral, A. Academics' Perceptions on the Purposes of Quality Assessment [J]. Quality in Higher Education, 2012, 18 (3): 349–366.

[②] Gvaramadze, I. From Quality Assurance to Quality Enhancement in the European Higher Education Area [J]. European Journal of Education, 2008, 43 (4): 443–455.

[③] Wolff, R. A. Accountability and Accreditation: Can Reforms Match Increasing Demands [M] //Burke, J. C. Achieving Accountability in Higher Education: Balancing Public, Academic, and Market Demands. San Francisco: Jossey-Bass, 2005.

[④] 赵炬明：《超越评估（上）——中国高等教育质量保障体系建设之设想》，《高等工程教育研究》2008年第6期。

障也从之前的水平评估转到审核评估,更加强调院校自身在保障和提高质量中的主体作用,考察院校自身是否建立了有效的内部质量保障机制而不是直接检查院校的教育质量①。国际经验的比较表明,现实的质量保障并非完全属于问责或改进范式,而是处于问责和改进之间的连续谱系上②,相关的实证研究也证实了这一点。③ 因此,从全球的角度来看,寻求问责与改进之间的平衡是当前高等教育质量保障发展的基本趋势,也是支配高等教育质量保障变革与发展的基本哲学。

(二) 学生在质量保障中的地位日益提高

近年来,随着以学生为中心的理念在高等教育领域的重新确立以及高等教育全球化的深度发展,学生作为高等教育质量的重要利益相关者,在高等教育质量保障中的地位日益提高。一方面,学生学习成果评估成为兼具主动回应问责与自主进行质量改进的重要载体。20 世纪 80 年代以来,美国高等教育认证机构转型中最大也是最为引人关注的变化,就是普遍增加了对大学生学习成果的测量和评价,即从关注院校资源和投入到关注大学生的学习过程。④ 目前,六大认证委员会无一例外将学生学习成果评估作为认证的要求之一,对学生学习成果的关注已经成为美国高等教育认证中判断院校

---

① 黄福涛:《高等教育质量保证的国际趋势与中国的选择》,《北京大学教育评论》2010 年第 1 期。

② Kells, H. R. Building a National Evaluation System for Higher Education: Lessons from Diverse Settings [J]. Higher Education in Europe, 1995, 20 (1-2): 18 – 26. Billing, D., Temple, P. Quality Management in Central and Eastern European Universities: A perspective on Change Management [J]. Perspectives: Policy and Practice in Higher Education, 2001, 5 (4): 111 – 115.

③ Frazer, M. Report on the Modalities of External Evaluation of Higher Education in Europe: 1995 – 1997 [J]. Higher Education in Europe, 1997, 22 (3): 349 – 401.

④ Rice, R. E. Enhancing the Quality of Teaching and Learning: The U. S. Experience [J]. New Directions for Institutional Research, 2006, 133 (Spring): 13 – 22. 郭芳芳、史静寰:《区域认证中的学生评价:"奉子成婚"抑或"天作之合"?——美国高等教育质量保障机制研究》,《外国教育研究》2012 年第 10 期。

质量的依据和重点①。2009年，美国一所常青藤大学因为没有满足认证机构对学生学习成果进行评估的要求而受到严重警告。② 随着博洛尼亚进程的实施和推进，学生学习成果也逐渐成为欧洲高等教育质量保障的重心和关键所在。③ 学生学习成果在外部质量保障体系中被赋予更高权重的同时，院校内部质量保障体系也将学生学习成果评估纳入制度化的轨道。在美国，"几乎所有的高校都有相应的机构管理学校层面的学生学习成果评估工作"，"有的高校还在院（系）设立学生学习成果评估协理员职位，以协调学校和学院层面的评估工作。"④ 另一方面，在许多国家和地区（特别是欧洲），内外部质量保障均采取了向学生赋权的改革，允许学生作为质量的重要利益相关方越来越多地参与到质量评估、咨询以及评估报告撰写等质量保障的具体实施过程之中，由此，学生在质量保障体系中的话语权不断扩大。⑤ 与此同时，为了更加科学地测量高等教育质量并提高学生在质量保障中的参与度，美、英等国家针对高校在校生和毕业生开发了种类繁多的测量工具，用以测量学生的就读经验、学习成果与教育过程的融入度以及能力的发展等，以期从学生"学"的角度而不仅仅是从教师"教"和院校"资源投入"的角度回应问责并进行质量改进。在这些测量工具中，美国的全美大学生学习投入度调查（NSSE）最为知名。这一调查工具相继被加拿大、新西兰、澳大利亚、南非、中国、韩国等诸多国家引入并加以应

---

① Brittingham, B. Accreditation in the United Statdes: How Did We Get to Where We Are? [J]. New Directions for Higher Education, 2009, (Spring): 7-27.

② 程星：《国际化、市场化的大学及其质量评估：一个不对称信息的视角》，《高等工程教育研究》2012年第6期。

③ 周满生、褚艾晶：《成就、挑战与展望——欧洲高等教育区质量保证十年发展回顾》，《北京大学教育评论》2011年第2期。

④ 黄海涛、常桐善：《美国高校学生学习成果评估的组织架构及其职能》，《高等教育研究》2014年第3期。

⑤ 赵叶珠：《学生参与：欧洲高等教育质量保障中的新维度》，《复旦教育论坛》2011年第1期。

用。此外，一些大型国际组织和机构，如经合组织（OECD）已经启动了高等教育学习成果评估项目（AHELO），正在积极制定跨院校和跨国家（区域）的大学生学习成果评估政策和措施，并努力促成建立一个国际高等教育质量比较框架。

（三）通过范式变革形成质量文化

高等教育质量保障作为现代高等教育问责制的产物，在帮助高校建立制度化的质量保障体系和促进高校形成质量意识方面成效显著，可以想象，如果没有质量保障，高等教育必然会因质量问题削弱其在现代社会中的合法性。但与此同时，问责取向的质量保障由于多采取结构主义的路径，重视质量保障的程序和技术而漠视院校尤其是大学教师的主动性，遭到了学术共同体激烈的反对，其有效性反而伴随着结构化程度的提高而不断衰减。正是在这样的背景下，世界范围内出现了从质量保障转向质量提高的运动。但是，大量的实践和研究表明，质量提高并不是一个外部政治或院校内部行政管理的函数[1]，建立高校内部质量保障体系也不等同于形成了质量文化[2]，最关键的挑战是如何激发院校和教师在提高质量方面的内在动机并将其内化为院校和教师自发的质量实践[3]。在回应和改进结构主义取向的质量保障（回溯性质量保障）的过程中，人—文化取向的质量保障范式（前摄性质量保障）应运而生，这一取向的质量保障方式认为，质量保障的正式制度和结构是提高质量的必要但非充分条件，院校和教师个体化的实践是影响质量保障有效性的重要变量。人—文化取向的质量保障范式力求通过在院校内外建立

---

[1] Gaither, G. H. The Future Dynamics of Quality Assurance: Promises and Pitfalls [J]. New Directions for Institutional Research, 1998, 99 (Fall): 87–91.

[2] 林梦泉、唐振福、杜志峰:《国际高等教育质量保障热点问题和发展趋势——近年来高等教育质量保障机构网络组织（INQAAHE）会议综述》,《中国高等教育》2013 年第 1 期。

[3] Filippakoua, O., Tapper, T. Quality Assurance and Quality Enhancement in Higher Education: Contested Territories [J]. Higher Education Quarterly, 2008, 62 (1/2): 84–100.

一种整体的、基于全员参与、信任和内在动机的质量文化来从根本上提高质量。21世纪初期，欧洲大学协会（EUA）启动了大规模的"质量文化工程"和质量文化调查项目，旨在帮助院校通过质量文化建设来持续提高质量。这一工程或项目激发了世界范围内对于高等教育质量文化的调查和实践，引起了众多国家及其院校的关注和跟进，在欧洲乃至全世界高等教育系统中产生了广泛且积极的影响。2009年，联合国教科文组织（UNESCO）在第二届世界高等教育大会上指出高等教育质量的提高离不开"质量文化"，在大会通过的公报中明确了"质量保障对于当代高等教育至关重要，必须吸纳所有利益相关者的参与，保障和提高质量既需要建立高等教育质量保障体系和评价模式，也需要在院校内部形成一种质量文化"。经合组织（OECD）在其"高等教育机构管理"（IMHE）计划下设立的"教学质量提升"（FQT）项目则将"增强全员重视教学质量提升的意识和文化"放在质量框架的首要地位。① 质量文化也成为高等教育质量保障机构国际网络组织（INQAAHE）2012年大会的核心议题。通过形成质量文化来提高质量是高等教育理念的一次革新，也是院校能够回应外部问责与提高质量的必然选择。

（四）加强质量保障机构自身的建设

质量保障不仅仅是一种技术，更是一种权力机制，质量保障的实施影响了院校内外部权力关系的构成与运行，关系到高等教育资源的配置，成为影响现代高等教育和高校发展方向及具体路径的关键变量，甚至在很多情况下已经演变为现代高等教育系统中质量的"立法者"。正是因为质量保障变得如此重要，质量保障机构自身的权力如何规制、什么样的质量保障机构才能够行使认证、评估和审计的权力等成为高等教育质量保障中不可回避的核心问题。从质量

---

① 教育部高等教育教学评估中心：《中国高等教育质量报告（2014年度）》，教育科学出版社2016年版，第141页。

保障机构的产生来看，质量保障机构既可以依据相关法律和政策的规定依法成立，也可以根据自治的高等教育传统由院校和专业协会联合自发成立。但无论其依据何种制度或规范成立，也无论其经费来源于政府还是院校集体缴纳的会费，保持独立性是提高质量保障机构专业性和权威性的基本前提[①]，也始终是高等教育质量保障机构维护其合法性的最重要的基础之一。美国六大区域高等教育认证委员会、英国高等教育质量保障署（QAA）、意大利国家大学及科研机构评估署（ANVUR）等有影响的高等教育质量保障机构均保持着较高的独立性。高等教育质量保障机构国际网络组织（INQAAHE）在其发布的《良好做法指南》中也提出，希望质量评估机构"必须是独立的，对自己的运营负责，其评判不能受到第三方的干扰"。[②] 在保持独立性的同时，质量保障机构还要接受来自政府以及其他利益相关者的监督，其中通过正式的委员会或协会对质量保障机构进行元评估是主要的监督形式之一，有利于不断提高质量保障机构的专业性。美国的高等教育认证委员会（CHEA）作为一个非营利的组织，负责对相关的认证机构进行认可，支持院校通过认证进行自愿性的自我管理，进行有关认证的研究和信息传播并促进认证机构和院校之间的沟通。荷兰与弗拉芒地区认证组织（NVAO）则通过建立自我评估体系和定期接受欧洲高等教育质量保障协会（ENQA）的外部评估，不断优化认证程序。[③] 在质量保障日益重要的今天，质量保障机构也在不断更新并加强自身建设，这既是质量保障机构自身发展的需要，也是持续提高高等教育质量的内在要求。

此外，全球范围内高等教育质量保障的发展趋势还包括：具体

[①] 袁益民：《"管办评分离"改革与教育质量保障》，《高教发展与评估》2016年第1期。
[②] 林梦泉、唐振福、杜志峰：《国际高等教育质量保障热点问题和发展趋势——近年来高等教育质量保障机构网络组织（INQAAHE）会议综述》，《中国高等教育》2013年第1期。
[③] 刘学东、汪霞：《荷兰高等教育认证发展研究》，《教育研究》2016年第9期。

的质量保障方式越来越多元化，质量保障的整体框架变得更为复杂和正式①，质量保障机构之间的沟通和合作日益增多，质量保障机构与高校之间能够就质量保障事宜进行越来越多的建立在协商基础上的合作等。

四　全球视野中的中国高等教育质量保障

如果将中国高等教育质量保障的实践置于全球质量保障的图景中，我们不难发现，近些年来特别是进入 21 世纪以来，中国大力推进高等教育质量建设，在学习国际经验的基础上初步建立起了系统化的高等教育质量保障体系。但与此同时，我们也注意到，中国高等教育质量保障并非是对国外发达国家和地区高等教育质量保障的移植，其带有典型的中国特征，即政府在其中扮演了特殊的角色，发挥着重要而独特的作用。这种角色不同于传统集权体制下的"完全且直接的干预者"，也不同于西方市场经济较为成熟的国家中的"有限且间接的调控者"。

这种角色变化和角色差异使得中国高等教育质量保障在结构、功能及其效果等方面不同于其他国家和地区的高等教育质量保障。这种不同充分体现了地方制度环境对高等教育质量保障的形塑作用。在全球化可能导致趋同化的背景下，中国高等教育质量保障的特殊性备受关注。打开中国高等教育质量保障运行的"黑箱"，探究中国高等教育质量保障的运行机制，能够为高等教育质量（保障）研究提供一个典型案例，有助于丰富高等教育质量（保障）的相关学术研究，有助于推动不同制度环境中高等教育质量保障的理解、交流与合作。

---

① Stanley, E. C. Patrick, W. J. Quality Assurance in American and British Higher Education: A Comparison [J]. New Directions for Institutional Research, 1998, 99 (Fall): 39–56.

第三章

体制化的技术治理与中国高等教育质量保障[①]

本章将以教育部组织的第一轮本科教学评估和国家教育行政部门所发布的有关高等教育质量政策及其主要行动作为典型案例,借助"动员"和"项目制"两个概念对其进行描述和分析,最后将其纳入技术治理的概念框架并加以修正,以期对中国高等教育质量保障的运行机制做出一个总体性的概括。

第一节 行政动员视角下的中国高等教育质量保障

在中国高等教育质量保障体系建设过程中,政府是一个关键行动者。20世纪末期以来,中央教育行政部门通过频繁出台质量政策,发布指令,进行思想宣传,运用奖励与惩罚等将高等教育质量的利益相关者发动起来,集中应对高等教育质量问题或危机以及推动高等教育质量保障体系建设,形成了一种政府行政权力占据主导地位的行政动员式的质量保障路径。2003—2008年的本科教学评估

[①] 这一部分的核心内容已发表。详见苏永建《体制化的技术治理与中国高等教育质量保障》,《高等教育研究》2017年第3期。

就是这种行政动员式的质量保障路径的典型案例。

一 质量议题的形成与高等教育评估的发展

(一) 规模与质量的张力：高等教育质量议题的建构

在高等教育领域，质量与规模之间通常存在不协调甚至冲突的现象。因此，如何保障和提高高等教育质量并非一个在高等教育大众化进程启动之后才出现的新问题。从改革开放到20世纪末期，中国高等教育规模的变化基本保持着一种"小规模、小波动"的特征，[①] 但也出现过规模的短期上升与质量的滑坡之间相互矛盾的情况。这种矛盾引发了高等教育政策的波动。一个明显的例子是，政府于1992年推动扩大高等教育规模，但数量扩张带来的质量下降促使教育部（时称"国家教育委员会"）将政策再次转向质量提高。另外，在高等教育大众化进程启动的前一年，时任教育部部长陈至立在第一次全国普通高校教学工作会议上的讲话主题就是"提高教学质量"。[②] 而此前颁布的诸多重要教育政策法规也多次关注到提高高等教育质量[③]，因此，内涵式发展[④]或者说提高质量的话语是20世纪80年代中期到20世纪末期中国高等教育政策的一个主

[①] 雷洪德：《中国高等教育规模变化的特征及其成因》，《高等教育研究》2012年第7期。

[②] 在这次讲话中，陈至立认为，"曾经有一段时期，一部分高等学校的教学工作出现了滑坡趋势，1992年后国家教委及时分析了产生滑坡的原因，并采取了一系列的措施，比较有效地抑制了滑坡的趋势"。参见陈至立1998年在第一次全国普通高等学校教学工作会议上的讲话《提高认识 狠抓落实 努力提高教学质量》)。

[③] 如1985年《中共中央关于教育体制改革的决定》中就指出，"衡量任何学校工作的根本标准不是经济收益的多少，而是培养人才的数量和质量。紧紧掌握这一条，改革就不会迷失方向"。原国家教委1988年发布的工作要点中强调，从当年开始，"要特别注意人才培养质量"，"走以改革和扩大内涵为主的持续稳步发展的路子"，"'七五'后3年，要适当控制发展规模"，把注意力集中到"提高教育质量上"；同年召开的全国高等教育工作会议进一步明确了"控制规模，提高质量"的发展原则。1993年《中国教育改革和发展纲要》中还将"全面提高教育质量"列为六个主体部分之一。

[④] 张应强：《中国高等教育大众化及其后续效应》，《中国高等教育评论》2012年第3期。

旋律之一。即便如此，质量问题在高等教育大规模扩张之前基本属于高等教育系统内部的话语，并没有引起全社会范围内的广泛关注。

随着1999年高等教育大众化进程的快速启动，由量的扩张所引发的高校办学资源紧张、生源异质性增加以及大学生就业难等问题在批判性的学术研究和媒体的推波助澜下不断放大，高等教育质量问题被从幕后推向台前。面对理性的判断和社会公众的质疑，政府在进一步推进实施高等教育大众化政策的同时，逐步将高等教育质量问题升级为专门性的政策议程。[①] 此时，有关高等教育质量保障的讨论才正式成为一个引起广泛关注的学术领域。因此，我们研究高等教育质量保障的基本起点一般都在高等教育大众化进程启动之后。

（二）中国高等教育质量评估体系的制度化进程

评估是世界范围内保障和提高高等教育质量的一种集体选择和主要方式。但在普遍趋势的背后，评估会因制度环境的不同而呈现出多样性。在欧美等诸多国家和地区，政府试图通过各种分权或集权手段来对高等教育质量施加影响的同时，根植于公民社会传统的、相对独立的第三方质量保障机构以及根深蒂固的大学自治传统能够从不同方向分享高等教育质量保障的权力，从而防止某一方尤其是政府的力量一家独大。与之不同，政府直接介入高等教育质量保障议程则始终是中国高等教育质量保障的一个典型特征。中国各级教育行政部门长期将"管办评"的角色集于一身。中国本科教学评估是观察这一现象并对其进行考察的一个制度性的窗口。中国的本科教学评估脱胎于20世纪80年代中期的

[①] 在精英高等教育阶段，虽然质量是被频繁提及的一个关键词，但是那个时候有关质量的政策修辞更多出现在一些综合性的政策文本中。换言之，在精英高等教育阶段，这些政策文本并非是聚焦于高等教育质量这一议题而形成的，而在世纪之交，随着规模的扩张，质量话语开始统领诸多高等教育政策。

高校办学水平评估。

早在1985年的《中共中央关于教育体制改革的决定》中，中国就提出要在教育行政管理部门主导下，通过多方参与的方式定期对高校办学水平进行评估并辅之以奖惩措施，实现优胜劣汰，提升高校办学水平。值得注意的是，在这一具有纲领性的政策文本中，政府还要求要从高等教育办学体制、结构、教学内容、教学方法、课程、管理制度、物质条件、师资水平等诸多方面入手来提高教学质量和科学研究水平。这种通过结构性的改革来提高质量成为此后诸多高等教育政策文本中一个主要的话语表述。[1] 自此之后，几乎所有的重大教育政策法规都涉及了高等教育评估问题。[2] 在这一政策脉络之中，1986年3月12日国务院发布的《高等教育管理职责暂行规定》进一步明确了教育行政部门及其他有关部门负有"组织检查、评估高等学校的教育质量"的职责。《中国教育改革和发展纲要》（1993年）及国务院于1994年发布的实施意见延续了上述两个政策文本的精神，再次从原则上强调了各级教育部门要通过多种形式对高等教育质量进行评估和检查。与此同时，《中国教育改革和发展纲要》及实施意见还提出了要建立质量标准和评估指标体系以及成立第三方教育评估组织的设想。此后，1995年的《中华人民共和国教育法》和1998年《中华人民共和国高等教育法》进一步将上述实施教育督导和评估制度的原则性规定通过法律的形式予以确认，并明确规定"高等学校的办学水平、教育质量，接受教育行政部门的监督和由其组织的评估"。

在上述政策和法律文本关注高等教育质量的同时，一些专门性的高等教育质量评估政策和文件相继出台。在《中共中央关于教育

---

[1] 例如，1992年《关于国家教委直属高校内部管理体制改革的若干意见》提出要通过校内体制改革达到不断提高教育质量、科研水平和办学效益的目的。

[2] 王战军、廖湘阳、周学军：《中国高等教育评估实践的问题及对策》，《清华大学教育研究》2004年第6期。

体制改革的决定》首次引入高校办学水平评估思想[①]的同一年，国家教育委员会在这一思想的指导下，启动了高等工程教育本科评估方案的研制与测试工作[②]，并下发《关于开展高等工程教育评估研究和试点工作的通知》，全面部署了对高等工程教育的评估研究与试点工作。[③] 根据这个通知的精神，国家教育委员会同有关部委和省级教育行政部门在部分省市的工科类高校启动了办学水平、专业和课程评估的试点工作，[④] 这成为中国高等教育评估的标志性起点。[⑤] 经过5年左右的实践和研究，1990年，国家教育委员会正式颁布了《普通高等学校教育评估暂行规定》。这一专业性法规从高等教育评估的目的、任务、指导思想、基本形式、评估机构、评估程序等诸多方面[⑥]对评估做出了原则性规定，为中国普通高等学校评估制度确立了一个基本框架。[⑦]

在国家教育行政主管部门的组织和推动下，评估逐渐从静态的政策文本进入高校的办学实践之中。在前期试点工作和研究探索的基础上，依照《普通高等学校教育评估暂行规定》，国家教育委员会于1994年使用合格评估方案对1976年之后的新建本科

---

① 王占军、孙锐：《我国高等教育评估制度演进趋势探析》，《高等教育研究》2000年第6期。

② 刘振天：《回归教学生活：我国新一轮高校本科教学评估制度设计及其范式变革》，《清华大学教育研究》2013年第6期。

③ 辛彦怀、张连盈：《我国高等教育评估十年的回顾与思考》，《河北师范大学学报》（社会科学版）1995年第3期。

④ 周光礼主编：《中国高等教育质量评估体系有效性研究——基于社会问责的视角》，湖南人民出版社2012年版，第105、121页。到1990年，已经有超过500所高校参与了试点评估。参见刘振天《回归教学生活：我国新一轮高校本科教学评估制度设计及其范式变革》，《清华大学教育研究》2013年第6期。

⑤ 刘尧：《中国高等教育评估的历史与现状述评》，《高教发展与评估》2005年第5期；赵炬明：《超越评估（下）——中国高等教育质量保障体系建设之设想》，《高等工程教育研究》2009年第1期。

⑥ 刘尧：《中国高等教育评估的历史与现状述评》，《高教发展与评估》2005年第5期。

⑦ [美] 特伦斯·W. 拜高尔克、迪恩·E. 纽鲍尔主编：《亚太地区高等教育：质量与公共利益》，杨光富、任友群等译，华东师范大学出版社2012年版，第78页。

高校进行了合格评估，旨在使这一类型的高校能够达到国家规定的基本办学水平和质量标准。[1] 是年，国家开始正式实施"211工程"，将高校接受教学评估并获得优秀等级作为进入这一工程并接受专项资助的一个基本前提。[2] 在这一背景下，1996年，国家教育委员会开始对进入"211工程"的高校进行优秀评估。1999年，教育部开始组织实施对介于上述两类高校之间的高校进行随机性水平评估。

在对合格评估、优秀评估和随机评估三种方案及评估实践进行总结的基础上，2002年，教育部将上述三种评估方案整合成统一的《普通高等学校本科教学工作水平评估方案（试行）》并应用这一方案在21所普通本科高校中开展了试点评估。2004年2月，国务院批转的教育部《2003—2007年教育振兴行动计划》中明确提出要"健全高等学校教学质量保障体系，建立高等学校教学质量评估和咨询机构，实行以五年为一周期的全国高等学校教学质量评估制度"。同年8月，教育部在对116所普通本科高校进行评估的基础上，对2002年的方案进行修订后，发布了《普通高等学校本科教学工作水平评估方案（试行）》。这一评估方案延续了随机性水平评估中使用的等级评定方式，将评估结果分为优秀、良好、合格与不合格四个等级，使用统一标准来评估各类普通高等本科高校。与此同时，第一个国家层面的、正式的高等教育评估和质量保障机构——教育部高等教育教学评估中心——也随之成立。而在2003年，教育部已先行启动了全国普通高校本科教学评估工作。至此，"中国高等教育的教学评估工作开始走向规范化、科学化、制度化和专业

---

  [1] 赵炬明：《超越评估（下）——中国高等教育质量保障体系建设之设想》，《高等工程教育研究》2009年第1期。
  [2] 刘振天：《回归教学生活：我国新一轮高校本科教学评估制度设计及其范式变革》，《清华大学教育研究》2013年第6期。

化的发展阶段"。①

从上述关于中国高等教育评估的简要回顾中,我们不难看出,中国高等教育评估方案和框架的制定与修改以及评估机构的建立等与本科教学评估的实践几乎是同时进行的,这体现出中国高等教育改革的渐进性特征。换言之,在2003年正式启动本科教学评估之前,中国的高等教育质量保障体系建设是在边试点、边总结的基础上稳步推进,分类实施的。但是随着2003年第一轮本科教学评估的启动,一场持续五年的高等教育评估运动席卷了中国所有普通高等本科高校。在这场轰轰烈烈的评估运动中,中央教育行政主管部门、地方政府、本科高校、院系、教师、行政管理人员、学生、社会媒体等大部分利益相关者参与其中,展现了中国高等教育质量保障的特殊性和复杂性,成为观察和反映中国高等教育质量保障运行机制的一个典型案例。

二 体制化的行政动员:理解中国高等教育质量保障的一个视角

（一）"动员"的社会学基础及其脉络

"动员"一词源于军事领域,描述的是一种备战过程,② 本意为应对危机的一种机制。作为一种特殊的工作方法和工作机制,动员一般是指"为了实现特定目标而进行的宣传、号召、发动和组织工作"。③ 后来,"动员"一词扩散到国家治理、社会运动以及环境

---

① 教育部高等教育教学评估中心:《教育部高等教育教学评估中心简介》,http://www.pgzx.edu.cn/modules/zhongxingaikuang.jsp?type=0。

② 龙太江:《从"对社会动员"到"由社会动员"——危机管理中的动员问题》,《政治与法律》2005年第2期。

③ 孟维岩:《青年志愿者社会化动员方式研究——以上海市闵行区为例》,硕士学位论文,华东师范大学,2010年,第7页。

保护等诸多领域，出现了社会动员①、政治动员②以及政策动员③等诸多表述以及在这些概念之下的大量经验研究。在有关中国的研究语境中，尽管有不少学者努力将社会动员与政治动员区分开来，认为政治动员是中共在革命战争年代的一种动员方式，而社会动员对应于中华人民共和国成立之后中共在社会主义建设时期的动员，但也有研究对这两者并不加以区分，笼统地使用社会动员或政治动员来概括这两个不同时期的动员形态。本研究的目的不是发展有关动员的理论，而是从动员的视角来分析中国高等教育质量评估运动，因此，笔者无意于纠缠于这两个概念的区分，而是通过综合社会动员以及政治动员中有关动员的共同特征来提出本书所使用的概念框架。

有学者曾经指出，"由于国家对资源的高度垄断以及缺少自组织的社会，在社会主义国家中运动式的社会动员就成为运作经济社会生活的一种基本方式。"④ 不过，作为一种经济社会生活基本方式的动员并非具有内在的一致性，而常常表现出其本土化特征。在伯恩斯坦对于社会动员的经典分类里，与苏联在农业合作化过程中所推行的"命令式动员"（command mobilization）不同，中国情境中的动员是一种以思想（意识形态和道德）教育、政策宣传和说服为主要手段和典型特征的"参与式动员"（participatory mo-

---

① 刘一臬：《社会动员形式的历史反视》，《战略与管理》1999 年第 4 期；郑永廷：《论现代社会的社会动员》，《中山大学学报》（社会科学版）2000 年第 2 期；龙太江：《从"对社会动员"到"由社会动员"——危机管理中的动员问题》，《政治与法律》2005 年第 2 期。

② 张济顺：《上海里弄：基层政治动员与国家社会一体化走向（1950—1955）》，《中国社会科学》2004 年第 2 期；黄正林：《社会教育与抗日根据地的政治动员——以陕甘宁边区为中心》，《中共党史研究》2006 年第 2 期；孔繁斌：《政治动员的行动逻辑——一个概念模型及其应用》，《江苏行政学院学报》2006 年第 5 期；李斌：《政治动员与社会革命背景下的现代国家构建——基于中国经验的研究》，《浙江社会科学》2010 年第 4 期。

③ 陈潭：《政策动员、政策认同与信任政治——以中国人事档案制度的推行为考察对象》，《政治学研究》2006 年第 5 期。

④ 孙立平：《社会转型：发展社会学新议题》，《社会学研究》2005 年第 1 期。

bilization）。[①] 在孙立平看来，这种运用参与式动员的方式来达到某种政治或社会目的的行动已经不仅仅局限于农业合作化这种总体性社会的特殊场景之中，即使从总体性社会过渡到后总体性社会的今天，这种动员方式及其运作机制依然在某些领域发挥作用，[②] 甚至已经成为转型期中国推进改革的一种重要机制。[③] 还有其他一些学者同样意识到了中国特殊的政治生态的惯性以及体制的路径依赖，认为中国政治和社会传统中的动员型体制经过变迁和改造依然存续下来并为中国的改革进程打上了动员的印记，甚至某些改革可以称为"动员式改革"。[④]

在已有的文献中，从国家层面的"动员"所体现出的性质来讲，其启动通常是为了满足政治、经济、文化、社会等方面的即时性目的，与制度所强调或表现出的秩序、规范化和稳定性以及注重长期绩效相比，作为一种具体的尤其是狭义的动员，其往往与临时性、非常规化、非延续性以及短期绩效相关联。[⑤] 狭义意义上的动员所表现出来的这种与稳定的制度之间在性质上的差异与许多文献中讨论的"运动式治理"的特征基本一致。[⑥]

"运动式治理"作为传统社会主义中国时期最为常见的一种国家治理方式或政策工具，在周雪光看来，是一种应对"权威体制与

[①] 转引自孙立平、晋军、何江穗、毕向阳《动员与参与——第三部门募捐机制个案研究》，浙江人民出版社1999年版，第63页。

[②] 钟涨宝、李飞：《动员效力与经济理性：农户参与新农保的行为逻辑研究——基于武汉市新洲区双柳街的调查》，《社会学研究》2012年第3期。

[③] 孙立平：《社会转型：发展社会学新议题》，《社会学研究》2005年第1期。

[④] 邓万春：《动员式改革：中国农村改革理论与经验的再探讨》，《社会》2008年第3期。

[⑤] 同上。

[⑥] 唐贤兴：《政策工具的选择与政府的社会动员能力——对"运动式治理"的一个解释》，《学习与探索》2009年第3期。

有效治理"这一中国国家治理的基本矛盾中最主要的机制之一[1]。他认为,"运动式治理机制"主要是指政府(以中央政府为主)以自上而下的方式,通过意识形态、资源、政策等方面的动员来调动相关利益主体完成特定任务和目标或针对现存体制的某些"偏离行为"加以纠偏的一种独特的"政治机制"。[2] 他还特别指出,在国家治理的日常实践中,运动式治理既可以在一个国家的官僚体制内部发生与运行,也常常将普罗大众网罗其中,后者就表现为人们所熟知的群众运动。[3] 同时,他认为暂时叫停官僚制或科层制的常规运作过程、采用大张旗鼓的动员形式以及对典型案例予以奖惩是运动式治理机制的三个主要特点。[4]

与从某个具体的方面研究动员或运动不同,冯仕政则尝试从国家政体的角度将中华人民共和国成立以来所发生的各种类型的"政治运动"和"运动式治理"整合为一个统一的概念框架来加以概括和研究,他将这个整合之后的概念称为"国家运动"。[5] 他认为,国家运动作为中国的一种"特殊的国家或社会治理方式","包括国家各级部门和政府为了完成特定的政治、经济或其他任务而发起和组织的所有运动",其基本特征是"非制度化、非常规化和非专业化"。[6] 他从中国"革命教化政体"的内在矛盾出发分析了国家运动兴起的条件、动员与组织过程、基本取向、变革目标、动员范围以及困境和发展趋势,为国家运动提供了一种整体性的解释。但

---

[1] 周雪光、刘世定、折晓叶主编:《国家建设与政府行为》,中国社会科学出版社2012年版,第7—32页。

[2] 周雪光:《中国国家治理及其模式:一个整体性视角》,《学术月刊》2014年第10期;周雪光、刘世定、折晓叶主编:《国家建设与政府行为》,中国社会科学出版社2012年版,第7—32页。

[3] 周雪光:《中国国家治理及其模式:一个整体性视角》,《学术月刊》2014年第10期。

[4] 周雪光、刘世定、折晓叶主编:《国家建设与政府行为》,中国社会科学出版社2012年版,第7—32页。

[5] 同上书,第33—70页。

[6] 同上。

无论是政治动员、国家运动还是运动式治理等,其"要解决的是梁漱溟等人自晚清以来一直感慨的'上动下不动'的难题。中国的执政党具有改造社会,实现中华民族伟大复兴的使命,但社会层面并不一定积极配合,由此存在一个国家目标的积极与社会反应的消极之间的矛盾,这时,中国政府采取的惯常执行机制之一就是运动"①。

从对上述文献的简要梳理中,我们不难看出,"动员"已经大大超出了最初的军事领域,并和"运动"一词交织在一起构成了一种独特的治理机制,从而被广泛运用于国家、社会和政治等与日常生活相关联的重要场域之中。② 这些文献不仅提出了一些新的、重要的、可以对话的本土性概念,③ 而且在这些概念之下对动员的目的、过程、机制以及效果进行了分析,这为本研究深化从动员的视角研究高等教育质量评估运动提供了必要的学术基础。

这里还有必要提及的是,许多研究者在研究中国政治与社会中的动员或运动式治理时,常常将其追溯至中共在革命战争年代的斗争实践以及新中国成立之后执政过程(巩固政权以及从事大规模社会主义建设时期)中的治国经验,④ 但其实,无论是动员和运动式治理还是国家运动,均非是在近代中国突然出现的,而是根植于中国悠久的历史传统。⑤ 从这种大历史观出发进行长时段分析的意义

---

① 叶敏、熊万胜:《"示范":中国式政策执行的一种核心机制——以 XZ 区的新农村建设过程为例》,《公共管理学报》2013 年第 4 期。
② 周雪光在对运动式治理的研究中,就指出,"运动式治理的种种做法并不仅体现在那些惊心动魄、疾风骤雨般的政治运动中,也交织发生在各个领域的日常事务中"。参见周雪光《运动型治理机制——中国国家治理的制度逻辑再思考》,《开放时代》2012 年第 9 期。
③ 在这里需要指出的是,无论是"运动式治理"还是"国家运动",都是对动员这一现象的概念描述。因此,这些研究毫无疑问也属于关于动员的研究。
④ 周雪光、刘世定、折晓叶主编:《国家建设与政府行为》,中国社会科学出版社 2012 年版,第 33—70 页。
⑤ 周雪光:《从"黄宗羲定律"到帝国的逻辑:中国国家治理逻辑的历史线索》,《开放时代》2014 年第 4 期。

在于提示我们,无论是运动式治理,还是国家运动,抑或是笼统的动员,在短时间内难以消失,特定的背景和情境会诱发其再生。这提示我们要从事实出发来客观地看待与之相关的理论与实践问题而不能仅仅是从理想角度出发对其进行乌托邦式的批判。

总之,我们不能简单地将"动员"视为一种消极意义上的应对策略,当然也不能过分夸大动员的正面效果。只有将动员放在具体的场域与社会背景之中,将其作为一种社会事实,不先入为主地将动员或运动式治理视为一种与常规制度完全不相容的权宜之计,才能客观地解释与分析有关的社会与教育现象,从而为提供科学有效的政策建议奠定基础。正如冯仕政在其研究中所言,国家运动犹如一枚硬币,其正面通常表现为在特定时段能够实现赶超现代化所需要的超常绩效,其反面则是其自身固有的诸如目标置换、政治凌驾于专业之上以及异化甚至偏离运动的原定目标等内在困境。[①]

(二)"体制化的行政动员":概念提出及其缘由

在本研究之前,有研究用"组织化动员"[②]来描述第一轮本科教学评估。[③]这为我们认识本科教学评估背后的制度逻辑提供了一个有益的理解路径。不过,"组织化动员"这一概念本身值得商榷。首先,任何动员都需要依托一定的组织基础或组织机制,[④]使用"组织化动员"无法将不同类型的动员区别开来。其次,动员会因

[①] 周雪光、刘世定、折晓叶主编:《国家建设与政府行为》,中国社会科学出版社2012年版,第33—70页。

[②] 钟凯凯:《大学评估运动:"组织化动员"的概念、特征与悖论》,《浙江社会科学》2012年第5期。

[③] 在此之前,孙立平等社会学学者在区分"总体性社会"与"后总体性社会"的基础上已经提出了"组织化动员"和"非组织化动员"的概念。参见孙立平、晋军、何江穗、毕向阳《动员与参与——第三部门募捐机制个案研究》,浙江人民出版社1999年版,第66—69页。

[④] 如周雪光就将"组织化动员"中的"组织化"理解为国家正式制度基础上的组织机制。参见周雪光《中国国家治理及其模式:一个整体性视角》,《学术月刊》2014年第10期。

政治、经济、社会、教育等场域的不同而表现出各自的独特性，直接套用其他领域的概念会稀释原有概念的解释力。最后，和整个社会转型背景一样，中国高等教育也处于一个大变革和大发展的过程中，所以这一时期的动员可能会与历史上的动员有所不同。在一些学者看来，"组织化动员"是总体性社会中动员的一种方式，而他们更倾向于用"准组织化动员"[①]和"经营式动员"[②]来描述"后总体性社会"中的动员方式。总之，"组织化动员"开启了研究中国高等教育质量保障运行机制的新路径，体现了一种难能可贵的高等教育学的想象力。但受制于这一概念本身的局限性及适用范围，在进一步的研究中，我们需要对这一概念进行拓展和修正，以进一步提高其解释力。

如前所述，在中国高等教育质量保障中，政府一直是一个关键的行动者。这主要表现为，政府通过各种方式来影响高等教育质量保障的政策议程甚至是具体的质量保障实践。在这一事实的基础上，结合动员的有关理论，从某种程度上我们可以用"政府动员"[③]来描述中国高等教育质量保障的运行机制。但在高校内部同样存在质量动员这一现象，因此，用"政府动员"不足以准确描述高校内部所发生的与质量保障相关的动员活动。另外，"政府动员"仍然属于"组织化动员"的范畴，无法从内在精神上揭示中国高等教育质量保障中动员的特殊性。以动员的有关研究为基础，结合中国高等教育质量保障的历史与现实，本研究尝试用"体制化的行政动员"（institutionalized administrative mobilization）这一概念来描述和分析中国高等教育质量保障的运行过程。

---

① 孙立平、晋军、何江穗、毕向阳：《动员与参与——第三部门募捐机制个案研究》，浙江人民出版社1999年版，第90—96页。
② 清华大学社会学系：《清华社会学评论特辑》，鹭江出版社2000年版，第47—79页。
③ 荀丽丽、包智明：《政府动员型环境政策及其地方实践——关于内蒙古S旗生态移民的社会学分析》，《中国社会科学》2007年第5期。

在本研究中,"体制化的行政动员"(institutionalized administrative mobilization)是指,政府或高校的行政部门通过自上而下的方式不断出台政策、发布指令、调动资源、进行思想宣传、运用奖励与惩罚等诸多手段将行政部门自身与包括院系、教师、学生等众多利益相关者在内的行动者发动起来,集中应对高等教育质量问题或危机以及推动高等教育质量保障体系建设的一种高等教育质量保障方式。之所以提出"体制化的行政动员"这一概念,是因为有如下几点考虑:

第一,与改革开放之前的总体性社会或全能政府时期政府行政权力对于高等教育质量事务全面且单向度的控制不同,使用"动员"而非"控制"一词,意在突出包括政府、高校(包括其行政职能部门)、院系、教师和学生等组织和群体在内的众多利益相关者的全方位参与和互动。也就是说,本研究所使用的"行政动员"与学术界通常所说的"行政控制"不仅仅是字面上的区别,而是在实质内容上有着很大的不同,"行政动员"能够从组织与个体、组织与组织以及处于不同位置的个体之间动态的、互动的角度更好地描述和解释社会转型期中国高等教育质量保障方式的典型性和独特性。

第二,考虑到世界上其他地域的政府也能够通过行政权力对其管辖范围内的高等教育质量保障产生影响,因此,使用行政权力无法区别中国高等教育质量保障与其他国家和地区高等教育质量保障的不同。另外,中国高等教育和其他社会领域在改革开放之前就有动员或运动的传统,而且这种传统至今依然通过不同的方式在发挥作用,[①]所以本研究中选择使用"行政动员"而非"行政权力主

[①] 动员是中国政府施政和推进管理的传统,在我国各领域的诸多重大改革中都是如此。在高等教育领域,推进院校合并,建设世界一流大学,实施高等教育扩招政策,以及实施高等教育质量工程等,都进行了广泛的政治动员和社会动员。参见张应强《中国高等教育大众化及其后续效应》,《中国高等教育评论》2012年第3期。

导"来描述中国高等教育质量保障的实际运作。

第三,中国高等教育质量保障的有关政策和行动一般由教育行政部门和高校相应的行政职能部门规划、发起和主导,因此,本研究选择了"行政动员"而非"政府动员"。同时,与"政府动员"隐含着行政权力主导的表述相比,"行政动员"更直接地体现出行政权力主导这一核心特征。

第四,学术场域并非仅仅与学术事务相关,而是"深深地嵌入在由国家、市场和政治共同作用的社会境脉之中"。[①] 在中国的学术场域中,行政权力一直是悬在学术场域上空的"达摩克利斯之剑",因此,本研究使用"行政动员"意在突出中国高等教育质量保障中行政权力所发挥的独特作用。此外,中国的官僚体制并非韦伯学术传统中现代意义上的理性官僚制,即行政与政治能够相互独立,反而常常表现出政治与行政合二为一的特征,[②] 但之所以在这里选择"行政动员"而非"政治动员",是因为在中国高等教育质量保障具有行政权力主导的鲜明特征。

第五,"体制化"与"制度化"对应的英文同为institutionalization,那为什么不选用"制度化"而用"体制化"一词呢?一方面,考虑到"动员"的内涵和特征与"制度化"一词可能会存在逻辑上的冲突,选用"体制化"一词以避免产生歧义或误解;另一方面,和"制度化"一样,"体制化"一词同样能够表明我们这里所定义的"行政动员"不是偶然出现的,而是嵌入在中国高等教育管理体制以及大学制度之中的,而且经过长时间的积淀,这种"行

[①] 张斌:《学术场域的政治逻辑——一项关于学术权力的社会学考察》,博士学位论文,华东师范大学,2013年,第172页。
[②] 傅高义曾对西方的"理性官僚制"与中国的"政治官僚制"进行过区分。他认为,相比于西方官僚制中政治与行政的严格区分,在中国的官僚制中,在自上而下的所有官僚等级中,政治与行政服务是混合在一起的。参见周雪光、刘世定、折晓叶主编《国家建设与政府行为》,中国社会科学出版社2012年版,第33—70页。

政动员"已演化为一种稳定的运行机制的一部分，因此，本研究在"行政动员"前面选用"体制化"一词加以限定。

三 本科教学评估：一个典型的行政动员式的高等教育质量保障案例

（一）2003—2008年的本科教学评估：一场以"体制化的行政动员"为特征的评估运动

如前所述，从20世纪80年代中期开始，中国就启动了对于高校的评估，并通过不同政策文本的叙述与规制将评估纳入一个常规化的轨道。但是，始于2003年的本科教学评估明显不同于以往的评估行动，[①] 而是一场史无前例的、具有"体制化的行政动员"性质的评估运动[②]。

首先，从时间、规模和范围来看，2003—2008年的本科教学工作水平评估是发生在短时间内、全国性的、涉及所有本科高校的、大规模的集体行动。从2003年下半年教育部启动评估到2008年评估活动结束，五年之内，接受评估的普通高校总数达到了589所，参与评估的专家达数千人之多[③]。同时，每所接受评估的高校在整个过程中通常是全员参与、全员动员。其中，在系统层面，教育部是动员的主体，所有本科高校及其内部组织机构和师生员工是被动员的对象。在高校层面，学校的党委和行政系统作为党和政府部门的代理人则担当了动员的主体，领导院校内部的评估活动。

其次，从整个评估过程来看，这一轮评估具有"非常规化"这一典型的动员特征。在评估的工作量与工作强度方面，按照高校每

[①] 和之前进行的合格评估、优秀评估以及随机性水平评估等相比，始于2003年的本科评估不仅具有更强的强制性，而且相比而言，更体现出全面性和统一性的特征。

[②] 曾经有学者将这次评估所带来的影响与1952年的院系调整相提并论。

[③] 赵炬明：《超越评估（下）——中国高等教育质量保障体系建设之设想》，《高等工程教育研究》2009年第1期。

年 10 个月的常规工作时间计算，在第一个评估周期内，每月参与评估的高校平均超过 10 所。按有关政策文本中的时间规划，① 这五年之内，平均每月近 30 所高校接受了评估。尤其是在 2006 年和 2007 年，共有 331 所高校接受评估，平均每月超过 40 所高校接受了评估。对高校而言，从准备评估到正式接受评估至少需要一年的准备时间，在此期间，被评高校的全体师生员工需要将大量的时间和精力投入迎接评估的各项准备工作之中。对迎接评估的高校教职工而言，利用非工作日加班加点准备材料成为一项普遍的做法。有些准备接受评估的高校甚至缩减假期，要求在校学生利用假期完成一些迎评任务。上述"非常规化"的特征在正式评估期间体现得更为明显。在正式接受评估期间，被评高校上下几乎毫无例外地将常规工作时间与规章制度中规定的某些按部就班的日常工作和行为调整到评估标准所要求的紧张节奏上来。对进入现场考察的专家组而言，他们需要在短短的几天之内"走访所有和本科教育有关的院系部处，要和这些单位的领导、教师、学生座谈，要随机听课，抽查试卷论文，翻阅支撑材料，最后形成结论"②。

最后，从评估的动机和目的来看，这一轮本科教学评估也与其他领域有关动员的动机与目的的描述基本一致。一般而言，从动员的动机和目的来讲，一种是理想导向的，即动员主体希望通过动员实现一个或多个理想目标；另一种是问题导向的，即动员主体希望通过动员来应对某一领域出现的问题甚至危机。当然，两者之间通常并没有一个清晰的界限，往往是理性设计和问题解决共同促成了动员的产生。这一轮本科教学评估兼具上述两种动机或目的，即政府试图通过评估来应对高等教育大众化以来所产

---

① 《普通高等学校本科教学工作评价专家组工作指南（试行稿）》中提到，专家组进校考察一般安排在每年的 4—5 月和 10—11 月两个集中的时间段内。
② 赵炬明：《超越评估（下）——中国高等教育质量保障体系建设之设想》，《高等工程教育研究》2009 年第 1 期。

生的质量问题或危机的同时，希望通过评估来推动高等教育质量保障体系的建设。

综上所述，2003—2008年的第一轮本科教学评估表现出典型的"体制化的行政动员"的特征，并在各种力量的合作与冲突中演化为一场席卷全国高等教育领域的、轰轰烈烈的评估运动。①

（二）本科教学评估运动中的问题识别、话语修辞与国家行动②：体制化的行政动员模式的开启及其进程

从前文的铺陈中，我们不难发现，中央教育行政部门在2003年启动大规模的、针对全国本科高校的教学评估，既是前期高等教育评估政策的延续，③也与此前高等教育分权化和市场化改革的取向有关，④但推动政府在这一个时间节点开启动员式的评估模式的更为直接的原因可能在于随着大众化进程的持续推进，高等教育质量问题在2003年前后集中爆发出来。

从1999年中央政府临时决定扩大高校招生规模到2003年，刚好形成一个本科教育的周期。而在此之前，扩招政策的效应已然显

---

① 钟凯凯：《大学评估运动："组织化动员"的概念、特征与悖论》，《浙江社会科学》2012年第5期。

② 在以往的研究文献中，有研究者曾提出"国家行动"这一概念框架，并用其来解释中国学术创新策略的实践逻辑以及中国区域高等教育的非均衡发展。在其研究中，国家行动被界定为，"国家治理过程中，中央政府根据强有力的'国家意志'进行顶层设计，通过一系列制度化的策略，主要运用自上而下的实践逻辑达成治理目的的各类行为的总称"。参见徐永《国家行动下学术创新策略的实践逻辑及其反思——基于大学学术生产的视角》，《教育发展研究》2012年第23期；徐永《区域高等教育非均衡发展的形成机制及其检视：一个"国家行动"的解释框架》，《教育发展研究》2013年第19期。

③ 详见前文有关中国高等教育评估的制度化进程部分。

④ 一方面，分权化的改革使高校拥有了更多自主权，作为委托人，政府需要借助类似于评估的手段对高等教育办学水平进行评价；另一方面，市场化的改革使高校更加注重能够带来资源和声望的科研，而在一定程度上忽视了本科教学，导致本科教学质量滑坡。所以，1998年，时任教育部部长陈至立在第一次全国普通高校教学工作会议上的讲话中就提到了教学工作和教学质量中的四个投入不足，即领导精力投入不足、教师精力投入不足、学生在学习上投入不足、资金投入不足。

现，其中大学毕业生就业难问题因牵涉众多利益相关者而被广泛关注，[①]"不少人将其归结为高等教育人才培养质量无法满足劳动力市场的要求"。[②] 另外，很大程度上，日益严峻的就业形势成为一些学者和社会人士质疑高校扩招政策合法性的"证据"之一。在各方对高等教育出口不畅进行抨击的同时，一种普遍的观点认为：一方面，与扩招之前相比，扩招之后高校生源质量下降；另一方面，高校受宏观政策压力和短期内自我利益最大化的驱使盲目扩招，在与教学相关的许多方面被认为投入不足（即四个投入不足：学校领导精力投入不足、教师精力投入不足、学生学习时间投入不足、教学经费投入不足[③]），致使高等教育质量尤其是本科教学质量堪忧。为了应对不断出现的高等教育质量危机，政府一方面积极出台质量政策，要求高校重视教学；另一方面则通过将大学毕业生就业率与高校发展的基础性资源挂钩的方式要求和促使高校促进毕业生就业。即便如此，在扩招政策所引发的后续效应持续发挥作用的情况下，[④]高等教育质量问题依然没有得到有效解决。

从上述简要的描述中不难看出，有关高等教育质量的话语修辞成为许多利益相关者争相表达对高等教育不同诉求的一个场域。在这样一个场域之中，问题流（以生源下降、教学质量滑坡、大学毕

[①] 国务院办公厅《关于做好 2003 年普通高等学校毕业生就业工作的通知》（国办发〔2003〕49 号）中明确指出："2003 年是普通高等学校（以下简称高校）扩招本科学生毕业的第一年。由于高校毕业生总量增加，再加上受到非典型肺炎疫情的影响，今年高校毕业生就业形势比较严峻。做好今年高校毕业生就业工作，关系 200 多万毕业生的切身利益，关系高等教育的改革发展，关系科教兴国战略的实施，关系社会政治稳定。各级政府要充分认识做好这项工作的重要性和紧迫性……动员组织社会各方面力量共同做好 2003 年高校毕业生就业工作。"

[②] 王友航：《高等教育质量政策的话语策略》，《教育学术月刊》2012 年第 10 期。

[③] 即使是在"985 工程"高校和"211 工程"高校中，也存在本科教学经费投入不足的现象。正如李延保所指出的，国家虽然对进入"985 工程"和"211 工程"的高校进行了重点投入，但这些投入的指向更多指向科研和学科，而不是本科教学。参见李延保主编《中国高校本科教学评估报告》，高等教育出版社 2009 年版，第 67—68 页。

[④] 张应强：《中国高等教育大众化及其后续效应》，《中国高等教育评论》2012 年第 3 期。

业生就业难等为表征的高等教育质量危机)、政治流（社会开始质疑中央政府的扩招政策；政府在政事分开、简政放权等方面进行管理方式的变革）与政策流（政府出台质量政策要求高校重视教学；不断出台就业政策要求高校促进就业；提出要建立五年一个周期的教学评估制度等）从不同的方向聚合在一起，使得政府必须通过更加有效的手段来应对和解决质量问题。而 2003 年恰好是高校扩招之后本科学生毕业的第一年，就业人数骤然增加，加上当时"非典"疫情的影响，大学毕业生就业形势异常严峻，这一问题如果处理不好不仅会影响政府在高等教育领域的权威，而且很可能会影响社会稳定。此前，政府已经将建立周期性的教学评估制度和健全高等教育质量保障体系纳入政策议程和行动计划，并于 2002 年制定了统一的《普通高等学校本科教学工作水平评估方案（试行）》。可以说，这正好为政府推行其预定计划提供了一个开启政策之窗的机会。正是在这样看似偶然的背景下，2003 年 11 月 20 日，教育部办公厅发出通知，决定在当年启动全国性的本科教学工作水平评估工作，由此，政策之窗开启，一场全国范围内的高等教育教学评估运动正式启动。在这个过程中，中央教育行政部门成为开启政策之窗的政策企业家，推动教学评估从规划迅速演变为现实。[1]

但是，如前所述，与通常或之前的评估行动相比，这一次评估具有典型的动员特征，即各级政府或高校的行政部门通过自上而下的方式不断出台政策、发布指令、调动资源、进行思想宣传、运用奖励与惩罚等手段将自身与院系、教师、学生等众多利益相关者发动起来，形成了一种全面动员、全员参与的评估运动。[2] 在国家层面，中央教育行政部门作为动员的主体主要通过话语修辞不断对评

---

[1] 之所以这么说，是因为，在 2003 年启动本科教学评估之后的 2004 年，教育部高等教育教学评估中心才正式成立。
[2] 这一小节先介绍体制化的行政动员式评估运动在全国范围内的情况。

估进行合法化叙事以及依靠自上而下的行政权威和官僚组织架构及其工作机制将评估从单纯的国家行动动员成为席卷整个高等教育领域的评估运动。

首先,我们分析国家是如何通过话语修辞对评估进行合法化叙事的。正如前文所述,中国20世纪80年代中期已经将评估纳入政策议程并在此后进行了大量的评估实践。从这个角度而言,政府动员发起2003—2008年的教学评估运动具有政策上的延续性,但是,从发起的时间点来看,这次评估明显具有应对高等教育质量危机的意味。这样,如何将大众化背景下不断出现的高等教育质量问题通过话语修辞形成一种有关提高质量的共同话语就成为政府动员高校接受统一评估的理念基础。通过对评估过程的梳理,我们发现,密集性的政策文本和领导讲话成为政府通过话语修辞将评估运动进行合法化叙事的主要载体。[①]

2001年8月,教育部发布的《关于加强高等学校本科教学工作 提高教学质量的若干意见》(高等教育界通常所说的"4号文件")明确指出,人才培养质量是高校的生命线,教学工作是提高人才培养质量的关键和重点,各级教育行政主管部门和各高校要高度重视本科教育和本科教学工作。此外,这一重要政策在肯定质量保障体系之于提高本科教育质量的重要作用的同时,还提出了"适时开展本科教学工作的评估、检查"的设想。2004年,时任教育部部长周济在第二次全国普通高校本科教学工作会议上的讲话中再次强调了教学质量是提高高等教育质量的重点,并明确指出要将评估作为提高教育教学质量的关键举措。这次会议之后,2005年教育部1号文件《关于进一步加强高等学校本科教学工作的若干意见》

[①] 教育改革的合法性建构与传播,常常与法令的援用、制定或颁行相结合,并以它为重要的支撑。参见财团法人台南师范学院校务发展文教基金会、台湾教育社会学学会《九年一贯课程与教育改革议题:教育社会学取向的分析》,高雄复文图书出版社2002年版,第25页。

延续了上述对于高等教育质量重要性的话语表述。此外，关于高等教育质量重要性的论述还散见于其他与高等教育相关的政策文本之中。①

通过对上述文本及其他相关文本的分析，我们可以发现这场评估运动完成合法化叙事的特征和轨迹：①高等教育质量，尤其是本科教学质量通过正式的政策文本和代表官方话语的领导讲话被塑造成一种不证自明和不容置疑的强势话语，以表明在保障和提高高等教育教学质量方面的国家意志。换言之，借助于正式的政策文本和领导讲话等，政府对有关高等教育质量的陈述做出了"权威的价值分配"，形成了一种高等教育的质量话语，从而影响到各利益相关者对高等教育的言说、思考和实践。② ②这些有关提高质量的陈述与修辞在不同的文本和场合反复出现，并被权威组织和人物赋予同等的重要性，形成了一种话语"霸权"。③ 在这些占据话语权的政策符号所组成的话语中，高校及其主要领导是否将教学作为中心工作被上升为一种意识形态，进而成为一种评判高校工作的强纲领。④ 要达到保障和提高教育教学质量这一目的需要借助科学且强有力的手段。⑤ 以往由教育部组织和实施的评估对保障教学质量有着重要的促进作用，而评估作为一种保障质量的手段也在世界范围内被广泛使用。总之，借助提高质量这一具有积极意义的话语修辞并参照以往评估的成功经验，由中央教育行政部门动员全国普通高等本科院校参与评估就具有了理论上和现实中的合法性。

从理论上讲，官方的修辞不仅仅是对政策的一种解释，也是

---

① 2005年5月25日原教育部副部长吴启迪在首期教育部本科教学工作水平评估专家研修班上的讲话《大力推进教学评估工作，切实提高高等教育教学质量》再一次对评估从思想上进行了动员。

② 王友航：《高等教育质量政策的话语策略》，《教育学术月刊》2012年第10期。

一种建构并维持社会现实的媒介。① 同样，围绕质量的话语陈述和话语修辞不仅仅具有表明国家重视高等教育质量的象征意义，其背后还隐含着一种权力关系，即中央政府有权力介入高等教育质量评估事宜。因此，在中央政府通过话语修辞不断对本科教学评估进行合法化叙事的同时，一种基于中央政治和行政权威的、自上而下的权力谱系也随之建构出来。总之，在政府分权、高等院校办学自主权提升，但与此同时质量问题引发诸多利益相关者质疑的背景下，教育行政部门借助行政权威，通过自上而下的评估促使高校要在质量保障方面承担相应的责任②成为一种必然的选择。

在国家通过话语修辞对本科教学评估进行合法化叙事的同时，以行政动员为特征的国家行动也随之启动。其中附属于教育部的官僚化的组织机构以及评估研讨会和交流会成为评估运动得以持续的组织基础。

官僚组织体制③作为一种典型的或者说基本的组织结构是国家治理过程中最为重要的组织基础。④ 不仅如此，即使是对以"暂时叫停原科层制常规过程，以政治动员过程替代之"⑤为特征的运动式治理而言，其出现也"不是任意的，而是建立在特有的、稳定的

---

① Suspitsyna, T. Accountability in American Education as a Rhetoric and a Technology of Governmentality [J]. Journal of Education Policy, 2010, 25 (5): 567–586.
② 周光礼主编：《中国高等教育质量评估体系有效性研究——基于社会问责的视角》，湖南人民出版社 2012 年版，第 101 页。
③ 准确地说，这里的官僚制应该称为政治官僚制。
④ 周雪光：《中国国家治理及其模式：一个整体性视角》，《学术月刊》2014 年第 10 期；周雪光、刘世定、折晓叶主编：《国家建设与政府行为》，中国社会科学出版社 2012 年版，第 33—70 页。
⑤ 周雪光、刘世定、折晓叶主编：《国家建设与政府行为》，中国社会科学出版社 2012 年版，第 7—32 页。

组织基础和象征性资源之上"。[1] 作为国家治理的一个子系统，高等教育的运行与具体运作自然也与官僚组织体制有着千丝万缕的关联，尤其是在中国这种具有集权传统的高等教育管理体制中，官僚组织体制从来就不曾置身事外。具体到中国高等教育质量保障领域，从前述可知，改革开放之后，中央政府就一直试图在教育行政部门的主导之下对高校办学水平进行评估并建立一套高等教育质量保障体系，并写进相应的法律条文。此外，如前所述，为了更有效地动员高校参与教学评估，2004 年，教育部还成立了高等教育教学评估中心这一专门机构，这一机构不仅发挥组织协调作用，而且直接负责全国范围的本科教学评估活动。在此，需要特别指出的是，与欧洲高等教育质量保障协会（ENQA）和美国高等教育认证委员会（CHEA）不同，这个中心作为教育部的事业单位，只是教育部进行评估的代理机构，不是真正意义上的独立的评估机构。[2] 当然，这种专门的评估机构能够动员全国的高校参与评估，也是建立在党委领导下的校长负责制这一常规化的政治官僚制基础上的。这也是为什么我们称此次评估为"体制化的行政动员"的原因之一。

除了建立动员的组织机构，2003 年，教育部办公厅在《关于对全国592 所普通高等学校行进本科教学工作水平评估的通知》中还提出，要在评估启动之后的每年年初举办被评估高校本科教学工作研讨班，以学习高等教育改革和发展的有关文件精神，交流高等学校教学管理工作经验，介绍高校本科教学工作水平评估的进展情况和评估经验，研讨高校教学工作评估的有关议题和问题。2005 年5 月25 日，教育部在国家行政学院举办了第一期本科教学评估专家

---

[1] 周雪光：《运动型治理机制——中国国家治理的制度逻辑再思考》，《开放时代》2012 年第9 期。

[2] 赵炬明：《超越评估（下）——中国高等教育质量保障体系建设之设想》，《高等工程教育研究》2009 年第1 期。

研修班，时任教育部副部长吴启迪作了题为《大力推进教学评估工作 切实提高高等教育教学质量》的讲话。2006年3月30日—4月1日，教育部高等教育教学评估中心在湖北武汉组织了2006年普通高校本科教学评估专家组秘书工作研修班。2006年4月18日，教育部则采用网络视频会的形式召开了由近万人参加的全国性的本科教学评估工作经验交流会。通过这种研讨、交流的动员机制，中央教育行政部门作为动员主体编织了一个以行政权威为动员中心、纵横交错的、全国性的评估动员网络。

从宏观上看，在这样一张评估网络之中，中央政府以常规的组织架构（自上而下的官僚体制及其组织）和专门的组织机构（教育部高等教育教学评估中心）为基础，依靠国家有关质量的话语修辞以及自上而下的行政命令和源自权力中心的奖励和惩罚等，在短时间内将全国的普通本科高校及众多利益相关者动员起来，以达到应对大众化、市场化和国际化背景下出现的新的高等教育质量问题和危机，并试图推动中国高等教育质量保障体系的建设。那么国家层面的动员是如何在高校内部运作的呢？接下来，我们将以H大学为案例进行描述和分析。

（三）体制化的行政动员式本科教学评估运动的运作：以H大学为案例的考察

H大学位于中国中部地区，是一所在2000年由三所大学（学院）合并组建而成的、隶属于教育部的重点大学，是首批进入国家"211工程""985工程"的精英大学，也是全国首批"双一流"建设高校。1996年，H大学的前身之一曾接受过教育部（时称国家教育委员会）组织的本科教学优秀评估，并取得了优秀的成绩，其良好的学风受到广泛赞誉。但很快，国家宏观高等教育政策的变化影响到了学校的发展。在20世纪末、21世纪初全国性的高等教育大众化进程中，H大学基于自身的利益考量，积极响应国家的扩招政策，不断扩大本科招生规模。尽管，这种积极的规模扩张符合学校的长远利益，但是 H 大学的这种举动在当时也遭到了很多师生的反对，大家对日益拥挤的校园、图书馆、教室感到极不舒服，许多教师则对学生越来越多的专业课课堂教学质量充满了忧虑和担心。[1]而且，在同一时期，H 大学也正在努力向综合性和研究型大学转型。可以说，在学生规模持续扩张和资源需要向学科和科研倾斜以完成学校转型梦想的情况下，如何保障本科教育教学质量，既是落实国家高等教育质量政策的要求，也成为学校自身能否持续发展的基础。

2004 年，根据教育部高教司安排，H 大学要在 2007 年接受教育部组织的本科教学工作水平评估。2004 年 5 月，H 大学启动了本科教学评估的准备工作。到 2007 年 4 月 8—13 日正式接受评估，H 大学花费了 3 年左右的时间进行迎评，具有较长的时间跨度。

1. 评估动员的前期准备：成立专门的组织机构[2]并自上而下地下达相关任务

2004 年 5 月，H 大学成立了由相关职能部门和单位组成的自查调研小组，开展自查调研工作，对涉及本科教学评估指标的现状进行摸底。[3] 半年之后，也就是 2004 年 11 月，H 大学发出通知，在学校层面，成立了以校长为组长、由学校主要党政领导组成的 H 大学本科教学评估领导小组，负责整个学校的迎评事宜。[4] 同时，学校还决定要根据教育部修订的《普通高等学校本科教学工作水平评

---

[1] 周光礼：《公共政策与高等教育——高等教育政治学引论》，华中科技大学出版社 2010 年版，第 157 页。

[2] 在一些其他研究动员的文献中，这种专门为动员而设立的组织被认为是一种"准军事化组织"。

[3] H 大学校教【2004】20 号文《关于成立我校本科教学工作水平评估自查调研小组的通知》。

[4] H 大学校教【2004】54 号文《关于转发教高厅【2004】21 号文件并启动我校本科教学工作水平评估准备工作的通知》。

估方案（试行）》（2004）的指标体系，制定本校的"院（系）本科教学工作水平评估方案"，并计划从当年起每年开展一次对院（系）的本科教学工作水平评估。

根据 H 大学的统一安排，在学校启动评估行动计划的同时，各院（系）、职能部门及其他有关单位也相继成立了由其主要负责人牵头的本科教学评估领导小组。这些领导小组不仅要发动师生员工积极投入到评估准备工作中来，还要在本单位组织学习讨论评估方案并根据教育部的评估指标体系在本单位内部开展自查自评工作。与此同时，H 大学还要求各院（系）和部门即刻启动评估材料的收集、整理和积累工作，并计划于 2005 年 9 月对各院（系）、各有关单位材料准备工作进行检查。为此，学校对照教育部的评估指标体系详细开列了本校本科教学评估的基本材料，并进行了单位分工与细化。

虽然在 2004 年 H 大学就决定制定"院（系）本科教学工作水平评估方案"，并计划从当年起每年开展一次对院（系）的本科教学工作水平评估。但事实上，这一评估计划却没有很快落实。直到 2005 年 10 月，H 大学再次发出通知，[1] 制定并公布了《H 大学院（系）本科教学工作评估方案（试行）》，决定正式开展院（系）本科教学评估。同年 12 月，[2] 为进一步做好 2005 年度院（系）本科教学评估工作，H 大学又成立了以分管教学的副校长为组长、各院（系）教学负责人和校教学顾问组教师为成员的院（系）本科教学评估专家组。在随后召开的 2005 年度院（系）本科教学评估会议上，分管教学的副校长特别指出，要把院（系）评估作为迎接 2007 年教育部本科教学评估的序幕和基础性工作抓紧抓好，同时，为了动员院（系）积极参与评估，H 大学还提出要对本科教学评估

---

[1] H 大学校教【2005】37 号文《关于公布 H 大学院（系）本科教学工作评估方案（试行）的通知》。

[2] H 大学校教【2005】55 号文《关于成立 H 大学院（系）本科教学工作评估专家组的通知》。

中成绩突出的院（系）进行表彰并出台相应的奖励政策。2006年1月，这一评估计划正式得以执行。

2. 本科教学评估运动的基层运作：国家的在场与意义的缺席

（1）"迎评小组"与常规科层机构的联盟：动员的组织基础

正如在动员的相关理论和实践中所见，动员指令的发起往往需要专门的领导机构，其具体运作也需要专门的工作机构进行组织和协调。也就是说，动员的前提是要建立一套非常规化的组织体系以绕过常规的科层结构和程序，以便高效地实现动员的目的和意图。当然，在动员的过程中，常规的科层组织体系并非不起作用，而是退居幕后，协助临时性的动员机构完成特定的工作任务。具体来说，从这一轮评估的目的和过程来看，"以评促建"和"以评促管"就是针对高校科层组织的一种动员，即尽管提高教学质量也是评估所宣称的终极目的，但从其整个评估运动的进程来看，通过评估来优化教学管理结构和过程，使其服务于本科教学这一中心工作才是这次评估的主要目的之一。在这场评估运动之中，尽管名称不尽一致，但所有的高校都毫无例外地建立了迎评领导小组和负责日常迎评事务的办公室这样的临时性的组织机构。H大学也不例外。

2004年准备迎评之后，由于学校人事变动，2006年3月20日，[①] H大学重新成立了以校长为组长的H大学本科教学工作水平评价领导小组，同时再次要求院（系）和相关单位组建本部门的本科教学工作水平评价领导小组。学校要求基层单位的迎评领导小组在继续要求对照评估指标学习讨论，动员师生员工积极参与迎评工作的同时，要负责整改落实，设置专班人员负责各类评价资料的建设，收集汇总各项评价指标所需的支撑材料，做好各种教学档案的整理和编印工作。同时，H大学还计划结合当年的院（系）本科教

---

① H大学校教【2006】15号文《关于做好迎接教育部2007年本科教学工作水平评价准备工作的通知》。

学工作评估组织，于2006年12月对各院（系）、各有关单位材料准备工作进行检查和验收。此外，由于距离正式评估仅剩一年的时间，这一次H大学发出的通知明显透露出一种"备战"的意味。[1] 在同一天，H大学专门成立以教务处长为组长的本科教学评价工作办公室，负责动员主体与动员客体之间的联系以及日常的迎评事务。[2] 在此前的3月17日，H大学还成立了以党委书记为组长的学风教风建设工作领导小组。

如果说学校层面的迎评领导小组和学校常规的党政领导机构还存在较大程度的重合的话，那么，学校迎评工作办公室作为为了应对评估而成立的临时性机构则整合了常规的科层机构，使其能够在这一特殊时期调动一切资源来完成迎评任务。[3] 后来的事实也表明，上级组织评估的意图正是通过这一特殊机构的协调才顺利实现的。

2006年4月13日，H大学正式向教育部高等教育教学评估中心请示，建议学校接受正式评估的时间为2007年4月。这样也意味着国家或者宏观层面的行政动员式的评估借助于自上而下的政治和行政权威即将合法化地进入中观的学术场域。

（2）自上而下的层级性和全方位的动员仪式：符号象征与权力技术

仪式作为一个经典的人类学概念，早期主要与宗教相关，但现

---

[1] 切实做好迎接教育部2007年本科教学工作评价的准备工作，事关学校的社会声誉和长远发展，也是学校今年工作的重中之重。希望全校师生员工站在学校战略发展的高度，以强烈的工作责任感和高昂的激情活力，积极行动起来，以本科教学工作水平评价为契机，加强学风教风建设，推进教学工作的管理、改革和建设，为实现建设"一流教学、一流本科"的发展目标而努力。资料来源：2006年3月20日，H大学校教【2006】15号文《关于做好迎接教育部2007年本科教学工作水平评价准备工作的通知》。

[2] H大学校教【2006】14号文《关于成立H大学本科教学评价工作办公室的通知》。

[3] "集中型动员体制"的要义就是在紧急时期形成一个集权的核心以便迅速做出反应和决策。参见樊佩佩《动员视域下的"内生性权责困境"——以"5·12"汶川地震中的基层救灾治理为例》，《社会学研究》2014年第4期。

代社会中很多的仪式已与宗教中的仪式大不相同。不过，作为一种社会整合机制，仪式仍然具有重要的社会功能。科恩和道格拉斯等认为，现代社会的日常生活、人际关系等诸多领域都充满着与原始部落雷同的象征行为，都带有原始仪式特点，具有深刻的象征意义，现代人亦演戏般地扮演着各种各样的符号角色。① 特纳也指出，"象征符号是仪式中保留着仪式行为独特属性的最小单元，它也是仪式语境中的独特结构的基本单元。"② 因此，仪式本身就具有象征意义，同时又与组织和个体的行为密不可分。在由现代国家介入的诸多仪式中，仪式不仅仅只是作为一种象征性的符号而存在，同时，它本身在某种意义上已经演化为一种"控制艺术"和"权力技术"。对于举办仪式的基层组织而言，借助于仪式中的国家符号和权力，其自身的利益也被卷入其中，从而赋予了仪式特殊的功能。

动员大会作为一种重要的仪式，在所有被评估的高校中不断上演。H 大学迎评期间共召开了两次全校性的动员大会。一次是在 2006 年 5 月 8 日，距离正式接受评估不到一年的时间，第二次是在 2007 年 3 月 2 日，在距离正式接受评估还有 36 天之时。全校中层以上干部以及校教学顾问组成员均参加了这两次动员大会。③ 校长在两次动员大会上均作了迎评动员报告。校长在第一次动员大会的报告中不仅转述了教育部部长有关评估的重要讲话精神，而且明确

---

① 王铭铭：《想象的异邦——社会与文化人类学散论》，上海人民出版社 1998 年版，第 228 页。

② [英] 维克多·特纳：《象征之林——恩登布人仪式散论》，赵玉燕等译，商务印书馆 2012 年版，第 23 页。

③ 参会人员：① 全体校领导、校长助理；② 各部处中层副职及以上负责人；③ 各院（系）党政主要负责人、分管教学、设备、学生工作的负责人；④ 校教学顾问组成员；⑤ 医学院全体领导、各部门中层副职及以上负责人；⑥ 医学院各院（系）党政主要负责人、分管教学、设备、学生工作的负责人；⑦ 各附属医院党政主要负责人、分管教学及设备工作负责人；⑧ 图书馆负责人、电工、金工实习基地负责人、现代教育技术中心负责人。

表达了学校对于此次评估的重视,并表示学校已将评估列为 2006年和 2007 年最为重要的工作。第二次动员大会的报告更是将评估称为"现阶段压倒一切的中心工作",要求所有单位和个人要"确保本科教学评估的各项工作部署按期准备就绪,确保顺利完成本科教学评估的预期目标和工作任务"。同时,校长在迎评动员大会等多个场合还不断强调本科教学评估是一项"国家级、权威性的评估",是政府加强对高等教育进行宏观管理、促进学校"办人民满意的高等教育"和提高人才培养质量的一项重要举措。在对评估中的国家话语进行转述、解读和表达接受评估意愿的过程中,评估中的国家符号得以彰显,评估动员的意识形态合法化得以建构,政府在评估中至高无上的权力得到认可。此外,H 大学还召开了由全体教授、博导、各院(系)党政负责人、各班班长、团支书及党支部书记共 3000 余人参加的专门针对教学和学风的动员大会。在学校召开第一次全校性的迎评动员大会后,动员指令就沿着行政层级不断下传,在大约一个月的时间之内,所有与评估有关的单位都召开了本部门的教职工动员大会。同时,许多单位还召开了学生动员大会,形成了一种全方位的动员格局。正是借助这种层级性和全方位的动员仪式,评估中的国家符号、国家意志与国家权力与每一个与评估相关的校内利益相关者关联起来。

在评估运动中,除了动员大会,预评估①作为一种被广为使用的仪式也发挥了重要的功能,成为国家符号和国家权力在正式进入高校之前的一种预演。

尽管在许多教师和学生看来,评估中的这些仪式只不过是一些流于形式的走过场而已。但从社会学的角度来看,这些走过场本身

---

① 有关动员的社会学研究中,有研究者指出,"在压力型体制与目标管理责任制下,自上而下的目标责任制确定的利益关联使得下级总是更为关注治理实践的结果,特别是结果的可控性。于是下级也总是在上级正式检查之前不断自查"。参见狄金华《通过运动进行治理:乡镇基层政权的治理策略》,《社会》2010 年第 3 期。

也有潜在的社会功能。周雪光在研究中国国家治理的制度逻辑时指出，一些仪式化的活动不仅是科层制度本身维持其合法性所做出的一种制度安排，也是基层政府为了缓和自上而下的压力的一种需要。① 从规避风险的角度而言，召开各个层级的、全方位的动员大会，进行预评估等仪式化的活动表明了被评估的组织与上级行政权威保持一致的一种姿态。同时，这些仪式化的活动不仅是一种通常所说的徒具象征意义的形式，它还对评估运动的运作起着实际的促进作用。换言之，"当人们'认认真真走过场'时，这些行为本身就是对这一体制的顺从和接受。也就是说这些仪式化的活动在日常生活中不断地维系、强化了人们相互间对中央权威的意识和认可。这一仪式制度不是从认知上建立了共享观念，而是在象征性符号和动员机制上建立和制度化了一套程序规则。政治动员体制也在周而复始的过程中不断确认其合法性、有效性。……如此这般，政治动员一旦到来，人们会随之启动，而观念制度的功能也随之进行了由名到实的转换。"②

（3）思想动员与舆论宣传：全校一盘棋的隐喻

依靠各种仪式的潜在功能表明评估的重要性，仅仅是动员全员参与评估的必要条件，或仅仅是高校对评估进行合法化叙事的维度之一。对于高校及其内部的成员而言，如何将评估与自我利益关联起来是评估能够完成合法化叙事的另一个重要维度，即在面对政府强大而不可避免的评估任务和要求时，高校不仅要将政府动员的意图和计划传达给所属的各级各类组织及其负责人，而且还需要将学校层级的有关核心利益（比如创建世界一流大学）通过打包的方式纳入其中，建立一个利益共同体。从 H 大学的评估过程和实践效果

---

① 周雪光、刘世定、折晓叶主编：《国家建设与政府行为》，中国社会科学出版社 2012 年版，第 7—32 页。

② 同上。

来看，思想动员与舆论宣传正好发挥了完成评估合法化叙事的功能。其中，最能体现思想动员性质的就是校长的两次动员报告。

在第一次动员报告中，校长就明确指出：

> 今天我们在这里召开全校中层以上干部动员大会，要求大家提高思想认识，振奋精神，增强工作紧迫感和责任意识，积极行动起来，全力以赴地投入到迎接本科教学评估工作中来。

在第二次报告中，校长又一次从思想上强调了动员的目的：

> 今天，我们再次召开各院（系）、各职能部门和直属单位主要负责人会议，其目的就是要进一步动员和推动大家高度重视本科教学评估工作，进一步增强工作的责任感和紧迫感……确保本科教学评估的各项工作部署按期准备就绪，确保顺利完成本科教学评估的预期目标和工作任务。

在直接表明动员目的的同时，校长在动员报告中还将评估与学校的长远发展目标和声誉关联起来，使得评估承载的意义超越了推进本校本科教学改革与发展以及提高教学质量这一直接目的，成为学校和个人义不容辞的责任。校长在动员报告中提出：

> 抓好本科教学是提高我校教育教学质量和办学水平的重点与关键，是创建世界知名高水平大学的必要条件。是推进我们加快实现建设世界知名高水平大学目标的重要契机。
>
> 本科教学工作评估事关学校工作的大局，事关学校的社会影响和声誉。高质量、高水平地做好本科教学评估的各项工作，是全校党员干部和师生员工的神圣使命与共同责任。

> 评估工作是一个系统工程，涉及学校工作的方方面面，要树立全校一盘棋的观念。

由此可以看出，高校关心的不仅仅是教学质量问题，更关心其声誉的获得以及由此而带来的更多的办学资源。因此，高校对于质量的诉求和关注带有更深层次的目的和动机。

进行思想动员的同时，学校还借助舆论宣传为评估进行合法化叙事。当时 H 大学的校报曾以题为《整、改、建——打一场迎评攻坚战》的报道来渲染迎评的气氛：

> 时间紧，整改任务重，要顺利完成校党委、校行政提出的"以评促改、以评促建、评建结合"迎评目标，亟须全校各院系、机关部处乃至每一位师生行动起来，积极参与到这项迎评促建的"系统工程"中来，全面贯彻学校迎评规划，扎实推进各项工作的开展，为 H 大学迈向研究型、综合性、开放式的国际一流大学做出自己的贡献。

2006 年 9 月底，为了配合学校做好迎评的宣传报道工作，在全校形成浓郁的学风教风氛围，推动各项迎评工作的落实，H 大学校广播台还特别推出了系列迎评专题报道。

总之，思想动员和各种渲染评估意义重要性的舆论随着"行政动员"机制层层推进和下传，这种类似于"全校一盘棋"的隐喻不断在组织成员之间扩散和传播的时候，国家就能够合法地推动评估了。

（4）本科教学评估工作责任书：国家在场与利益关联

当然，仅仅依靠仪式来表明国家的存在或通过精神鼓舞动员全员参与还不能保证评估得以顺利完成，毕竟材料和指标才是硬性的评估标准。因此，和大多数院校一样，签订以"目标管理责任制"为基础的"本科教学评估工作责任书"就成为 H 大学进行评估动员的一个主要工作机制。

"所谓'目标管理责任制'，简言之，就是将上级党政组织所确立的行政总目标逐次进行分解和细化，形成一套目标和指标体系，以此作为各级组织进行'管理'（如考评、奖惩等）的依据，并以书面形式的'责任状/书'在上下级党政部门之间进行层层签订。概言之，目标管理责任制是以指标体系为核心，以责任体系为基础，以考核体系为动力，辐射形成目标管理网络，以期获得最佳行政效能的一套综合管理方法。"① 在 H 大学迎评的过程中，责任书包括校长与各二级单位负责人签订的责任书和二级单位内部签订的责任书。在二级单位内部，通常是学院党政一把手（即学院迎评工作领导小组组长）代表学院与各系（所、中心、教研室、教务科、辅导员）签订院系（所、中心、教研室、教务科、辅导员）之间的责任书；各系（所、中心、教研室）负责人与所在系（所、中心、教研室）的老师签订系（所、中心、教研室）与老师个人之间的责任书。学校通过责任书将评估所需要的基本材料和指标层层分解到每一个基层组织和个体，形成了一个以完成评估指标为中心的责任共同体。

当然，评估责任书的签订并不能保证迎评的各项工作能够自动完成。责任书能够发挥作用，其关键在于其以书面的形式将责任与利益固定下来，形成了一种"共识"。其实在之前的评估动员大会及其他场合，H 大学的校领导就多次提出，一方面，要将评估的结果与院系的年度考核和经费划拨进行挂钩；另一方面，要建立一种责任制以确保高质量地通过评估：

---

① 王汉生、王一鸽：《目标管理责任制：农村基层政权的实践逻辑》，《社会学研究》2009 年第 2 期。

> 要把评估工作作为一把手工程来抓，各院（系）党政负责人和各职能部门负责人作为各单位评估工作的第一责任人。
>
> 评估工作是一个系统工程，涉及学校工作的方方面面，要树立全校一盘棋的观念，集中力量打团体仗，决不允许推诿责任和延误工作的现象发生。
>
> 评估工作无小事，任何一个方面或环节出差错都可能影响学校评估工作的大局，各单位和部门都要统筹安排，明确职责，建立制度，逐级落实，要实行责任追究制，谁出纰漏谁负责。

在本科教学评估工作责任书的签订大会上，校长再次要求要"切实贯彻'一把手'制度"，"责任到人，明确工作目标、工作职责和责任追究"：

> 确保本单位教学和其他工作的良好秩序，确保不出现教学事故、工作疏漏和违纪违规现象……对于误事和造成事故而严重影响学校评估工作结果者，要追究当事人、直接领导和主要领导的责任。

与上述情形类似，在院（系）内部，一些院（系）则决定把本科教学评估工作纳入所有基层组织和个人的年终工作考核、任期目标考核和聘任中，有的院（系）还提出，对评估期间取得突出成绩的给予奖励，对发生责任事故，影响教学工作的，一律按考核不合格处理，并给予相应惩罚。

我们看到，通过目标责任制，学校将所有与本科教学评估相关的组织和个体捆绑成了一个责任与利益共同体。一方面，学校出于争取优秀评估结果的目的，会为学院在教学及其他方面提供支持，院（系）也能够借此机会保持与权力和资源核心部门的关系，推动本单位的教学工作和整体发展；另一方面，对学校而言，其迎评的大量工作依赖于院（系）及其他基层单位，只有通过责任分解才能够确保评估材料和指标能够符合评估标准。同时，院（系）和教师也正是评估所要重点考察的组织和群体，因此，通过责任分解和细化，学校能够将评估的压力层层传递，防止因推诿出现纰漏，影响总体目标的实现。此外，在这样一个责任与利益共同体中，每个组织和个体不仅要对自己负责，而且要对其所在的组织负责，而这无形之中就将每一个基层组织和个体的行为表现置于组织内部所有利益相关者无形的监督之下。因此，即使有的组织和个人并非自愿承担责任，但出于不能得罪众人的考虑，也会自觉地将这种任务转化成自己的分内之事，积极参与到评估中来。

总之，由于高校将评估视为一项应对政府问责的行政压力，因此，层层签订责任书也让国家的意志和政府的权力能够深入院、系、所甚至课堂等最基层的学术组织和场所。将一种层层传导的行政压力以现代的契约的形式包装起来，不仅能够高效地完成上级组织所意欲实现的目标，而且还为国家意志与行政权力进入基层学术单位和一线的教学活动赢得了一种合法性，使得评估能够按照政府的意图得以完成。

但是，在政治权威和行政权力通过种种仪式、思想动员和其他各种动员机制使评估动员成为一种运动，置国家与政府的意志、权力和利益于高等教育质量保障的具体运作过程之中时，其有效性如何？有关质量的意义是否在这种质量保障方式之中缺席了呢？

四　体制化的行政动员式评估的意义及其困境

"行政动员"内嵌于中国高等教育管理体制，是中国高等教育质量保障得以运转的主要机制之一。尽管对于行政动员式评估的效果褒贬不一，但对于处于社会转型期且担负着国家现代化使命的中国高等教育而言，一个基本的事实是，政府以行政权威为依托，以强力介入的方式进行动员式评估和质量保障，将各利益相关者对于高等教育质量的诉求整合为统一的国家意志，在短时间内确立了高等教育质量保障的基本架构，加速了国家高等教育质量保障体系的建立。

在行政动员式的评估中，政府虽然是以公众利益的名义对高校的教学工作和教学质量进行评估，但政府在评估中的绝对权威性决定了其他利益相关者对于质量的诉求难以在评估中完全体现出来。同时，出于绩效合法性的考虑，在大规模行政动员式评估中，政府更看重具有外在显示度的指标和数字，而掩盖甚至忽略了本科教学质量的本真含义。与此同时，政府追求绩效的考量往往与高校对于评估等级的追求"自然地"结合在一起，形成一种排斥公共利益的"共谋"现象，最终使得评估演化为一种围绕材料和数字的文字游戏，从而偏离了通过评估来进行质量问责或提高质量的预定轨道。从过高的优秀率，政府对一些违反评估道德准则的非正常情况的容忍等意义上来讲，[①] 这种典型地具有"体制化行政动员"特征的本科教学评估还不能算作实质意义上的政府对于高校教学的质量问责，它更多的是中央政府对前期非常规政策所带来的后续负面效应的一种"自我救赎"。因此，从这个意义上来说，行政动员式评估的象征意义要大于其实质意义，或者说它只是一种政府试图保持其对于高等教育进行控制的"合法化"了的工具。

---

① 黄宗智曾指出，中央政府在中国改革进程中的一个显著的特点就是表达与实践的背离。参见黄宗智《改革中的国家体制：经济奇迹和社会危机的同一根源》，《开放时代》2009年第4期。而多次参与评估并研究评估的赵炬明教授则指出，"大部分学校最后获得优秀这个结果说明，对全局平衡的考虑压倒了对具体学校的考虑"。参见赵炬明《超越评估（下）——中国高等教育质量保障体系建设之设想》，《高等工程教育研究》2009年第1期。

事实表明，在一个利益格局分化的时代，这种由政府通过行政权力强力介入而发起的动员式的评估难以满足不同利益相关者的诉求，其有效性并不高[1]，而且，从制度体系方面来讲，这种行政动员式的评估还没有促成学校教学工作的循环反馈系统的构建，"尤其在如何促进学校不断提升本科教学工作水平、保障本科教学质量方面缺乏具有长效性的着力点。如何让学校领导和教师始终关注本科教学质量和本科教学工作水平提供的问题并没有真正解决。"[2] 此外，效果衰减[3]也是动员式评估的内在困境之一。实证研究表明，行政动员使得本科教学评估的效能存在周期性波动，即教学评估的效能会随着行政动员力度的强弱变化而出现相应的骤增和骤减现象：首先，在政府强力推动本科教学评估进入高校之时，高校中与教学建设和发展有关的数据曲线会在整个迎评期间呈现递增现象，而且这种数据的攀升会在高校正式接受评估之时接近或达到峰值；但此类评估结束之后的短时间内，上述数据曲线就开始明显下滑，而随着类似的评估的回归，教学的相关数据又随之出现新的高峰。其次，高校日常的教学工作及其与质量相关的建设也随着这种带有运动式治理特点的评估而呈现出一定程度的波动，即准备评估到正式评估前，高校在各方面投入教学上的时间和精力呈现逐步上升趋势，召开教学工作会议的次数、解决教学问题的频率和出台的教学政策文件也会随之逐渐增多，但评估之后，高校对教学的重视程度

---

[1] 周湘林：《中国高校问责制度重构——基于本科教学评估的新制度主义分析》，博士学位论文，华中科技大学，2010年，第95页。
[2] 李延保主编：《中国高校本科教学评估报告》，高等教育出版社2009年版，第12—13页。"由于运动式'强制'的影响，大部分改革的结果，在组织层面可能很容易就建立了相关的正式安排，但是这种安排往往是形式上的，是一种'形式绩效'，距离一个制度真正的实施还有比较远的距离。"参见刘玉照、田青《新制度是如何落实的？——作为制度变迁新机制的"通变"》，《社会学研究》2009年第4期。
[3] 张妍：《本科教学评估的效果及其影响机制研究》，《高教发展与评估》2013年第6期。

和与之相关的工作会出现不同程度的松弛。①其中最明显的是，许多高校为了迎接评估而建立的评估机构（办公室）在评估结束之后或被撤销或将其与其他机构合并，相应地，其与教学评估相关的工作量和力度也快速萎缩。②

总之，行政动员式的本科教学评估内嵌于中国高等教育管理体制，可以称之为"体制化的行政动员"式本科教学评估。此种评估具有双重特性：一方面，国家教育行政部门通过行政动员的方式推动全国范围内的本科高校参与评估是一种打破常规官僚体制运作的非常规手段，具有"去制度化"的特征，这也是第一轮本科教学评估被广为诟病的主要原因之一；另一方面，这种动员本身也附有建立"制度化"的质量保障体系的功能，且从实际效果看，这一场评估运动的确对推进中国高等教育质量保障体系的制度化建设起到了很大的作用。③当然，客观而言，与其将这种高等教育质量保障制度化进程的推进归功于政府的行政动员，还不如说恰恰是在多方利益主体的互动过程中，政府自身才逐渐意识到直接的行政干预本身带来的负面效果，从而逐渐调适有关评估的理念、标准、设计方案及具体的评估路径。也就是说，如果说行政动员式的评估运动推动了中国高等教育质量保障体系的制度化进程的话，那么也应该是各利益主体之间在权力、理念和利益等诸多方面冲突、博弈和相互妥协的结果，从某种意义上说，这种制度化是一种"体制化的行政动员"所产生的意外后果。

此外，虽然这场轰轰烈烈的教学评估运动早已结束，但这种

---

① 刘振天：《高校教学评估效能的特性及因应策略——一项基于数据、调查和观察的新发现》，《现代大学教育》2014年第6期。

② 屈琼斐：《美国大学内部质量保障体系的启示》，《高教发展与评估》2010年第5期。

③ 有学者对改革开放初期中国农村改革的研究中曾经提出了"动员式改革"的概念，并认为，不同于单纯的群众运动式的动员，动员式改革兼具动员与制度建设的特点，在这种动员式改革中，动员与制度建设两者之间是相互作用的。参见邓万春《动员式改革：中国农村改革理论与经验的再探讨》，《社会》2008年第3期。

"体制化的行政动员"的现象依然存续在中国高等教育质量保障的运作之中,这一点从教育部推出新的审核式评估和合格评估中可以窥见一斑。不过,在学习效应和不同利益相关者之间的博弈之中,行政动员在规模、范围和影响力等方面均已减弱。这也说明,中国高等教育质量保障体系正在走向理性化、专业化和制度化。但是,由于这种"体制化的行政动员"是"内生性"[①]的,因此,正如在许多其他高等教育质量保障实践中所观察到的,行政动员是隐而未退,以更加隐蔽的方式来影响高等教育质量保障的进程及其结果。

第二节 项目制视角下的中国高等教育质量保障

由于评估只是整个高等教育质量保障体系的一种方法,[②] 接下来,本研究将试图从另一个维度或切入点来观察并分析中国高等教育质量保障体系的宏观特征。在中国宏观高等教育质量保障体系建设中,除了本科教学评估之外,国家教育行政部门和其他相关部门还通过出台诸多高等教育质量政策,并以项目为杠杆来推动高等教育质量保障体系建设与提高高等教育质量。

一 项目制:背景、概念与启示

(一)项目制产生的背景

改革开放以来,中国在经济发展方式、社会运行以及国家治理模式等诸多方面发生了结构性的变革,这种变革的轨迹被孙立平等一些中国社会学家称之为从"总体性社会"向"后总体性社会"

[①] 樊佩佩:《动员视域下的"内生性权责困境"——以"5·12"汶川地震中的基层救灾治理为例》,《社会学研究》2014年第4期。

[②] [德]赖因哈德·施拖克曼:《以机构质量保障代替项目评估?》,王乾坤译,《北京大学教育评论》2006年第1期。

的转变。[①] 也就是说，改革开放以来一直到今天，中国一直处在一个社会转型期。在这种转型过程中，市场机制的引入与政府的权力配置和资源配置方式的转型等交织在一起，使得中国诸多领域的改革呈现出一幅复杂而独特的场景。

自改革开放至20世纪90年代初期，以分权和地方政府竞争为主要路径，以财政包干制为核心的、市场取向的发展模式在推动中国经济高速发展的同时，在很大程度上也弱化了中央政府在税收方面的汲取和分配能力，[②] 由此导致的经济发展过热和可能引发的"诸侯割据"的风险[③]威胁到了改革的合法性和中央政府的权威。在这样的背景之下，1994年，中央进行了财政和税收体制由分权到集权的改革，即以分税制取代了之前的财政包干制。[④] 这种财政和税收方面的集权取向的改革不仅大大增加了中央在财政和税收收入与支配方面的份额，而且完成了权力的回归，使得中央政府能够按照自己的意图，以财政资金的二次分配为杠杆来调控经济社会发展和提供公共服务。

（二）项目制作为财政支付转移的一种技术性管理手段的兴起

如果说，在财政包干制下，地方政府可以凭借其手中"灵活掌控"的资金来推动地方经济发展、社会建设和公共服务的话，那么在"财权上移"之后，如何调动地方政府的积极性，就成为中央不得不面对和考虑的一个主要议题。同时，由分税制所引发的一些地方政府行为失范以及因此而产生的贫富差距扩大、农民负担过重、内需不足和社会不稳定等负面效应也促使中央政府在保持分税制不变的情况下，试图通过改变财政支出的方式来引导和规制地方政府

[①] 孙立平等：《改革以来中国社会结构的变迁》，《中国社会科学》1994年第2期。
[②] 周飞舟：《财政资金的专项化及其问题：兼论"项目治国"》，《社会》2012年第1期。
[③] 渠敬东、周飞舟、应星：《从总体支配到技术治理——基于中国30年改革经验的社会学分析》，《中国社会科学》2009年第6期。
[④] 同上。

的行为，以保证经济的平稳发展与整体社会公共服务等方面的建设。更为根本的是，分税制改革只是改变了以往中央与地方之间在财政收入方面"自收自支"的单一面向，但改革之前中央与地方之间"三七开"的财政支出责任并未随之做出重大调整或发生实质性变化，因此，地方财政因"支大于收"而出现的支出缺口就需要依靠中央通过资金转移支付的形式进行弥补。[①] 也就是说，正如我们所观察到的，"在收入越加集权的体制下，资金的分配却出现了依靠'条线'体制另行运作的情形，即财政转移支付采用项目制的方式在行政层级体制之外灵活处理。这些支付大多由'条线'部门采用专项支付或者项目资金的形式自上而下地转移和流动，而地方政府或基层则需要通过申请项目的方式来获得转移支付。"[②] 总之，在中央政府掌握前所未有的大量财政资金的情况下，"项目制"已经成为中央政府进行财政"转移支付"并以此调动地方政府积极性来完成特定目标的一种治理手段。[③]

从上述简要的描述和分析以及诸多实践中，我们不难看出，"项目制"不是凭空产生的，其兴起与中国在 20 世纪 90 年代进行的财政体制改革以及诸多现实问题存在密切的关联。简言之，"项目制"作为财政转移支付的方式，最初只是在新形势下中央政府进行国家治理所采取的一种技术性的管理工具或手段。

（三）作为一个概念或视角的项目制：主要观点与研究进展

如上所述，项目制最初只是一种中央政府用来进行财政转移支付的手段，但是，随着项目制自身的日益理性化以及其在诸多领域

---

① 渠敬东、周飞舟、应星：《从总体支配到技术治理——基于中国 30 年改革经验的社会学分析》，《中国社会科学》2009 年第 6 期；周飞舟：《财政资金的专项化及其问题：兼论"项目治国"》，《社会》2012 年第 1 期。

② 折晓叶、陈婴婴：《项目制的分级运作机制和治理逻辑——对"项目进村"案例的社会学分析》，《中国社会科学》2011 年第 4 期。

③ 黄宗智、龚为纲、高原：《"项目制"的运作机制和效果是"合理化"吗？》，《开放时代》2014 年第 5 期。

中的大规模应用,项目制已经不仅仅是一种工具,而逐渐演化为一种具有"体制的精神性内涵"的"运行机制"或"一种新的国家治理体制"。[①] 同时,随着对项目制越来越多的关注以及对其研究的日益深入,"项目制"正在成为一种颇具本土特色的、用来分析许多中国特定问题的、有益的概念工具。

不过遗憾的是,虽然近些年来出现了越来越多的与项目制有关或以项目制为题的研究,但"项目制"本身却未成为一个被明确界定的概念,在具体的研究中,研究者只是约定俗成地使用这一概念。尽管如此,从项目制的基本运作入手,我们依然可以尝试对这一概念进行一些清理。从具体的实践来看,项目制基本的运作轨迹是中央部委设计出附带有一定规则和条件的项目并配以专项资金,然后以招标的方式发布项目申请书诱使满足条件的下级政府向上申请,之后,作为发包方的上级部委再根据专家审议的结果,确定和平衡项目的归属并将项目管理的一揽子权力"发包"到获得项目的地方政府,之后,由地方政府在一定的权限范围内确定项目的最终承包方并依据相关规定对与项目相关的诸多事宜实施条线管理。[②] 因此,从单纯的管理角度而言,专门性和临时性是项目制作为一种技术手段所内含的典型特征。不过,需要注意的是,虽然各种项目在执行过程中具有针对预期目标加以临时组织的特点,但中央政府特定的意图、特殊的权力运作、不同层级的部门之间的利益纷争等会渗透进项目制定、申请、审核、分配、变通、转化、检查与应对等环节和过程,使得项目制超出管理学和工程领域里单个项目所内含的事本主义的特性,从而成为一种能够将整个国家从中央政府、部、委到地方政府及其所属部门的各层级关系以及社会诸多领域动

---

① 渠敬东:《项目制:一种新的国家治理体制》,《中国社会科学》2012 年第 5 期。
② 折晓叶、陈婴婴:《项目制的分级运作机制和治理逻辑——对"项目进村"案例的社会学分析》,《中国社会科学》2011 年第 4 期。

员和统合起来的思维方式、机制、体制和特殊的治理模式。① 从现有研究来看，大部分文献是在后一种意义上研究和使用"项目制"这一概念的。本研究也从治理机制或运作机制的意义上使用这一概念。

在上述对项目制运作轨迹的基本描述中，还有一点需要注意，那就是，自上而下的发包以及自下而上的抓包只是呈现了项目制运作的纵向维度，但在绝大多数情况下，由于项目不是普惠性的，因此，一个具备资格的项目抓包方只有在与同样有资格申请和竞争项目的众多对手的激烈竞争中获胜才能够最终获得项目。只有在纵向维度的基础上加入不同行动者之间的竞争这一横向维度，才能够对项目制有一个完整的认识。而横向的竞争恰恰是项目制的基本要义或理解项目制的一个必要前提。换言之，项目制是在原有的官僚体制不变的情况下，政府以附带有倾斜性的政策和一定的专项资金作为激励工具，促使不同的下级政府或部门通过竞争特定的项目来实现资金使用效率的最大化，同时又能保证下级政府和部门能够按照中央的政策意图行事。其中，项目制与原有的一统体制之间最显著的区别在于，在项目制中，中央政府已经不再完全以及明显地使用直接的行政命令，而是将一种类似于市场竞争的机制引入其中。当然，这种竞争并不是自发和完全自由的，而是政府通过其权威和权力设计出来的。因此可以说，项目制融合了"自下而上"的市场化竞争机制以及"自上而下"的分权原则。总之，作为一种国家治理体制，项目制在具体运作过程中兼具了行政配置和自由竞争的双重属性。②

但是，在中央集权的总体模式之下，由于资源配置及其规则制

---

① 渠敬东：《项目制：一种新的国家治理体制》，《中国社会科学》2012年第5期。
② 折晓叶、陈婴婴：《项目制的分级运作机制和治理逻辑——对"项目进村"案例的社会学分析》，《中国社会科学》2011年第4期。

定依然掌握在中央政府及其代理人手里，因此，项目制下的竞争和分权又受到诸多限制，于是，在中央和地方之间就形成了一种分级治理的特殊制度安排。这也意味着，"在纵向关系方面下级政府并没有从上级获得资源分配的权力及自主权，在横向上民众也不可能获得自主参与的权力，无法有效评估政府绩效，更不可能监督政府行为，防止滥用权力。"[1] 因此，虽然项目制受科层逻辑和市场逻辑的双重支配，但其中科层逻辑依然是根本的逻辑，而市场逻辑要从属于科层逻辑，换言之，项目制本身就成为一个典型的由科层逻辑主导，市场逻辑为辅的混合型的"双重体制"。

对于项目制这种双重体制而言，从其设计初衷上来看，科层逻辑中的僵化、保守和效率低下等诸多问题可以借用市场逻辑加以解决，而市场逻辑可能导致的两极分化与社会不公也能够通过科层逻辑的平衡得以化解。总之，从理论上讲，这两种逻辑可以相互制约、相互补充，从而和谐共生，既能够在项目运作中保证较高的效率、必要的公平，也能够贯彻中央的意图。可以说，如果这种带有双重制度逻辑的项目制能够按照设计者的初衷运行，那么，可以说这就是一种堪称完美的体制。

不过仔细分析之后，我们就会发现，这个带有明显理想色彩的制度设计隐含着难以克服的内在缺陷：首先，科层逻辑与市场逻辑是两种不同性质的逻辑，两者之间在本质上存在诸多分歧甚至冲突，尤其是当科层逻辑占据主导地位时；其次，两种逻辑在理论上存在互补，但如果将项目竞争场域中地方政府等诸多利益相关者纳入其中，将现实中大量掣肘的因素考虑进来，我们会发现，基于理性设计的完美制度可能因存在内在的悖论以及现实中产生的冲突和妥协等引发诸多意料之外的负面效果。

---

[1] 折晓叶、陈婴婴：《项目制的分级运作机制和治理逻辑——对"项目进村"案例的社会学分析》，《中国社会科学》2011年第4期。

在现实中，对地方政府以及具体的抓包方而言，争取到项目不仅仅意味着获得了解决某一问题的资金和倾斜性政策，而且作为一种符号，项目在被精心包装和改造之后还能够带来超越其自身的附加利益，而很多情况下这种附加利益正是地方政府积极"跑项目"的最大动因。在这个过程中，作为能动的行动者，地方政府会依照自身的实际和具体的情境采取多种途径力争项目，从而形成一种基于自我利益最大化的反控制策略致使项目制偏离预定轨道。从考虑实际情况而言，这种变通可能是一种创新，但从项目制本身而言，这无疑是一种失败。折晓叶与陈婴婴以"项目进村"为案例对项目制分级运作所做的案例研究[①]以及周飞舟以某地义务教育为案例对财政资金专项化的研究[②]就很好地呈现了项目制的运作及其内含的悖论。

总之，从项目制的运作过程和结果来看，其可能并非如决策者理想中设想的那样能够高效地完成其设定的目标，相反，在多种因素的交互作用下，诸如"跑部进钱"、权力寻租、部门之间变异的"锦标赛"、手段与目的置换[③]等诸多意外的负面后果可能由此衍生。[④] 其结果是，随着项目制的广泛推行，其自身的效用与合法性却不增反减。从长远来看，更需要警惕的是，项目制所内含的工具理性以及其技术化的管理取向会产生一种用"项目"治理"项目"的闭合循环，即本意是用来解决某一问题的特定项目反而成为后续项目得以确立的原因及其需要解决的对象，但项目在具体运行过程中会受多重因素尤其是不可控因素的影响，当许多力量、利益以及

---

① 折晓叶、陈婴婴：《项目制的分级运作机制和治理逻辑——对"项目进村"案例的社会学分析》，《中国社会科学》2011 年第 4 期。
② 周飞舟：《财政资金的专项化及其问题：兼论"项目治国"》，《社会》2012 年第 1 期。
③ 黄宗智、龚为纲、高原：《"项目制"的运作机制和效果是"合理化"吗?》，《开放时代》2014 年第 5 期。
④ 周飞舟：《财政资金的专项化及其问题：兼论"项目治国"》，《社会》2012 年第 1 期。

风险汇聚在一起时，一个项目的失败很可能就会引发多米诺骨牌效应，而一连串的项目失败则会引发"系统风险"。①

当然，以上所言并非是完全否定项目制，作为社会转型期渐进改革路线的一部分，项目制有其合理性与合法性，比如，在许多情况下，它能够快速地对某一个问题做出反应，从而突破常规，成为改革的突破口并为进一步推进改革提供"示范"、经验与启示。但其依附于集权体制的根本属性，支持其启动的、过于理想的理念和其在程序和指标方面的日益"精致化"则会不断遭遇现实情况的复杂性和多样性的挑战，并由此引发一系列新的问题和危机。无论如何，作为一种从转型期中国国家治理和社会变革中衍生出的现象和概念，项目制能够帮助我们认识、理解和反思这一领域中的诸多现象，从而为进一步的改革提供一种参照框架。

二 高等教育质量保障中的项目制：演进与基本类型

（一）项目制与中国高等教育质量保障的渊源

改革开放以来，与整个社会领域的转型和变迁逻辑一致，从大一统的集权模式转向以高校依法自主办学的分权模式成为中国高等教育领域最为重要的变化。但是，在国家依然将高等教育视为公共产品和将高校视为国家服务的基础性组织的背景中，政府如何在保持一定限度控制的同时，又能通过一定的途径或运用特殊的手段来推动高等教育改革，成为高等教育政策变革中的一个必须回答的问题。回溯改革开放以来的这段历史，我们发现，和经济与社会领域类似，通过投入专项资金和实施带有重点倾向的政策，以"项目制"的思维和方式来激发和调动高校和高校教师的积极性来提高高

---

① 渠敬东：《项目制：一种新的国家治理体制》，《中国社会科学》2012年第5期；荀丽丽、包智明：《政府动员型环境政策及其地方实践——关于内蒙古S旗生态移民的社会学分析》，《中国社会科学》2007年第5期。

等教育效率和质量是中国高等教育质量保障中一个极为独特的现象。

如果将中华人民共和国成立初期所建立的"重点大学"制度也视为一种国家推动的项目的话，那么高等教育领域中的项目制可谓由来已久。而且，20世纪60年代早期，中央政府就曾进行过在"重点大学"控制招生规模、调整专业设置以及在师资等方面给予倾斜性政策来提高教学质量，继而以之为"样板"来提高全国高校教学质量的实践，[①] 因此，这应该属于比较早的在高等教育系统层面上的高等教育质量保障政策。不过，这种由政府来指定"重点大学"，树立榜样的做法并没有真正对保障和提高高等教育（教学）质量起到多大的促进作用，而且随着政治局势的不断变动，这种最为简单的提高质量的实践也被迫中止。此外，在1983年之前，所谓的全国"重点大学"还主要是一种荣誉性的安排，[②] 其在经费方面并没有从国家财政中得到专项资金支持。[③] 而且，在改革开放之前的总体性社会中，集权而统一的管理体制和高校作为典型的单位制的组织基础也使得政府基本是以行政指令来直接控制高等教育的发展，此时，高等教育经费完全由国家统一拨付，高校尚无办学自主权，与市场竞争机制也处于绝缘状态。因此，早期的"重点大学"政策尽管与以项目制的方式保障和提高高等教育质量不无关联，但这与社会学领域所指的近些年来随着分税制改革而在国家治理中出现的项目制有本质的差别，也与政府应用项目制来保障和提高高等教育质量存在明显的不同。

真正通过项目制的形式和思维来保障和提高高等教育质量始于

[①] 胡炳仙：《权力集中与知识控制："教育革命"时期的中国重点大学政策》，《清华大学教育研究》2008年第4期。

[②] 张国兵：《高等教育重点建设政策研究》，北京大学出版社2010年版，第31—32页。

[③] 胡炳仙：《中国重点大学政策：历史演变与未来走向——基于新制度主义的政策分析》，博士学位论文，华中科技大学，2006年，第41—42页。

20世纪80年代中期。在此之后，经过20世纪90年代的广泛应用以及21世纪以来在高等教育质量工程中的进一步发展，项目制已经成为中国高等教育质量保障的一种主要方式和主要特征。

(二) 高等教育质量保障中项目制的主要类型

1985年，国家教育行政主管部门提出了以"综合定额加专项补助"代替"基数加发展"的高等教育经费分配方案。[①] 1986年10月，财政部联合国家教委共同发布的《高等学校财务管理改革实施办法》对"综合定额加专项补助"这一分配方案给予了确认，为高等教育领域通过项目来保障和提高高等教育质量提供了财政意义上的可能。这一时期的国家重点实验室建设、"863计划"和重点学科评选与建设等诸多高等教育领域中的重大工程和计划都可以视为中央政府尝试在常规的科层体制之内以项目的形式，通过增量改革的方式来保障和提高高等教育质量的宏观政策。但一直到20世纪90年代初期，专项补助份额在整个高等教育经费中所占份额还比较小，[②] 此外，由于这些少量的专项补助也有特定用途，所以项目制还未大规模被政府应用到高等教育质量保障之中。

20世纪90年代开始，随着以财权上移和事权下放为基本特征的国家财政体制改革的推进以及国家经济建设对科技和高层次人才需求的增加，在对高等教育整体投入增加的同时，政府也越来越多地使用专项资金来启动和实施一些重大项目，[③] 以此来保障和提高高等教育质量。正是在这种大规模以项目的方式推动高等教育质量提高的过程中，项目制才逐渐由一种事本主义的技术

[①] 丁小浩、李锋亮、孙毓泽：《我国高等教育投资体制改革30年——成就与经验、挑战与完善》，《中国高教研究》2008年第6期。

[②] 吴合文：《高等教育政策工具分析》，北京师范大学出版社2011年版，第157页。

[③] 马陆亭：《试析我国高等教育投入制度的改革方向》，《国家教育行政学院学报》2006年第7期；丁小浩、李锋亮、孙毓泽：《我国高等教育投资体制改革30年——成就与经验、挑战与完善》，《中国高教研究》2008年第6期。

手段转化成中国高等教育质量保障领域中的一种独特的运行机制。在此之后，始于 20 世纪末的高等教育大众化则进一步将高等教育质量问题史无前例地从教育领域的一个内部问题塑造成了一个困扰整个社会的难题。在这种背景下，中央政府不断出台各种提高高等教育质量尤其是本科教学质量的政策、措施，其中，项目制进一步被广泛运用在中国高等教育质量保障的实践之中，形成了一种从国家到高校乃至院系与学术职业的，全方位、大规模的高等教育质量保障运动。

作为中国高等教育领域中一种独特的高等教育质量保障机制或方式，项目制涵盖了从高校到学科、从科研到教学、从个人到群体以及从教师到人才培养等诸多具体领域或方面。根据实施的时间进程和侧重点不同，我们大致可以将高等教育质量保障中的项目制归为三个类别，即高校—学科维度的项目制、教师—研究维度的项目制以及教学—人才维度的项目制。

1. 高校—学科维度的项目制

如前所述，中华人民共和国成立之后到"文革"之前所开启的重点大学政策可以视为高等教育质量保障领域中项目制的雏形。改革开放之后，国家经济社会发展对人才和知识的渴求迫切要求高等教育能够培养高质量的人才和产出高质量的科研成果，但限于国家财力，在整个高等教育系统依然由政府包揽经费的背景下，政府再次祭出重点大学政策，希望通过在诸如师资配备、招生和专业设置等方面给予倾斜性政策和划拨专项经费来快速提高教学质量、加强科学研究。这种强调以效率为基础的高等教育质量观与通过以倾斜性投入为特征的项目取向的质量保障方式在"七五"和"八五"期间"重中之重"政策之中再次被强化。而 20 世纪 80 年代中期"定额加专项补助"的经费分配方式则赋予了这种项目制以合法化的地位。之后，始于 1987 年的重点学科①评选和建设就延续了这种项目制的思维和方式，不过与前述"重点大学"完全由政府指定不同，重点学科的评选采取了学校申报—主管部门推荐—同行专家评选—教育最高主管部门审核批准的方式②。这种将部分竞争机制和专家淘汰性审核引入重点政策的尝试进一步促进了高等教育质量保障中项目制的发展并在后续的质量保障中得到了广泛推广和应用。

20 世纪 90 年代，在市场经济的影响下，基础学科在教学经费、设备、师资与生源等方面受到不同程度的冲击，面临着基础资源与人力资源衰竭的危机。在这种背景之下，以项目为媒介，以重点投入和建设为特征的基础学科基地政策成为中央教育主管部门用来进行保障基础学科发展的主要手段。从建立国家理科基础学科科学研究和人才培养基地开始，经过不断扩散和传播，文科基地、工科基地、经济学基地、人文社会科学研究基地、大学生文化素质教育基地以及示范性软件学院基地、生命科学与技术人才培养基地、集成电路人才基地等相继建立，③逐步形成了一种以"基地"的方式来解决高等教育领域某一方面质量问题的"惯例"或"范式"。

如果说早期的项目制还带有事本主义特征的话，那么 20 世纪 90 年代初期启动的"211 工程"和 20 世纪 90 年代末期启动的"985 工程"的共同推动之下，项目制已经从一种解决具体的或某一个方面的高等教育质量问题的技术手段上升为一种以项目（工程）思维来进行宏观层面高等教育质量保障的机制。"211 工程"

---

① 1985 年《中共中央关于教育体制改革的决定》中指出，"为了增强科学研究的能力，培养高质量的专门人才，要改进和完善研究生培养制度，并且根据同行评议、择优扶植的原则，有计划地建设一批重点学科。重点学科比较集中的学校，将自然形成既是教育中心，又是科学研究中心"。

② 胡炳仙：《中国重点大学政策：历史演变与未来走向——基于新制度主义的政策分析》，博士学位论文，华中科技大学，2006 年，第 58—59 页。

③ 包海芹：《国家学科基地政策扩散研究》，北京大学出版社 2011 年版，第 38—41 页。

和"985 工程"不仅仅是在名称上与项目制有明显的关联，而且，它们通过设立各种项目的方式，建立了一套在管理机构、专项资金投入与监管以及人员配备、项目立项、考核、评估等紧密联系在一起的、有别于常规科层体系的项目制。在进入全面提高高等教育质量阶段之后，这种项目制依然被中央政府视为强大的政策工具。例如"2011 计划"进一步将全面提高高等教育质量与项目制整合为一个整体。在"2011 计划"中，中央财政设立了专项资金，对经批准认定的"2011 协同创新中心"给予引导性或奖励性支持，要求专款专用。同时，中央政府还要求相关部门、地方、高校在研究生招生、优秀人才计划、公派出国学习和交流等相关资源配置方面以及组织申报国家级科技、文化、人才以及行业重点任务时，给予"2011 协同创新中心"重点和倾斜支持。同时，"2011 计划"还提出要通过公开竞争、绩效评估与问责等实现优胜劣汰。

2. 教师—研究维度的项目制

如果说各种基地、重点学科和重点建设工程等是基础性或物质性的高等教育质量保障条件的话，那么教师则是将这种条件转化成质量的最为重要的人力资源。从这个角度而言，教师恰恰是高等教育质量保障中最为重要的能动因素。和前述的情况一致，为了保障和提高高等教育质量，政府也以项目制的方式对教师实施管理和激励，这种项目制通常以科研课题（项目）和各类高层次人才支持计划为主。

以各级政府相关部门发布的纵向课题（项目）为主的项目制面向全体教师，如"863 计划""973 计划"、国家自然科学基金课题（项目）、国家社会科学基金课题（项目）以及各级政府委托的各类项目（课题）等。各类高层次人才计划和工程面向少数精英教师，影响力较大的有"千人计划""长江学者奖励计划""百千万人才工程""国家高层次人才特殊支持计划"（俗称"万人计划"）

等。这其中又分为面向海外的人才计划和面向本土的人才计划。但无论哪一种类型的项目制，其基本的程序就是由政府设立专项基金、设置专门机构、发布项目指南或评审条件、个人或团队进行申报、政府组织专家评议并根据评议结果择优确定。此外，还有一种与教师和研究密切相关但略有不同的项目制，那就是由各级政府设立的学术奖励。之所以说这也是一种项目制，是因为其产生的过程和上述两类项目制并无多大差异，但其不同之处在于，这种官方的学术奖励以荣誉认可为主，兼有数量不等的专项奖金或津贴。与许多国家和地区特别是欧美相比，以项目制将教师与研究紧密结合在一起的质量保障方式已经成为中国高等教育领域中一种特殊的激励科研产出并希冀以此提高研究质量的主要手段。

3. 教学—人才维度的项目制

教学和人才培养作为高等教育的基础职能一直以来就是高等教育质量保障的核心。早在 1985 年，《中共中央关于教育体制改革的决定》中就明确提出，"衡量任何学校工作的根本标准不是经济收益的多少，而是培养人才的数量和质量。紧紧掌握这一条，改革就不会迷失方向"。同时，在这个以强调改革著称的标志性政策文本中，通过改革教学内容、教学方法和教学制度等来提高教学质量也被确定为一项十分重要而迫切的任务。此后，1993 年的《中国教育改革和发展纲要》也强调要通过教学改革来提高质量。

尽管上述两个重要政策文本都对高校教学和人才培养给予了关注，但是 20 世纪 90 年代市场经济的快速发展还是对高校的教学和人才培养造成了多方面冲击。1993 年，时任国家教委高教司司长的周远清在接受《中国高等教育》杂志社采访时就表达了对高校教学质量滑坡的忧虑，并首次提出了高校教学工作中"四个投入不足"的问题。在这样的背景下，1995 年，国家教委将"面向 21 世纪教学内容和课程体系改革计划"作为我国高等教育教学改革的一项重要工程予以实施。这可能是改革开放以来中国高等教育教学中最早的国家级教学改革项目。这一计划明确提出实施项目管理,而其实施程序和立项程序均表现出项目制的典型特征。在整个20世纪90年代,这一计划与国家教委组织的高等学校本科教学工作水平评价、"国家基础科学人才培养基地"[①]一起构成了致力于提高高等教育教学质量和人才培养质量的三大项目。

进入21世纪后,国家对高等教育质量尤其是本科教学质量表现出了极大的关注。在"面向21世纪教学内容和课程体系改革计划"的基础上,2000年,教育部决定实施"新世纪高等教育教学改革工程"。这一工程延续了之前项目制的运作方式和思维,试图从多个方面以项目的方式进一步推进教学改革。此后,随着高等教育质量问题尤其是本科教学质量问题日益突出,教育部于2001年发布了《关于加强高等学校本科教学工作 提高教学质量的若干意见》,即2001年4号文件。这个政策文本不仅从思想上强调高校要加强本科教学工作,而且还就高等教育质量"提出了更丰富的标准和更详细的数量指标",[②]这显示出政府要进一步将高等教育质量保障的具体事宜纳入工作议程的意图。很快,政府的这种政策意图就在《2003—2007年教育振兴行动计划》中以实施"高等学校教学质量与教学改革工程"的形式表现出来。之后,2005年教育部发布的1号文件(《关于进一步加强高等学校本科教学工作的若干意见》)专门就实施本科教学质量与教学改革工程提出了

[①] 前文虽已将各种"基地"归到学科维度的项目制,但"基地"本身并不仅仅是针对学科的,它也综合了教学改革、人才培养等诸多方面,或者进一步说,它是通过学科来提高人才培养质量的。因此,这种项目制也可以视为综合性的项目制。教育部高等教育司在1998年发布的《关于深化教学改革,培养适应21世纪需要的高质量人才的意见》也提出,"要发挥'基地'点的示范和辐射作用,推动高等教育改革,提高人才培养质量"。

[②] 王友航:《高等教育质量政策的话语策略》,《教育学术月刊》2012年第10期。

16 条意见。

此后，在对前期诸多高等教育质量政策进行"整合、延续和升级"[①]的基础上，2007年，教育部又联合财政部发布了《关于实施高等学校本科教学质量与教学改革工程的意见》（2007年教育部1号文件），在这个文件与之后的2号文件中，建立"七大系统"、实施"六大举措"来实现"九项目标"[②]成为这项规模宏大的质量工程的基本架构。从资金投入、涵盖内容、参与高校数量和影响范围等诸多方面来看，"高等学校本科教学质量与教学改革工程"超过了此前任何高等教育教学质量工程。"十一五"期间，中央财政计划为该项工程投入专项资金25亿元，为历史之最。这一工程涉及中央、地方、高校、院系等多个层级，面向所有本科高校及其教师和学生，最大限度地将政府的政策意愿、高校本科教学工作的重点以及学生和社会的关切进行了系统性整合。"项目"也被2007年1号文件称为"改革的突破口"。政府希望继续通过项目制的方式来"调动广大高校的积极性和主动性，引导高等学校教育教学改革的方向"。2012年，教育部发布了《关于全面提高高等教育质量的若干意见》。这个《意见》从30个方面对提高高等教育质量提出了总体要求，其中我们前述的许多质量工程、计划等都被囊括其中，至此，项目制成为中国高等教育质量保障中一种制度化的保障方式，项目制的思维方式也成为中国高等教育质量保障的一种精神性内涵。

上述三个维度的类型划分并不是严格的类型学意义上的划分，只是一种按照时间和主要面向所进行的简单归类，其中很多项目并非只是包括高等教育质量保障中的某一个方面，因此，不同项目之

[①] 王友航、郝庆：《保障高等教育质量：中国政府在行动》，《高校教育管理》2010年第1期。

[②] 同上。

间会存在交集，而且随着进入全面提高高等教育质量的时代，不同项目之间也出现了整合的趋向。通过对上述这些项目所依据的政策文本及其运作过程中的种种表现，我们发现这些项目在具体实践过程中表现出了一些稳定的特征，而梳理这些特征是理解中国高等教育质量保障以及分析其有效性的基础。

（三）高等教育质量保障中项目制的主要特征

1. 专门性与条线分割

项目在高等教育质量保障中的出现，最初是为了解决教学、人才培养等某一个方面的质量问题，体现了一种典型的事本主义的特性。当然，这种专门性还体现在设立专项资金、设立专门的组织领导机构以及给予特殊的政策倾斜，如一些重点基地会在招生、教师聘用方面享受到特殊照顾。从资金的专门化和政策的倾斜性来看，项目制遵循的是典型的精英主义原则，即将最能够展示成果的项目挑选出来给予重点支持。

虽然我们所接触到的大部分高等教育质量保障项目都属于教育部发起和立项的，但是在很多项目上，教育部仅仅是一个共建的部门，比如有些项目就属于科技部立项。而且，几乎所有的项目都需要通过财政部来分配专项资金并接受财政部门的审核与监督。即使在教育部内部，不同的司局之间也设立并分管不同的项目，从而形成了一种条线分割的项目格局，而项目的资金流向和运作很多时候也受这种条线分割的影响。

2. 层级性与嵌入性

尽管中国高等教育质量保障大量依靠项目制进行运行，但这些项目并不具备同等的地位，如通常而言，"985工程"要高于"211"工程。此外，整个项目制形成了一个从中央政府到地方政府再到高校的金字塔形结构，例如既有教育部人文社会科学研究基地，又有省（市）人文社会科学研究基地，再如国家层面有"长江学者奖励计划",地方层面也相应地有"紫江学者计划""闽江学者计划"等,当然还有从国家精品课程到省级精品课程再到校级精品课程这样的层级性的高等教育质量保障项目。由这种层级性衍生出来的就是项目的重要性一般与层级性呈正相关关系,即层级越高,其重要性也越高,而且在很多情况下,层级性越高,专项资金投入力度也越大,当然,这并不是绝对的,比如在一些比较发达的地域,地方政府对本地区高等教育质量保障中某些项目的支持力度可能会超过中央有关部门的支持力度。

此外,由这种层级性衍生出来的还有项目的嵌入性。纵向来看,很多情况下,层级高的项目往往是由层级低的项目演化而来;横向来看,一般申请新的项目需要由前期的诸多项目作为基础。同时,这种嵌入性还表现在大项目之中嵌套小项目,比如,"本科教学工程"作为一项国家级的重大教学项目,就包括大学生创新创业训练计划、各种实践或实验教学中心、精品资源共享课建设项目等等很多子项目。

3. 竞争性与示范性

作为一种由增量改革逻辑出发而产生的项目制,竞争性无疑是其根本性特征之一。通过查阅各种与工程、计划或项目有关的政策文本,我们就会发现,各种高等教育质量保障项目的立项基本都经过了自上而下的申报与政府组织的专家审核性淘汰过程。而且一般而言,立项的项目在建设过程中还需要经过绩效评估,并根据评估结果进行问责。

在高等教育质量保障中采用项目制一方面是限于经费紧张,因此采用专项资金进行重点投入以提高资金的利用效率;另一方面,政府也希望通过"树典型"的方式,总结经验,为其他没有获得立项的高校树立一个"标杆"。因此,我们在很多与高等教育质量有关的政策文本中都会看到,诸如发挥工程(项目、基地）的示范和辐射作用，进一步推进改革，提高高等教育（教学）质量之类的表述。例如，2011年7月，《教育部 财政部关于"十二五"期间实施"高等学校本科教学质量与教学改革工程"的意见》中就明确提出，"提升人才培养水平必须坚持重点突破，要在影响人才培养质量的关键领域和薄弱环节上，发挥国家级项目在教学改革方向上的引导作用、在教学改革项目建设上的示范作用、在推进教学改革力度上的激励作用和在提高教学质量上的辐射作用，调动地方、高校和广大教师的积极性、主动性，通过重点突破带动整体推进"。

三 中国高等教育质量保障中项目制的实施后果

经过三十多年的改革开放，中国高等教育有了很大的发展，当然，这种发展本身就是一种质量提高的表现。从宏观层面来看，中国高等教育质量的整体提升与政府主导和推动的诸多带有项目制特征的工程和计划存在密切关联。或许正是基于项目制前期所产生的效率和绩效，政府才不断地在高等教育质量保障的各个方面施以项目制的治理方式。如今，这种项目制已经从解决某个问题的技术手段成为政府进行高等教育质量保障的带有制度化特征的治理机制或治理模式。

从形式上看，在这样一种颇具特色的高等教育质量保障范式中，政府可以将高等教育质量中的一系列问题转化成不同性质和不同层次的项目，然后通过设立专项资金和专门的立项程序，以项目的形式发包给直接从事科研和教学的高校甚至一线教师。一方面，项目数量不足以覆盖所有的高校和全体教师；另一方面，项目本身又附带有数量不等的专项资金以及由项目本身带来的政府认可与声誉，这样，一个足以引起竞争的质量市场就被政府理性地设计出来。在理想化的状态之下，高校中带有普遍性质的质量问题可以通过一定的途径被政府获悉,然后政府就可以凭借上述程序以项目制的方式有针对性地对高等教育质量问题加以解决。因此,从理论上讲,这样一种问题解决式的思维方式和质量保障路径不仅富有效率,而且也相当务实。此外,数据统计也似乎支持这一理论推演。例如,2007年年初,教育部与财政部联合启动实施了"本科教学质量与教学改革工程",据2008年年底《中国教育报》的统计,在短短的不到两年的时间里,对照此项质量工程所计划完成的数量指标,"国家级精品课程、人才培养模式创新实验区、国家级双语教学示范课程、国家级高等学校教学名师的完成程度都已经达到了八成;高质量教材和国家级教学团队建设分别以超过预期指标的1000种和300个完成;其他各项内容也都完成了超过五成;只有对口支援教师和管理干部的人数只达到了预期的两成多"。[①] 但是,我们要追问的是:指标的完成甚至超额完成,是否就等同于质量提高了呢?如果是,那我们就是将高等教育质量简单地化约为效率,而忽略了高等教育质量的其他重要维度和内在意义。而如果不是,那为什么项目制又如此富有效率?其效果真的如其决策者和设计者所设想的那样吗?结合"质量工程"之前高等教育质量保障中所推行的项目制的实施情况,可以说,项目制在高等教育质量的输入和输出方面均能够获得超常规的绩效,但是,项目制本身非但完美无缺,而且存在着难以克服的悖论,随着其在高等教育质量保障中的全面应用以及其在技术方面的日臻完善,更多意外的负面效果可能会持续产生。接下来,我们就从政府与高校之间的关系出发,围绕权力、竞争和自主对项目制进行简要的分析,以求对项目制的高等教育质量保障范式有一个更为深入的了解。

---

① 王友航、郝庆:《保障高等教育质量:中国政府在行动》,《高校教育管理》2010年第1期;唐景莉:《坚定迈出提高质量新步伐——高校本科教学质量与教学改革工程实施进展综述》,《中国教育报》2008年11月12日第1版。

(一) 权力下放与权力回收：政府权威的回归

与传统单位制下政府直接插手高等教育质量保障事务不同，项目制的本意之一就是改变政府对于质量保障的权力垄断格局，将质量保障的权力下放给高校，使高校能够自主地进行高等教育质量保障实践。从形式上来看，在新的项目制中，高校的确在高等教育质量保障中拥有了更多权力：它们可以根据自我需要，通过自愿申报的方式来获得用以进行高等教育质量保障的资金与政策支持。从这种意义上来说，项目制打破了政府的一元化的权力格局，提供了一种高等教育质量保障中权力分享的新路径。但是，我们注意到，在实践中，此种类型的权力下放经过项目制的包装反而再次被政府收回，使得政府在高等教育质量保障中的权力经过一种体内循环再度集中起来。

首先，政府是项目的规则制定者和与之相关的资源的拥有者，与质量保障相关的大部分权力都为政府所拥有，院校在项目中仅仅拥有选择权。所以，为了争取项目导向的质量保障所附带的资源与政策，高校只能遵从项目制中统一且标准化的规则，将唯一的选择权以一种"自愿"的方式归还给政府。

其次，在项目制的运作过程中，政府为了防止高校将项目资金挪作他用，详细规定了资金的用途与程序，专款专用使高校不能够自主支配项目资金。同时，由于项目最终也是由政府进行评估，高校在申请到项目之后，只能遵从政府的意志行事。也就是说，高校在理论上只有项目制之外的自由裁量权，而在项目制之内，其权力依然有限。

最后，项目制只是将原有的科层体制一分为二，但并未取代原有的科层制，在通过项目制将权力再次回收的同时，政府还不断通过《通知》《意见》等各种形式要求高校要按照政府既定的要求和路径来提高高等教育质量并且以此来评估其质量保障的效果。因此，这种科层权威的"终极保留"使得高校在高等教育质量保障中只有有限的自主性。换言之，在这种高等教育质量保障方式中，高校往往是高等教育质量保障的客体，而不是具有较高程度自由裁量权的主体。

总之，"项目制在原行政体制之外，形成了一种'项目权力'。这种权力与原行政体制相配合，形成了更为强大的国家权力。"[①] 因此，通过项目制进行高等教育质量保障，与其说给予了高校自主保障质量的权力，不如说政府通过项目制在质量保障中获得了一种新的"霸权"地位。

（二）有限竞争与资源集中：质量保障中差序格局的形成

"项目制"的核心在于上级政府用"项目"及其附带的利益来引导、调动、激励下级政府与项目承包者。[②] 这种通过激励来引发竞争同样是高等教育质量保障中政府采用项目制的一大考量。高校属于典型的资源依赖型组织，因此在政府看来，通过资源这一杠杆可以引导高校按照政府对于高等教育质量问题的判断与路线来进行质量保障，而项目制恰恰可以用少量的资源来调动高校进行质量保障的积极性。此外，由政府主导的各种质量保障项目不仅仅包括专项资金等配置型资源，还包括荣誉与国家认可等权威性资源[③]，因此，对于声誉最大化的追求也会驱使高校努力竞争各种质量保障项目。这样，通过设立各种质量保障项目并建立一套竞争规则，政府就在其科层体制之内理性地设计出了一个"竞争性的专项投资市场"[④]。

---

① 渠敬东：《项目制：一种新的国家治理体制》，《中国社会科学》2012年第5期。
② 黄宗智、龚为纲、高原：《"项目制"的运作机制和效果是"合理化"吗？》，《开放时代》2014年第5期。
③ 吉登斯在《社会的构成》一书中将资源分为两类，一类是配置型资源，一类是权威性资源。参见［英］安东尼·吉登斯《社会的构成：结构化理论大纲》，李康、李猛译，中国人民大学出版社2016年版。
④ 郭海：《大学内部财政分化》，北京大学出版社2007年版，第97页。

但是，在这样一个由政府精心构建的项目市场中，并不是所有高校都能够平等地参与竞争。一方面，各种与高等教育质量保障有关的项目均附加有配套资金的要求，因此，只有那些能够提供匹配资金的高校才有资格参与竞争，而从实际情况来看，这些高校一般都是"985 工程"高校和"211 工程"高校以及一些位于经济发达地区的省属重点高校，而一些恰恰急需政府专项资金来提高质量的高校却因难以提供匹配的资金而不得不选择放弃参与竞争的机会；另一方面，出于"树典型"的考虑，政府也倾向于将一些重点项目投入到政府认为能够起到"示范"作用的高校中去。[1] 因此，高等教育质量保障中的"项目市场"是一种带有精英主义倾向的、有选择的市场，其中的竞争也是有限的和不充分的。

总体来看，通过隐含有竞争意味的项目制，政府构建起来一种高等教育质量保障的差序格局，即精英大学因其在资源、声望等方面的优势能够参与重大项目的竞争并从竞争中获胜，而一般的高校虽然有竞争的需求和愿望，但限于种种不利条件最多只能获得少量具有象征意义的项目。这样一来，有限的竞争就造成了与高等教育质量保障相关的大量资源往往集中到精英大学，并由此形成了一种经过政府选择和过滤的"马太效应"。更为值得警惕的是，项目制这种看似公平合理的机制，不可避免地在高等教育质量保障系统中塑造了以行政地位与行政权力为中心的、内外有别的差序格局。

（三）质量提高与质量异化：双重体制的意外后果

各种与高等教育质量保障项目相关的政策文本无不宣示通过项目的实施来改善保障和提高高等教育质量的条件，激发高校和教师的积极性，鼓励高校和教师将更多精力投入到高等教育质量提高上

---

[1] 例如，与"211 工程"院校遴选中将政治过程与专家评审（淘汰性评审）结合起来不同，"985 工程"院校的产生则是政治过程与非公开竞争（专家非淘汰性审核）方式运作的结果。参见陈学飞《理想导向型的政策制定——"985 工程"政策过程分析》，《北京大学教育评论》2006 年第 1 期。

来。不可否认，在项目制的推动下，经过多年的努力，中国高等教育的整体质量已经有很大的提升。通过专项投资和建设，中国大学在世界大学排行榜中的表现也越来越好，与此同时，科研论文在数量和质量上也有了大幅提升，各类高层次人才不断涌现，似乎通过项目制来保障和提高高等教育质量已经成为中国高等教育质量保障的一种优势。

但是，现实中的种种情形也表明，高校和教师在争取各级政府设立的名目繁多的项目的过程中，往往将立项本身等同于质量，并基于项目的等级与资金支持力度来评判高等教育质量的高低。这种效率优先的项目制在忽略项目建设的过程与实际效果的同时，窄化了我们对于高等教育质量的理解，无可避免地造就了单向度的质量观。另外，尽管很多质量政策要求通过绩效评估对质量保障项目进行优胜劣汰，但是，政府作为项目管理者和项目评价者的双重身份，使得政府出于政绩与合法性的考虑不可能对项目本身进行严格的问责。此外，在将项目等同于质量并因此影响高校声誉与后续资源获取的背景下，对于项目的争夺往往为权力寻租或不正当的利益交换提供较大的可能性。"人情社会"与"关系社会"的传统以及相关制度的漏洞事实上则为这种异化的竞争提供了运作的空间。

总之，与高校提高质量紧密相关的项目制在弱化科层体制直接控制的同时也通过新产生的"项目权力"进一步强化了高校与国家之间的利益关联，由此形成了一种以行政指令为特征的科层官僚体制与以市场竞争为导向的项目体制混合运作的双重体制。"大学在双重体制中办学，极易滋长办学投机行为——既想规避市场风险又要获得市场配置和政府配置资源的好处。这就给大学领域违背办学规律的办学行为甚至腐败和寻租行为提供了制度空间，导致大学竞争成为非完全市场竞争，严重的就会出现大学竞争异化，从而使大学竞争成为脱离办学质量的无序竞争甚至不公平竞争。"① 换言之，通过在高等教育质量保障中推行项目制，高校在积极推行高等教育质量保障的同时又以一种"主动回归"的方式进入了政府所支配和经营的质量保障的场域之中。项目驱动的质量保障方式虽然通过引入一种竞争机制激发了高校进行质量保障的动力，缓和了单一而直接的行政干预与院校自主发展之间的矛盾并在某些特定时段缓解了质量问题，但从本质和长远而言，这种以行政权力为主导，以市场为手段的机制与现代大学制度之间存在着难以调和的矛盾和冲突，会衍生出诸多意外后果，从而降低质量保障的有效性。

第三节 体制化的技术治理：中国高等教育质量保障的运行机制

一 技术治理的兴起及其内涵

对于社会结构变迁的研究一直是社会学研究中的重要议题。1949年之后，为了巩固新生的政权，除了通过意识形态的控制来建立观念合法性之外，新中国在中国共产党这个革命性政党的领导下，还通过强有力的政治权力将经济和社会诸领域中的人力管理和资源配置权完全置于国家的控制之下。在这种一元化的权力支配格局中，社会的自主空间和个人的选择被大一统的体制所吸纳。一些社会学学者将这种"弱社会—强国家"以及个人生存与发展乃至身份的确立均需仰仗国家权力的社会称为"总体性社会"。② 在"总体性社会"中，国家具有极大的自主性，而社会和个人均需依附于国家而存在。在缺乏制衡的权力格局中，虽然国家可以凭借其霸权

---

① 张应强：《从完善大学制度来抓高等教育质量》，《大学教育科学》2012年第5期。
② 孙立平等：《动员与参与——第三部门募捐机制个案研究》，浙江人民出版社1999年版，第2—7页。

地位在短时间内获得超常规的绩效并因此获得一元化统治的合法性，但是社会和个人自主空间的不断压缩使得整个社会的日常运作因缺乏动力而不断趋向保守和退化。这时，只有通过恢复社会和个人的自主性，约束实施"总体支配"的国家权力，整个社会才能继续运转。

改革开放之后，同样是出于维护政权合法性的考虑，中国进行了多方面的体制改革。改革的基本路径就是国家放开全面垄断的资源，通过市场的自我调控来实现资源的合理流动和配置，并由此培育社会和个人的自主活动空间。经过一系列的权力调整和制度变革，国家权力从诸多领域中退出，不再完全控制社会的整体运行。随着国家总体支配型权力的弱化与分解，社会组织和个体开始与国家分享权力，市场机制的引入则进一步将社会组织和个体从对于国家的完全依附关系中部分解放出来。这种经过变革之后的社会被称为"后总体性社会"。可以说改革开放以来，中国社会的总体变迁轨迹就是由"总体性社会"转型到"后总体性社会"。[①]

如果说总体支配是"总体性社会"的核心特征及其运作机制，那么"后总体性社会"中与之对应的核心特征和运行机制是什么呢？在国家治理领域，渠敬东等一些中国社会学学者从"双轨制""分税制"和"科层制"三个维度出发，对改革开放以来中央政府与地方政府以及社会经济各领域之间在不同发展阶段所形成的结构关系和相互作用机制进行了梳理、概括和总结。他们认为，中国的国家权力已经由改革开放之前的"总体性支配权力"转化为一种"技术化的治理权力"，即国家在实现自身管理目标时，其管理技

[①] 孙立平等：《动员与参与——第三部门募捐机制个案研究》，浙江人民出版社 1999 年版，第 8—18 页。

术、治理手段正在变得越来越"技术化"。① 这就是由他们提出并在社会科学领域引起广泛关注的"技术治理"。这一概念框架包括两个方面：其一，中央政府在保持"压力型体制"的前提下，对地方政府加强了基于目标责任制的行政问责。在给予各行动主体自由空间的同时，中央政府还将多重量化指标引入政府绩效考核，从而使政府的行政管理通过明晰责任和指标细化变得更为理性化。其二，分税制改革以来，随着中央财政专项转移支付力度的加强，"以项目管理为中心的政策、制度、法规和实际运作方式迅速发展起来"，出现了政府通过经营注重数量化与工具理性的项目的方式来发展经济和进行社会建设的总体趋向。②

总之，"技术治理"是指政府虽然已经放弃了对整个社会的总体支配型的统治方式，但其自身并未从社会领域中完全退出，而是通过自身的理性化进而在经济和社会诸领域强化了数量化和指标化的治理方式。这意味着，政府凭借自身强大的资源吸附和资源配置能力，与市场机制相结合，已经运用多种技术性手段对社会进行治理。在这里，有几点需要注意：首先，技术治理是从国家或政府的角度出发提炼而来，它指向的是政府的治理行为；其次，技术治理旨在释放基层主体的活力从而提高治理绩效，其手段更为理性化和专业化；再次，政府作为技术治理的发起者和实施者，在这一过程中，其权力并未消退，而是以隐蔽的形式来发挥主导作用；最后，也是最需要指出的是，技术治理指的是国家在不改变根本制度框架的前提下，通过局部的政策调整来应对错综复杂的社会问题，这是技术治理的实质。

---

① 渠敬东、周飞舟、应星：《从总体支配到技术治理——基于中国 30 年改革经验的社会学分析》，《中国社会科学》2009 年第 6 期。

② 同上。

二 高等教育质量保障中的"体制化的技术治理"

（一）从技术治理到体制化的技术治理

与整个社会领域的转型轨迹一致，中国政府在进行高等教育质量保障的过程中同样采取了技术治理的方式。与其他国家和地区高等教育质量保障中"市场为体，计划为用"的"准市场化治理"模式不同，技术治理取向的高等教育质量保障方式本质上属于"类市场化治理"模式①，具有"计划为体，市场为用"的典型特征。这种技术治理取向的高等教育质量保障方式内嵌于中国独特的高等教育体制，经过多年实践，这种方式已经成为中国高等教育质量保障的一种特殊"惯例"和"范式"，或者说已经制度化为一种稳定的集体行为和制度传统，我们可以称其为"体制化的技术治理"。

具体而言，体制化的技术治理是指，在国家高等教育制度框架基本保持不变的情况下，政府通过行政指令要求高校遵从政府设计的高等教育质量保障的基本方向和基本路径，同时又以行政权力主导的动员式评估与项目制来影响甚至决定高校具体的质量保障行为。可以说，体制化的技术治理继承了总体支配的某些特征，又纳入了市场竞争的某些特点，属于一种特殊的、混合型的高等教育质量保障方式。在这种模式中，政府与高校并非平等的质量保障主体，政府有权力随时介入和改变高校的质量保障进程，而高校则需要服从政府有关高等教育质量保障的相关指示和安排。

（二）体制化的技术治理的基本结构

在前文中，本研究从"行政动员"与"项目制"两个视角对中国高等教育质量保障进行了描述和分析。但需要指出的是，这两

---

① 张应强、张浩正:《从类市场化治理到准市场化治理：我国高等教育治理变革的方向》，《高等教育研究》2018 年第 6 期。

种方式或路径不是完全独立的，而是相互渗透且相互支撑的，即"行政动员"与"项目制"本质上都属于技术治理的范畴，是技术治理这一"体"的"两面"，也是"体制化的技术治理"的两种表现和两个核心向度。行政动员和项目制具有内在逻辑上的一致性，并在很多方面具有相似性。

首先，从起源来看，在中国高等教育质量保障中，无论是"行政动员"还是"项目制"，其决策者、发起者、实施者和评估者都是国家教育行政主管部门。进而言之，这两种方式不是中国高等教育系统自发的或自然演进的结果，而均是由政府在特定情境之下主导并主动设计的产物，是政府对高等教育质量保障进行理性设计的结果。

其次，从外在形式上看，无论是在行政动员式教学评估中，还是在强调竞争的项目制中，政府在高等教育质量保障中不再凭借"赤裸裸的权力"进行完全且直接的行政干预，而是通过"合法化的权力"来影响高等教育质量保障的目的、内容与方向。但权力的变化并不意味着权力的退出，相反，无论是在动员式评估中，还是在项目制中，行政权力通过"遥控"的方式进一步强化了对高等教育质量保障的控制。

再次，从看待和解决高等教育质量问题的思维方式来看，两者都秉持线性思维方式。尽管具体路径有所不同，但两者均把质量问题归结为高校的"不作为"，进而通过动员和"类市场化"竞争的方式介入质量保障过程的全过程，试图通过直接问责和竞争促使高校保障并快速提高质量。

最后，行政动员和项目制是相互嵌套的。项目制不仅"绕开了常规的行政程序"，由掌控项目的部门直接进行行政发包，以实现发包部门的意志，而且它通过"提供非常规的增量资源"，最大限度地调动了抓包方的积极性,① 因而,项目制取向的高等教育质量保障在运行过程中也带有典型的行政动员的特征,成为一种类似于教学评估运动的项目运动。同时,项目的示范效应、"标杆"、"先进带动落后"等也是行政动员思维②在高等教育质量保障中的投射。换言之,项目制同中国高等教育集权传统中的组织资源紧密地结合在一起,使得项目制本身也具有了强有力的组织动员能力。③

总之,行政动员式评估在某种意义上也是一种质量项目或质量工程,准确地说,是一项由政府行政权力主导的综合性的大型质量项目,而项目制在实施和运作过程中也广泛融入了行政动员的因素,因此从某种程度上说,项目制本身也是行政动员的一部分。换言之,在中国高等教育质量保障场域中,行政动员和项目制具有内在一致性,两者嵌套在一起,共同产生一种交互作用,其结果是,行政动员式的质量保障与项目驱动型的质量保障在交互作用的过程中,逐渐定型为一种以行政动员为主导,以项目制为外显形式的、技术治理取向的高等教育质量保障模式。

三 中国高等教育质量保障中技术治理的哲学基础与双重后果

(一) 体制化的技术治理的哲学基础

1. "立法者"和"园丁":技术治理中的政府角色和身份

在现代高等教育质量保障中,政府作为重要的利益相关者,不是可有可无而是不可或缺,区别在于政府扮演何种角色以及以何种身份介入高等教育质量保障。和全能型政府时期政府对高等教育质

---

① 陈家建:《项目制与基层政府动员——对社会管理项目化运作的社会学考察》,《中国社会科学》2013 年第 2 期。

② 折晓叶、陈婴婴:《项目制的分级运作机制和治理逻辑——对"项目进村"案例的社会学分析》,《中国社会科学》2011 年第 4 期。

③ 郭建如、周志光:《项目制下高职场域的组织学习、能力生成与组织变革》,《北京大学教育评论》2014 年第 2 期。

量和高等教育质量保障的直接控制和完全垄断不同，在中国现代高等教育质量保障体系中，政府不再"全能"，也不会"寸步不离""完全支配"，但也并未实质性退出，而是通过"适度松绑"进行多维监管和远程控制。中国高等教育质量保障的实践表明，政府在中国现代高等教育质量保障体系的建立过程中集发起者、设计者、推动者、实施者、评估者等多种角色于一身，全方位参与了中国高等教育质量保障的制度化进程。在这个过程中，"无限且全能型政府"转型为"有限但全面型政府"。具体来说，政府借助自身强大的行政动员能力，以指标化的形式、数量化的计算方式和半公开的问责制，将"计划"和"市场"整合为一套柔性但强有力的"技术治理"机制。这种机制经过长时间的积淀内化为中国高等教育质量保障的独特精神气质。需要指出的是，从"总体支配"到"技术治理"的转型只是促使政府角色日趋多元化，但并未导致政府在高等教育质量保障中身份的实质性变迁。事实上，政府依然是中国现代高等教育质量保障体系的"立法者"和"园丁"。

政府的这种"立法者"身份是由其"对权威性话语的建构活动而生成，这种权威性话语可以对各种争执不下的意见和纠纷进行仲裁，作出抉择，并最终决定哪些意见是正确的和应该被遵守的"[①]。这种权威性话语是一种典型的支配型权力思维方式的投射，它从根本上影响并塑造了政府的行为和行动，构造了一个以政府行政权力为核心和中心的高等教育质量保障场域。在这个场域中，政府通过"行政为体，项目为用"的技术治理方式对什么是高等教育质量进行统一界定和集中化的表达，同时对如何保障和提高高等教育质量进行"精心设计"。在政府看来，高校位于质量保障的"前线"，是保障和提高质量的关键行动者，高校只要能够遵照政府规

---

① [英]齐格蒙·鲍曼：《立法者与阐释者：论现代性、后现代性与知识分子》，洪涛译，上海人民出版社2000年版，第5页。

定的方向和设计的路线就能够应对质量问题并最终提高质量。换言之，在这种"体制化的技术治理"模式中，政府自认为是高等教育质量的真理代言人和最为恰当的引路人。政府的这种自我认知、定位和行动是其在不改变基本的高等教育质量（保障）哲学的前提下进行有限政策调整的必然结果。

2. 现代型世界观：技术治理的哲学基础

"立法者"或"园丁"是一种典型的现代性隐喻，也是现代性叙事的必然结果。政府成为高等教育质量（保障）的"立法者"，是政府以现代型世界观为哲学理据，借助行政动员和项目制进行自我形塑的产物。具体来说，技术治理取向的高等教育质量保障是，政府秉持本质主义的质量保障观，以建构论理性主义作为认识论基础，在工具理性和规范伦理的导引下，采取还原论的方法进行高等教育质量保障体系建设并据此保障和提高高等教育质量。

本质主义的质量保障观认为，质量虽然千变万化、难以捉摸，但质量问题的产生有其内在规律，在这一规律的基础上存在一个理想的高等教育质量保障模式。在政府看来，这个理想的高等教育质量保障模式为保障和提高高等教育质量提供了统一的秩序，是保障和提高质量的支点。在这种理念的支配下，政府确立了其在标准化高等教育质量保障体系建设中的绝对主体地位。政府乐观地认为，凭借理性的力量不仅可以破解高等教育质量的"密码"和掌握高等教育质量保障的规律，而且能够凭借自己的权威和掌控的资源，为保障和提高质量设计一个"自由竞争"的高等教育质量保障市场。在这样一个市场里，政府有权力、有能力对高等教育质量保障实践进行全过程和全方位的监督和控制。由于政府高调宣称并寄希望于高等教育质量保障体系来解决质量问题，利益相关者"对于质量的关注"就逐渐被政府"对于质量保障的关注"所替代，如何设计和经营一种"理性且有效的"高等教育质量保障体系成为政府高等教育质量政策的核心。为了建立统一的高等教育质量保障体系，政府一方面构建了质量保障体系与质量保障之间的线性因果关系，另一方面将高等教育质量保障还原为一系列项目、指标和数字并赋予其不同的权重，试图通过计算各高校在高等教育质量保障上的"分值"来促进竞争，进行比较，使质量"清晰可见"。

总之，"园丁"或"立法者"的身份根植于一种典型的现代型世界观①。在这种世界观中，世界被认为是"一个有序整体，有规律可寻，前景可测，过程可控"，立法者"只要按照理性的原则，遵循正确的程序，获得客观的知识，就可以有效地控制这个世界"。② 事实表明，"典型的客观实在论的知识观"或者说哈贝马斯所说的"实证—分析"的知识观为确立政府在高等教育质量保障中的"园丁"或"立法者"身份奠定了理念上和认识上的基础③，这种知识观背后隐藏的是一种"对客观化过程加以技术控制"的认知旨趣。④

（二）体制化的技术治理的双重后果

技术治理取向的高等教育质量保障方式加快推动了国家高等教育质量保障体系的建设。很难想象，如果没有政府的强力介入和推动，处于内部规模急剧扩张与外部国际化和市场化相互激荡境遇中的中国高等教育质量会是一番怎样的图景。事实表明，技术治理的方式为中国高等教育质量保障体系建设和实践提供了充足的外生动力，使得规模扩张和质量保障同频共振。在这个过程

---

① ［英］齐格蒙·鲍曼：《立法者与阐释者：论现代性、后现代性与知识分子》，洪涛译，上海人民出版社2000年版，第6页。
② 王宁：《知识分子：从立法者到阐释者》，《读书》1992年第12期。
③ 卢乃桂、操太圣：《立法者与阐释者：大学专家在"校院合作"中角色之嬗变》，《复旦教育论坛》2003年第1期。
④ 曾荣光：《从教育质量到质量教育的议论——香港特区的经验与教训》，《北京大学教育评论》2006年第1期。

中，工具理性成为主导性的制度伦理，效率成为技术治理的重要价值取向和表征。但是，效率并非判断高等教育质量高低[①]与评估高等教育质量保障有效性的全部维度，而如何能够在高等教育质量保障过程建构一个自由、公平且能够可持续运作的质量保障秩序才是决定高等教育质量保障能否最终提高高等教育质量的根本准则。

在技术治理取向的高等教育质量保障中，高校和学术人员往往将获得质量保障项目的数量和等级以及各个级别的官方认可等价于高等教育质量。如此一来，利益相关者就不可避免地将工作焦点和重心放在高等教育质量保障场域中"无休止的"竞争上。在这样一场"钓鱼式的""残酷的"竞争中，高等教育质量保障所附带的各种"标签"成为竞争的筹码和对象，高等教育质量则成为"缄默的存在"，目的和手段倒置，评判质量的话语权被政府牢牢控制，功利性的高等教育质量保障心态逐渐演化为一种可怕的质量文化。

在体制化的技术治理中，凭借行政动员和连续的项目输入，政府将权力之手伸向了每一个与之关联的场域，强化而非弱化了其在高等教育质量保障中的角色、地位和作用。例如，有研究指出，通过本科教学评估，政府维持了其在高等教育系统权力等级中的主导地位。[②] 其结果就如道格拉斯所言，"在某些情况下，教育部试图改革中国大学还是产生了积极的效果；但是这种中央指令的文化制约

---

① 例如，尼克尔（Nikel）和劳（Lowe）就从动态的角度将教育质量分解为有效性（effectiveness）、效率（efficiency）、平等（equity）、回应性（responsiveness）、相关性（relevance）、反思性（reflexivity）与可持续性（sustainability）七个维度。参见 Nikel, J., Lowe, J. Talking of Fabric: A Multi-dimensional Model of Quality in Education [J]. Compare: A Journal of Comparative and International Education, 2010, 40 (5): 589 – 605。

② Li, L. L., Lai, M. H., Lo, N. K. Academic Work within a Mode of Mixed Governance: Perspectives of University Professors in the Research Context of Western China [J]. Asia Pacific Education Review, 2013, 14 (3): 307 – 314.

着由院校驱动的更有效的质量评估和质量改进活动。"① 也就是说,政府的责任伦理只关注质量保障过程中的"技术合理性"而忽视其"价值合理性",从而使质量保障在实践中陷入"正当性"的危机。②

总之,体制化的技术治理以项目为依托,依靠行政动员来诱导或迫使高校及学术人员追求政府提出的、具有高显示度的项目或任务,其优势在于通过行政权威或行政权威设计的竞争法则能够迅速地将"典型"挑选出来,以表征质量的卓越并激发更多的组织与个人效仿并跟进。事实表明,政府通过技术治理的方式,促使越来越多的组织和个人将精力和行为投入到政府设定的质量保障轨道上来。但从本质上来说,这种技术治理的方式还属于单向度的行政问责或者依附于行政权威的市场问责。尽管这种问责在质量信息公开,促进质量保障政策的落实,监督高校和学术人员外显的质量行为等方面不无道理,甚至不无绩效,但其无法激发高校和教师基于内在驱动力的质量改进行为。换言之,政府订立以指标、数字、等级划界为核心的"标准"并辅以"监测问责"的方式,精心构建了一个以政府行政权力为制高点的"全景敞视的质量控制场所"。③在这样一个场所或场域中,政府将高等教育质量实践几乎完全置于权力(行政权力以及由此主导的动员机制)和金钱(政府发起的各种项目制中的专项资金)交织而成的"操控系统"的逻辑④之下。

总之,在技术治理取向的高等教育质量保障中,质量和质

---

① [美]约翰·奥布雷·道格拉斯:《中国研究型大学的未来:领导者还是追随者?》,徐丹、蒋扇扇译,《大学教育科学》2014年第2期。
② 唐小俊:《教育改革路径的反思与超越——基于社会行动伦理的思考》,《教育发展研究》2013年第9期。
③ 王友航:《高等教育质量政策的话语策略》,《教育学术月刊》2012年第10期。
④ 曾荣光:《从教育质量到质量教育的议论——香港特区的经验与教训》,《北京大学教育评论》2006年第1期。

量保障均不是"自发的"或"自然演进"的结果,而是一种被政府以公共利益为名而精心谋划设计的产物。在这样一个"精致"的场域中,质量被行政权威化约为一整套可以测量的指标和数字,而有关质量的本真意义则被"悬置"甚至"无视"。由此,政府全面提高高等教育质量的意图和行为,在这种技术治理的规训和引导下最终异化为政府对于高等教育质量"柔性但全面"的控制。其结果是,以政府意志为导向的、单向度的高等教育质量观成为高等教育质量保障的"黄金准则",以地方性知识和多元价值诉求为基础来提高质量或进行创新的可能性被扼杀。

第 四 章

体制化的技术治理的实践
逻辑与后果

　　高校是介于国家和教师之间的中观层面的组织机构，其在高等教育质量保障中的角色不仅关系到国家高等教育质量保障政策的落实，而且也关乎教师日常的高等教育质量实践及其对高等教育质量保障的认知。在这一部分，我们首先考察高校在高等教育质量保障中的角色以及高校内部的质量保障行为。其次，通过对大学教师的访谈来分析这种"体制化的技术治理"模式的高等教育质量保障的实践逻辑是什么，教师是如何看待与应对的。最后，总结和讨论"体制化的技术治理"对高等教育质量保障实践造成了何种后果。为深入讨论上述议题，这一部分主要围绕本科教学质量保障而展开。这一部分使用的材料主要包括：案例大学（H 大学）2002—2014 年的相关政策文本、措施以及笔者对教师的深度访谈。

第一节　体制化的技术治理与高校
内部质量保障

　　通过对宏观层面的高等教育质量保障的观察，我们发现，无论是行政动员还是项目制要合法化地从国家层面进入高校，均需借助相关政策文本。政策作为一种价值的权威分配，它将不同行动者置于不同的位置并通过政策话语的言说和其潜在的利益分配制造了一种以政策制定主体为中心的权力格局。

在中国高等教育领域中存在和政治领域中类似的"下管一级"的体制和运作模式，因此，在国家教育行政部门推出各种质量保障项目和政策之后，地方政府[①]和高校也予以跟进，[②] 将国家政策与本地或本校情况进行关联，出台院校层面如何提高高等教育质量的本土化政策。在前文有关本科教学评估的案例中，这一点表现得很清楚，即当国家教育行政部门的要求传达到高校以后，高校会通过任务分配的形式层层下传，直抵最基层的学术单位和与教学评估相关的个体。从高校的角度来看，面对国家教育行政部门出台的质量保障政策和由其推动的质量保障项目，高校一方面高调保持其与国家高等教育质量保障政策与计划一致的立场和行动；另一方面，高校广泛动员校内的组织和个体积极参与由国家主导的高等教育质量保障项目，并通过激励与问责的方式建构高校内部质量保障体系。

一　本土政策与行动：高校内部质量保障中的政府在场

（一）高等教育质量保障中的"府学同构"现象与"影子质量"

与西方具有成熟的现代大学制度的国家和地区相比，中央政府在高等教育领域中存在明显的角色悖论，一方面，中央政府积极推动高等教育改革，努力扩大高校办学自主权；另一方面，教育行政主管部门又不断通过《意见》《通知》《计划》等各种文件来对高

---

① 赵婷婷等：《北京高等教育质量状况的实证研究》，《清华大学教育研究》2008 年第 2 期。

② 由于本研究选择的是一所教育部直属的"985 工程"大学，因此，尽管地方政府的质量保障政策也会对高校内部的质量保障行为产生影响，但是，本研究主要以中央教育行政主管部门与高校在质量保障中的关系为重点进行考察，对地方政府的政策与行动仅在必要时提及。

等教育进行控制和干预。和整个国家治理领域中存在的"文件治国"[①]现象一致，文件治理也是中国高等教育质量保障领域的一大特征。从前文对高等教育质量政策的简要回顾中，我们不难看出，高等教育质量不仅被改革开放之后的各种重大教育政策文本所关注到，同时，中央政府还不断以"改革"的名义制定由教育行政主管部门主导的各种高等教育质量保障政策与行动计划。显而易见的事实是，积极响应国家质量政策与行动计划成为所有高校共同的选择。

2002年3月，在教育部下发2001年4号文件《关于加强高等学校本科教学工作提高教学质量的若干意见》之后，H大学就根据这个文件制定了《H大学关于加强本科教学工作提高教学质量的实施意见》，[②]将本科教育质量与本校的定位与发展目标结合起来，提出"建立和落实校和院（系）两级本科教学质量责任制，将本科教学质量纳入各单位年度工作考核内容"。此后，2002年10月，为了落实上述这两个文件中关于提高本科教学质量的意见，H大学又制定了《H大学院（系）本、专科教学工作评估方案（试行）》[③]。2005年，为了迎接首轮本科教学评估，H大学在这一方案的基础上重新制定了新的院（系）评估方案，即《H大学院（系）本科教学工作评估方案（试行）》[④]。

笔者查阅十余年来H大学的相关政策文本时发现，每当国家高等教育质量政策有调整，H大学就会相应地调整其院（系）评估方案，而且这种调整的频率非常高，平均每两年进行一次。换言之，通常情况下，高校层面的重大高等教育质量政策基本上都是积极响应国家宏观政策的结果。一位接受笔者访谈的H大学的教学管理人

[①] 李林倬：《基层政府的文件治理——以县级政府为例》，《社会学研究》2013年第4期。
[②] H大学校发【2002】8号文《H大学关于加强本科教学工作提高教学质量的实施意见》。
[③] H大学校教【2002】39号文《H大学院（系）本、专科教学工作评估方案（试行）》。
[④] H大学校教【2005】37号文《H大学院（系）本科教学工作评估方案（试行）》。

员就用"上有政策,下有对策"来描述这种自上而下的政策执行过程。当然,这里的"上有政策,下有对策",准确地说,是一种"上行下效",即高校落实和仿照国家高等教育质量政策出台院校质量政策和行动计划。

从横向比较来看,这种以国家高等教育质量政策为基准来制定本校质量政策的现象不是单个高校的行为,而是几乎所有高校普遍的行为模式。从历时性角度来看,高校的这种行为也不是偶尔为之,而是经过长时段的积累,成为一种相对稳定的和不断再现的行为模式。此外,从实践中我们还可以观察到,国家高等教育质量政策与高校质量政策在形式和内容上均具有很强的同质性。例如,我们通过比较H大学历年的院(系)评估方案会发现,国家高等教育质量政策以及本科教学评估的关注点构成了H大学院(系)评估的基本框架和主要观测点。诸如各级教育行政部门立项的精品课程(视频公开课、精品资源共享课程等)、教学成果奖、教学改革项目、特色(品牌)专业建设、各类学科竞赛和科技成果奖等都被H大学纳入其院(系)评估体系并被赋予较大权重。从H大学历年院(系)评估的指标调整和变迁中,我们观察到,当具有高显示度的政府质量保障项目出台之后,H大学就会将其加入指标体系,而当项目终结时则将其从指标体系中剔除。高校内部质量保障政策与国家高等教育质量保障政策的同步性不仅使其质量保障与国家质量保障在结构和行为模式上具有较强的同质性,而且导致高校潜在地将获得教育行政主管部门主导的各类项目简单地等价于质量,这样一来,高校对于高等教育质量的认识和行动就成为政府高等教育质量观的影子,从而产生了一种"影子质量"。

(二)高校本科教学质量保障:体制化的技术治理的再现与重构

在教育部2001年4号文件《关于加强高等学校本科教学工作

提高教学质量的若干意见》、2005 年的 1 号文件《关于进一步加强高等学校本科教学工作的若干意见》以及首轮本科教学评估的影响下，国家进行高等教育质量保障的意志和政府的权力逐步渗透到高校内部质量保障体系建设的过程之中。前文对首轮本科教学评估的案例分析展示了政府的行政权力是如何通过各种动员机制进入高校场域中的，那么项目制是如何进入高校的呢？

1. 行政动员与高等教育质量政策的本土化

如前所述，从宏观层面而言，中央政府在推行本科教学评估的同时还通过设立各种国家级的质量保障项目来推动院校保障和提高高等教育质量。与科层制按部就班的常规治理方式相比，"项目制突出的特点是高位阶的政府以项目形式，将某个领域整个系统从上到下各层级紧密地联结起来，将该系统的注意力和资源投入在特定项目上，打破常规的层级管理和政策约束，实现某种特定的目标，通常具有很强的资源吸附力和动员能力。"[①] 国家层面的项目制主要通过行政动员和政策的本土化两条路径进入高校。

2006 年，为了响应国家高等教育质量政策的要求，H 大学就提出了"一流本科，一流教学"的本科教学质量目标。2007 年，在教育部、财政部《关于实施高等学校本科教学质量与教学改革工程的意见》和教育部《关于进一步深化本科教学改革 全面提高教学质量的若干意见》发布之后的 4 月 5 日，H 大学就发布了《关于开展教育思想大讨论，全面实施本科教学质量工程的通知》，要求在全校范围内围绕"质量工程"开展教育思想大讨论。此时正值 H 大学接受教育部首轮本科教学评估期间。5 月 23 日，在 H 大学二届二次教代会上，校长围绕"办尽可能好的教育"作了《学校工作报告》，在这一报告中，校长强调要认真开展"教育思想大讨

---

① 郭建如、周志光：《项目制下高职场域的组织学习、能力生成与组织变革》，《北京大学教育评论》2014 年第 2 期。

论",为"质量工程"的实施打好思想基础。经过从校级到院（系）再到教师和学生的层层思想动员以及在不同组织层级组织专题研讨、邀请专家作辅导报告等诸多动员措施，H大学将如何实施本科教学"质量工程"与H大学建立国内一流、国际知名高水平大学的发展战略联系起来。2008年1月7日，H大学出台了其2008年1号文件《H大学关于加强一流教学、一流本科建设的行动计划》[①]，将宏观的国家高等教育质量政策和质量保障项目转化为本校的质量保障政策和具体的行动计划。事实上，H大学为贯彻教育部有关文件精神，全面实施"质量工程"，在这一具体的校级政策文本出台之前就已经启动了设立机械类专业提高班和电气类专业提高班等质量行动计划。

2. 项目的层级复制和技术治理的再现与重构

通过查阅H大学2002—2014年历年的政策文本，我们发现，H大学不仅按照国家高等教育质量政策和教育行政主管部门的要求积极申报国家和省级质量保障项目，而且还仿照国家和省级质量保障项目设立了校级质量保障项目。在教学方面有国家、省（市）、校三级教学成果奖；在课程方面有国家、省（市）、校三级精品课程（现改名为视频公开课、精品资源共享课程）；在教材方面则有国家级规划教材、校级立项教材；在教改项目方面也有国家级、省级和校级之分。此外还有国家级、校级、院（系）级大学生创新创业项目和各级各类学科竞赛等旨在用来提高教学质量的质量保障项目。可以说，这种项目制的层级复制涵盖了与本科教育质量相关的几乎所有方面。从这些项目产生的基本路径来看，低层级的项目既是高级别的项目的具体化，也是一种国家质量保障项目制在院校层面的再现。与国家层面的项目制一致，高校内部质量保障中的项目

---

① H大学校发【2008】1号文《H大学关于加强一流教学、一流本科建设的行动计划》。

制也以行政动员和专项资金与奖励作为主要驱动力量,以带有"锦标赛"特征的项目为外显形式,将高等教育质量化约为各种项目符号。

在这种项目体制下,高层级的项目往往是由低一级的项目演化而来,因此,对于院(系)和教师个体而言,如何在底层项目竞争中突围,争取到第一层级的项目至关重要。例如,H 大学 2004 年教学成果奖的奖励条例中规定:"被评为校级奖的成果,学校将根据上级教育主管部门下达的指标和成果质量,推荐部分项目参加省级教学成果奖的评选。"[①] 同时,这种项目申请的过程本身也是一种筛选机制。用一位接受笔者访谈的教学管理人员的话说,这种层级复制和层层申请可以"将最能够代表本校利益的项目通过学校内部一级一级的把关、竞争和审核而'推出去'"。这时各种质量保障项目已经超越了其自身的内在意义,而成为整个场域中能够代表高校荣誉和利益的象征性资本和符号。

社会学的相关研究表明,在我国独特的行政体制之下,"当一项新的制度安排被'自上而下'强制实施时,作为下级的地方政府,形式上是不能拒绝的;并且由于我们大部分的'改革'都是以运动的形式来实施的,因此作为下级的地方政府必须在指定的时间内把制度落实好。"[②] 具体到中国高等教育质量保障领域,我们可以清晰地观察到,在"压力型体制"之下,国家对于高等教育质量的要求和行动会通过层层的压力传导机制传递给高校的行政管理部门。同时,为了完成国家的各种质量保障"任务",高校的行政管理部门又通过院(系)评估这种合法化的方式将各种质量保障项目与院(系)的绩效关联起来,从而完成了国家层面的技术治理在院

[①] H 大学校教【2004】40 号文《H 大学教学成果奖励条例》。
[②] 刘玉照、田青:《新制度是如何落实的?——作为制度变迁新机制的"通变"》,《社会学研究》2009 年第 4 期。

校中的重构。国家高等教育质量保障体系中的技术治理在高校中的再现和重构进一步彰显并强化了国家权威和政府行政权力在质量保障中的主导地位。

二 高校本科教学质量保障中的问责与改进

(一) 政府问责视野中的高校本科教学质量保障

从国家层面来看,一个明显的事实是,在官方的质量话语体系和正式的高等教育质量政策文本中,无论是本科教学评估还是各种高等教育质量保障项目,其目的都是指向质量改进或质量提高。但是在具体的实施过程中,各种指向质量改进或质量提高的政策和政府行动均和高校所能够获得的各种资源和声誉存在高度关联,因此,自上而下地提高教学质量的要求在基层学术组织和学术人员看来往往成为一种源自行政权力中心的问责压力,而当所有行动者都围绕各种与质量的相关资源进行竞争和争夺的时候,质量本身可能会被各种与质量相关但并不能够等价于质量的外显符号所遮蔽。

例如,在教育部组织的首轮本科教学评估的相关文件中规定,"对于那些在水平评估中未能通过合格的高校,在招生、新专业设置、教学改革课题立项、教学成果获奖等方面,将采取限制性措施,同时,一些省市对那些在评估中获得优秀的高校,进行不同形式和程度的奖励。"[①] 从现实中我们可以观察到,当政府将教学评估的结果与高校所能够获得的各种质量保障项目与资源关联起来的时候,问责的压力就随之产生。不仅如此,在首轮本科教学评估的指标体系中,我们也注意到,政府设置的诸多质量保障项目也被作为重要的观测点用来进行本科教学质量等级的划分与评定。同时,政

---

① 刘振天:《回归教学生活:我国新一轮高校本科教学评估制度设计及其范式变革》,《清华大学教育研究》2013 年第 6 期。

府设置的不同质量保障项目之间也存在互动放大效应，从而加强了政府对高校进行质量问责的压力。例如，2003年教育部《关于启动高等学校教学质量与教学改革工程精品课程建设工作的通知》中就规定将"精品课程建设成果作为高等学校教学评估和评选高等学校教学名师奖的重要内容之一"。因此，尽管政府一再要求高校要将工作重心转移到提高质量上来，建立自我约束的内部质量保障体系，但是，在诸如将"教学质量作为考核学校党政一把手和领导班子的重要指标"的问责压力之下，高校更倾向于将政府施加于高校的诸多质量政策和要求视为一种行政任务，而非内生的责任。

总之，在政府的行政问责压力之下，高校往往将获得各种政府发布的质量保障项目等价于质量，将获得高级别的政府项目作为用来向外界展示其质量得以提升的主要标志。例如，H大学在其《关于对我校列入教育部财政部质量工程项目单位和个人进行表彰的决定》中就认为，"我校认真贯彻上级有关文件精神，精心组织各类项目的申报评审工作，取得了突出成绩，共有112个项目（个人）列入教育部、财政部质量工程，进入国家队，当年获资助金额709万元。这些项目的入选标志着我校的专业建设、实验室建设、课程建设、师资团队建设和创新人才培养迈上了新台阶。为鼓励先进，表彰典型，进一步提高教学质量，学校决定对以上项目负责单位和个人予以表彰。"[1] 在这里，我们可以发现，高校所声称的"质量"更多的是指向组织外显层面的，而非实质性的与教学过程和教学效果有关的教育层面的，是组织的，而非教育的，[2] 是指向过去的，而不是面向未来的。

---

[1] H大学校教【2008】1号文《关于对我校列入教育部财政部质量工程项目单位和个人进行表彰的决定》。

[2] Zou, Y. H., Du, X. Y., Rasmussen, P. Quality of Higher Education: Organisational or Educational? A Content Analysis of Chinese University Self-evaluation Reports [J]. Quality in Higher Education, 2012, 18 (2): 169-184.

(二) 高校本科教学质量保障中的问责取向

"政府或许会成功地提出问责的政策，但是如果院校领导不能将这些政策'转变成'院校层面的机制，那么也不会发生任何改变。"[①] 在中央政府对于本科教学质量的问责压力之下，H 大学采取了诸多质量保障政策和措施。这里我们还是以 H 大学的院（系）本科教学工作评估为例进行说明。尽管近十年以来，H 大学的院（系）本科教学工作评估方案几经调整和变更，但通过绩效评估来"引导院（系）重视本科教学，强化教学管理，提升教学质量"仍然是历年评估工作所宣称的主要目的。

关于质量评估，艾威尔（Ewell）曾经将其分成两类：第一类是基于质量改进的评估，另一类则是基于问责的评估。对于前者来讲，其目的是使用评估信息来提高教与学，而对于后者来讲，其首要目的是要向决策者和公众证明受其资助的组织是有效的并且值得他们继续予以资助。[②] 根据艾威尔（Ewell）对两类评估范式的划分[③]，我们认为，尽管 H 大学在其相关政策文本中一再声明通过院（系）本科教学工作评估来提高教学质量，但是从 H 大学对评估结果的使用以及整个评估的基本框架和指标来看，问责而非改进才是 H 大学院（系）教学工作评估的主要的价值取向。

首先，H 大学对于院（系）教学工作评估结果的使用与通常我们对于问责的定义恰好一致。《H 大学关于加强一流教学、一流本科建设的行动计划》中明确规定："学校对各院（系）的本科教学工作进行年度评估，并将评估结果与院（系）的教学业绩津贴挂

---

① Huisman, J., Currie, J. Accountability in Higher Education: Bridge Over Troubled Water? [J]. Higher Education, 2004, 48 (4): 529–551.

② Ewell, P. T. Assessment and Accountability in America Today: Background and Context [J]. New Directions for Institutional Researc, 2008, Fall (Assessment Supplement 2007): 7–17.

③ 两类评估范式的比较详见文献综述部分的表1—3。

钩：对于评估结果为优秀的院（系），学校将其业绩津贴上浮 10%；对于评估结果为良好或有较大提高的院（系），学校将其业绩津贴上浮 5%；对于评估结果为不合格的院（系），学校将其业绩津贴下浮 5%。"①

其次，H 大学的院（系）教学工作评估是迫于外部行政权威的压力和与国家政策保持一致的合法性的需要而非自我改进的需要。例如，在国家高等教育质量政策将本科教学作为考核高校党政一把手和领导班子的重要指标进行明确规定之后，H 大学就进一步将国家的要求转化为对院（系）党政一把手的要求，提出院（系）党政一把手对人才培养的目标、条件、管理、质量负全面责任的教学工作第一责任人制度。② 此外，国家高等教育质量政策中对教授上讲台、将教学与职务评聘挂钩、进行双语教学等诸多强制性的规定都被 H 大学纳入院（系）本科教学工作评估指标体系，成为 H 大学对其所属院（系）和教师的强制性要求。

最后，本意用于质量改进的诸多项目、措施被肢解为强行进行比较且附带有问责取向的各种量化指标。例如，由各级政府立项的精品课程（视频公开课、精品资源共享课）、教学改革项目等都被分别等价于不同层级的教学质量。但是，"随着量化指标范围的扩大，责任制制度本身也可能面临着一种潜在的危险，这是因为通常正是在一些'不可量化性'的任务中体现着更为纯粹的政治权威关系，但现在它们却可能在这种似是而非的'量化指标扩大化'和官僚的'选择性关注'行为下被不断地模糊化甚至被消解掉了。"③ 这样，本意用来激励教学的政策和措施在院（系）看来反而成为问责的手段，在这种评估体系中，终结性评价压倒了形成性评价，问

---

① H 大学校发【2008】1 号文《H 大学关于加强一流教学、一流本科建设的行动计划》。
② H 大学校教【2013】5 号文《H 大学院（系）本科教学工作评估方案》。
③ 王汉生、王一鸽：《目标管理责任制：农村基层政权的实践逻辑》，《社会学研究》2009 年第 2 期。

责压倒了改进。

　　总之，尽管国家和高校在高等教育质量政策文本中不断宣称要提高高等教育质量特别是本科教学质量，但是在具体的实践过程中，下一级组织往往将上级组织出台的各种激励性政策和措施视为上级组织进行问责的手段而非组织内部用之进行质量改进的驱动力量。因此，如果我们以比格斯（Biggs）对高等教育质量保障的分类来分析中国高等教育质量保障的话，那么我们可以说，中国高等教育质量保障是一种回溯性的质量保障，即它主要关注院校（系）做了些什么，并且会根据外部强加的标准对院校（系）的教育质量进行终结性的判断，其议程是管理性的而非学术性的，程序是自上而下和官僚化的，问责在其中占据优先地位。[①]

　　当然，客观而言，问责取向的高等教育质量保障并非一无是处，尤其是在中国当前的制度环境中，政府强有力的行政问责能够迅速地推动高校在高等教育质量保障方面开展实际行动，而政府在质量保障过程中保持强大的权威和权力则有利于某些政策能够集中地在系统和高校层面实施。负责全国高校教学基本状态数据库的负责人在 H 大学的一次讲座[②]中曾经讲到一个例子。他们去美国联邦教育部统计中心进行交流，当他们将中国在短期内收集到的大量数据展示出来的时候，美国同行惊讶地问他们是如何做到的？负责人给他们的解释是我们的院校非常自觉。但负责人在讲座中解释说，事实上是教育部的红头文件在其中起到了决定性的作用。此外，诸如本科教学质量报告、高校毕业生就业质量年度报告等也是教育部依靠其行政权威强行推动的结果。因此，与以分权为特征的国家和地区的高等教育质量保障体系相比，效率是中国这种以行政问责为

[①] Biggs, J. The Reflective Institution: Assuring and Enhancing the Quality of Teaching and Learning [J]. Higher Education, 2001, 41 (3): 221–238.

[②] 全国高校教学基本状态数据库的负责人 2013 年 11 月 21 日在 H 大学教育科学研究院的讲座。

取向的高等教育质量保障体系的主要优势所在。

此外，近几年来，政府逐渐意识到技术治理及其问责取向的负面影响，开始弱化问责，强化质量提升。例如，针对本科教学工程"实施过程中各高校工作进展不平衡，部分高校存在重立项轻建设、资金执行相对较慢等问题"，教育部和财政部已经开始从项目管理方式、立项方式和资金管理等方面进行改革。此外，国家也已经启动了国家级教师教学发展示范中心的遴选和建设工作，许多院校也将教师教学发展纳入学校的质量保障体系建设，H大学最新的院（系）评估方案就将教师教学能力的提升纳入其中。同时，国家教育行政部门在首轮教学评估过后，改革了评估方式，将教学评估的重心转向了提高质量，即从直接评估高校教学水平转而评估高校内部质量保障体系的建设情况。不过总体而言，在高校的大部分资源和声望主要面向政府进行竞争的格局不发生变动的情况下，问责依然是中国高等教育质量保障体系的主导价值取向。

第二节 非对称性问责与碎片化：技术治理的实践逻辑及其后果

一 体制化的技术治理中的大学教师

（一）高等教育质量保障与大学教师

历史上有关教育变革的实践表明，"任何宏观层面的教育变革均无一例外地受到微观政治与实践的影响。"[①] 在高等教育质量保障中，高校是将外部高等教育质量保障政策转化为实践的最重要的组织，但在这个并不均质甚至是充满激烈冲突的场域之中，归根结底，"行动的是每一个体，无论是促进教育结果之达成，还是提升

---

① 沈伟、孙岩：《教育问责背景下的校长领导力：内涵、结构与发展》，《教师教育研究》2014年第5期。

教育对学生的适切性，教师才是质量的最终落实者。"① 教师如何识读质量保障以及以何种方式回应质量保障的强大话语冲击和制度性压力是关乎质量保障如何从"纸面上的规则"转换成"行动中的规则"的最为重要的中间变量。进而言之，大学教师与质量保障之间的策略性互动关系到高等教育质量保障的最终走向和效果，他们如何解读和落实高等教育质量保障政策会直接影响高等教育质量保障的价值取向最终趋向于控制还是指向质量改进。② 从这个意义上说，大学教师在学术工作中的行为和态度构成了高等教育质量保障的微观基础。对此可以进行佐证的是，大量有关高等教育质量保障的文献③和官方的政策文本④明确将大学教师的水平和素质作为影响质量保障有效性和能否从根本上提高质量的关键变量。从质量保障的实践来看，教师所有的学术工作也都与质量保障有着千丝万缕的关联。因此，观察许多国家和地区的高等教育质量实践，我们不难发现，各个层级的高等教育质量保障政策与措施都对教师参与质量保障提出了诸多要求。

不过需要指出的是，尽管大学教师肩负着保障和提高高等教育质量的义务和责任，也的确在质量保障过程中发挥着关键的和不可

---

① 王丽佳、黎万红、卢乃桂：《教育质量保障视域中的问责网络建构：理据、实践与优化进路》，《复旦教育论坛》2014 年第 5 期。

② 沈伟：《基础教育质量保障概念辨析》，《教育研究与实验》2014 年第 1 期。

③ 张婕：《高校本科教学评估及其改进——对 117 名地方高校领导的问卷调查》，《教育研究》2010 年第 8 期；周光礼、马海泉：《教学学术能力：大学教师发展与评价的新框架》，《教育研究》2013 年第 8 期；罗云：《大学教师发展：从实践回归理论的探究》，《中国高教研究》2013 年第 9 期；Darling-Hammond, L. Recognizing and Enhancing Teacher Effectiveness [J]. The International Journal of Edcuational and Psychological Assessment, 2009, (3)：1 – 24。

④ 2001 年，教育部 4 号文件《关于加强高等学校本科教学工作 提高教学质量的若干意见》中提出的 12 条提高本科教学质量的意见中有 4 条意见是直接针对教师提出的，此外还有 5 条意见与教师有着紧密关联。此后，2004 年，时任教育部部长周济在第二次全国普通高等学校本科教学工作会议上的讲话中也指出，"深化教学改革的关键在教师，保证教学质量的关键也在教师。"《教育部关于进一步深化本科教学改革 全面提高教学质量的若干意见》（教高〔2007〕2 号）进一步强调，"教师是提高教学质量的根本保证"。

替代的作用，但他们并非高等教育质量保障政策和措施的被动执行者和实践者。事实上，作为享有较高自主权的从事高深知识生产和传播的专业人员，大学教师会依据自身所处的位置、发展阶段、学科背景以及个人所秉持的学术信念等对质量保障政策和措施进行"本土化""情境化"和"个人化"的解读和诠释。也正是通过大学教师日常的学术工作，质量保障政策和措施才能够从一种静态的文本转变成有意义的实践，或者说，正是大学教师在具体场域中的活动和认知赋予了质量保障以真实的价值和意义。

在《国家的视角》一书中，詹姆斯·斯科特就指出，"任何一个在正式组织中工作过的人——甚至是那些小的、由具体制度严格管理的组织——都知道，手册和成文的指导都绝对不能解释机构是如何成功工作的。真正对机构顺利运行的解释是无穷的、不断变动的隐含理解，默契的协调和实践上的互动，成文的文件根本不可能掌握这些内容。"[①] 因此，在对高校（组织）层面的质量保障实践进行考察和分析之后，我们需要将研究的目光投向日常的质量保障实践，通过对教师在质量保障中的认知与行为的研究来对高等教育质量保障本身进行评估。

（二）教学质量保障网络中的大学教师

学术工作是现代高等教育的核心事业，大学教师是以学术工作为生（为业）的一个职业群体，因此，在很大程度上，正是大学教师通过从事学术工作才使得现代高等教育能够兴盛并被置于现代社会的关键位置。不过，大学教师所从事的学术工作所包含的内容却并不是一成不变的。从历史上来看，人才培养作为大学的原初职能在漫长的高等教育发展历程中主要是通过教师的教学来进行的，因此，通过教学来安身立命不仅成为学术职业区别于其他职业的一个

---

① ［美］詹姆斯·C. 斯科特：《国家的视角》，王晓毅译，社会科学文献出版社2012年版，第326页。

主要标志,也使得大学成为现代社会中一种独特的机构和社会建制。① 但是随着 19 世纪初期以崇尚科研著称的德国研究型大学的兴起和其作为一种精神力量和制度在世界范围内的传播,科学研究逐渐被现代大学所接纳并在此后内化为大学尤其是研究型大学的一种根深蒂固的理念和职能。相应地,传统上以教书育人为主的大学教师就成为既要从事教学又要从事科研的"双面人"。此后,大学因其对于国家和经济社会发展的功利主义价值的提升又增加了服务的职能,继而,这种服务的职能又被大学教师所承担。因此,大学教师不仅要通过教学完成大学人才培养的使命,还要通过科学研究进行高深知识生产以及通过知识服务于经济发展、社会进步和国家建设。总之,现代高等教育系统中的大学教师成为具有多重身份、面临多重要求的一个特殊群体。不过,总体而言,大学教师的学术工作主要集中在教学和科研方面。

中国现代高等教育体系建立较晚,初期也以培养人才为主要职能。1949 年中华人民共和国成立之后,中国高等教育学习苏联,建立了双轨制的高等教育系统,即专门从事科研的科研院所和以教学为主的大学系统,这种状况一直持续到改革开放初期。改革开放之后,在宏观国家政策的影响下,大学系统尤其是重点大学逐渐从以教学为中心转变到教学科研并重。由于国家对科研的重视以及科研本身之于大学发展的重要性日益增加,大学就加强了对大学教师科研工作的考核,并采取了诸多奖惩措施促使大学教师将其精力投入到科研上来。由此,通过将学术利益(职称晋升、声望的获得)和物质利益(薪酬、绩效)与教师发展紧密关联起来,教师就被置于强大的科研问责的压力之下。但是与此同时,许多利益相关者也开始质疑高等教育质量尤其是本科教学质量,因此,政府和高校又出

---

① 阎光才:《研究型大学中本科教学与科学研究间关系失衡的迷局》,《高等教育研究》2012 年第 7 期。

台一系列强化教学问责的政策和措施,希望以此促使大学教师重视教学并提高教学质量。下面,我们将以国家高等教育质量政策文本中的相关规定与 H 大学对教师教学方面的规定为基础,考察大学教师是处在何种教学质量保障之中的。

1. 国家高等教育教学质量保障与大学教师

在国家层面,对教师而言影响最大的质量保障措施是教育部提出的教授、副教授为本科生授课制度,通称"一票否决制"。具体而言就是,政府凭借其行政权威强制性要求教授和副教授要为本科生上课,并且提出对不承担本科教学任务或达不到本科教学基本工作量和质量要求的教师,在教师职务评聘中,不能被聘为副教授或教授,被聘为副教授或教授之后,如果其连续两年不为本科生授课,学校不得续聘。对于未被聘为副教授的青年教师,教育部规定原则上不得作为基础课程和主要专业课程的主讲教师。同时,教育部还要求高校对于学生意见较大和教学实际效果较差的教师,应该根据相关规定暂停或取消其授课资格,并及时更换合格的任课教师。此外,教育行政主管部门还提出要建立国家、省(市)、高等院校三级高校教师培训制度,对接受培训的中青年教师颁发相应的资格证书,高校要将培训的相关情况如实记入教师个人的业务档案,作为学校聘任岗位职务的重要参照项目和依据。这些政策要求和措施从底线层面对大学教师从事教学做出了原则性乃至强制性的规定,表明了国家对于高等教育教学的立场,体现了政府对大学教师教学的鲜明的问责倾向。

正如前文所述,高等教育质量保障兼具问责与改进功能。中国国家层面的高等教育教学质量保障在强化对教师问责的同时还试图从多方面鼓励教师投身教学,提高教学质量。针对教师的直接的激励措施有:遴选国家级教学名师,并给予相应的奖励;设立国家级教育教学改革项目,鼓励教师通过项目来改革教学内容和教学方法；设立"万种新教材建设项目"，鼓励教师参与编写国家规划教材和各种创新教材。此外，国家教育行政主管部门还推出了"精品课程"（教育部视频公开课、国家精品资源共享课程）项目，力图以资金投入作保障，以声誉为手段引导和激励大学教师不断提升课程教学质量。从其所包含的内容来看，"精品课程"要求参与讲授的教师、教学内容、选用的教材、教学方法等都要达到一流水准，能够起到示范作用。这些措施或项目对于教师个人而言并非强制性的规定，其旨在通过竞争资金和声誉的方式激励教师将精力投入到教学上，通过"树典型"的方式带动整个教师群体教学水平的提升。总体来看，与"一票否决制"的刚性要求相比，这些项目或措施更多地属于改进取向的教学质量保障。

2. 高校教学质量保障与大学教师

前文以 H 大学为案例指出，高校内部质量保障体系与国家高等教育质量保障体系具有同构性和同质性，高校往往倾向于复制或再现国家高等教育质量保障的内容和评估体系。前文还指出，对于高校而言，中国高等教育质量保障更倾向于问责和控制而非改进和提高，但对于教师而言，国家层面的高等教育质量保障尽管体现出鲜明的问责倾向，但其中致力于质量改进的倾向也同样明显。不过我们知道，高校才是教师真正从事教学的场所和场域，高校的相关政策直接影响教师的教学行为和认知。因此，我们有必要对高校内部的教学质量保障体系进行简单介绍和描述，了解教师身处何种教学质量保障之中。这里，我们还是以 H 大学为例。

H 大学作为国内一所精英研究型大学，不仅在科研上有着不俗的表现，而且素有良好的教学传统，在教育部组织的两次本科教学评估中均获得了优秀的成绩。在国家政策要求、评估的压力以及自我进取等多重因素的作用之下，H 大学近些年来更加重视教学，出台了许多旨在保障和提高教学质量的政策和措施。

（1）基于输入端的教师教学质量保障

为了鼓励优秀的教师从事本科教学，H 大学从 2002 年开始在学科大类平台课程和基础课程上建立主讲教师和主讲教授制度。从 2013 年开始，H 大学又在全校本科生通识教育核心课程、各专业主要基础课程、主要实践课程、主要专业基础课程和专业核心课程中推行课程责任教授制度，拨款 600 万元设立课程责任教授津贴，激励教师投入本科教学。2012 年，H 大学还制定并出台了《本科生教师班主任工作暂行条例》，遴选副教授、教授担任本科生班主任，负责对本科生的学习、生活等方面进行引导、教育和管理。此外，H 大学每年还组织新入职教师岗前培训，要求各院（系）制订详细的培训计划，为每个新进校青年教师指定一名教学经验丰富的教师担任教学指导，进行全面的传、帮、带。当然，和国家高等教育质量政策的要求一致，H 大学也在教师职务晋升和岗位聘任中实行教学"一票否决制"，要求副教授和教授为本科生授课。这些是 H 大学从教学的输入端，针对教师而采取的与提高教学质量相关的一些政策和措施。

（2）基于过程的教师教学质量保障

与基于输入端或条件式的质量保障不同，基于过程的教师教学质量保障深入到了课程教学层面。接受访谈的 H 大学教师普遍认为，教学督导和学生评教是与他们密切相关且最重要的教学质量保障措施。2006 年，H 大学出台了《本科教学工作基本规范》，从教学大纲的制定、教学日历的填写、课程教学的基本规范、作业的批改、教学纪律等诸多方面对教师的本科教学工作进行了详细规定。[1] 此外，H 大学还成立了教学研究基金，旨在推动教师重视教学工作和教学研究，积极参加教育教学改革，提高本科教育质量。[2]

---

[1] H 大学校教【2006】24 号文《H 大学本科教学工作基本规范》。
[2] H 大学校教【2006】25 号文《H 大学教学研究基金及项目管理办法》。

(3) 基于结果的教师教学质量保障

前面提到的学生评教从评价对象来看，是一种基于过程的教师教学质量保障措施，但它同时也是一种基于结果的质量保障措施，因为在实践中，学生评教还常常被作为其他如评奖和晋升的重要参考指标。在 H 大学，其他一些基于结果的教师教学质量保障还有教学质量优秀奖、教学成果奖、教学名师的评选等。早在 1997 年，H 大学就制定了《H 大学教学质量优秀奖评选办法》，旨在鼓励教师投身教学，提高教学质量。此后一直到今天，评选年度教学质量奖成为 H 大学的一个主要的质量保障措施。其中，2002 年，H 大学曾对《H 大学教学质量优秀奖评选办法》进行过修订。2004 年和 2006 年 H 大学则分别出台了《H 大学教学成果奖励条例》和《H 大学教学名师评选办法（试行稿）》。

此外，H 大学还有精品课程项目、教师教学竞赛等与教师直接相关且非常重要的教学质量保障措施，但正如对学生评教的归类一样，我们很难简单地将这些措施归为输入、过程还是结果的单一维度里。同时，这些措施之间还彼此关联甚至嵌套在一起，难以明确区分开来，比如，H 大学的相关政策文本中就规定，"主持校级及以上的教学研究项目"或"获得校级及以上的教学成果奖"就被作为评选校级教学名师的条件，[1] 而精品课程则被认为是重要的教学成果。[2] 为了通过这些教学质量保障措施提高教学，H 大学一方面采用奖励的办法激励教师投入学校所设定的质量保障轨道上来；另一方面，正如我们在许多高校有关教师聘任和考核的相关政策文本中所看到的一样，H 大学还将上述教学质量保障中的许多项目和奖项作为教师职称评审和职务晋升的重要依据。例如，获得国家（省级、校级）教学研究成果奖、教材奖和国家（省级、校级）精

---

[1] H 大学校教【2006】26 号文《H 大学教学名师评选办法（试行稿）》。
[2] H 大学校教【2004】40 号文《H 大学教学成果奖励条例》。

品课程、校教学质量奖、校教师教学竞赛奖等都不同程度地被纳入职称晋升的体系之中，而担任课程责任教授还被作为聘任二级岗位教授的条件之一①。为了促进教师教学，提高教学质量，和许多大学一样，H大学还对教师岗位进行了分类，专门设立了教学型岗位。2012年，H大学进一步在其高层次人才计划中将"教学岗"单独列出。

总之，以上的简要描述表明，无论是国家还是高校，都在促使教师投入本科教学，提高本科教学质量方面采取了行动。但是，这些种类繁多的高等教育教学质量保障政策和措施能否转换成真正的教学质量取决于教师对高等教育质量保障的认知、态度和具体行动。

二 非对称性问责与教学质量保障实践

（一）大学教师视角中的教学质量保障

1. 基于问责的质量保障：保证基本教学秩序

近些年来，随着国家高等教育政策重心由关注数量转向强调质量，高校也相应地开始重视质量，尤其是本科教学质量。国家政策的这种转向与高校的有关质量实践总体看来还是受到了教师的认可。

> 应该说，最近几年，国家啊，学校啊，还是比较重视教学的。前几年不是搞过本科教学评估吗，今年好像也要评估。前几天院里还开会说这个事情。因为国家一重视，学校你就得重视嘛。我觉得，这是个好事情，应该停一停，看看我们存在什么问题，慢慢地再来解决这些问题。你不能说只顾着把学生招

---

① H大学校教【2013】41号文《H大学课程责任教授制度实施办法》。

来，然后你就不管了，这是不负责任。(S-P-1)

在被问及哪些方面体现了国家和高校对教学的重视时，大部分被访者将对教学管理的加强看作最主要的表现。

> 学校是很重视教学的，尤其是咱们学校。你是学生可能不知道，一票否决嘛，学校规定，老师都要给本科生上课。(L-V-2)

> 教务处有严格的规定，比如说，老师不能随便调课，不能迟到、早退。这些都算教学事故。当然如果真的有特殊情况，那也没办法，但是很麻烦，你要提出申请，办手续。一个院（系）每学期调课是有名额的，你也不能随便调……其实，不光这几年，我觉得一直以来学校管得都比较严，但现在可能更严了。不过，现在老师们都习惯了。没听说哪个老师会随便调课啊什么的……平时还有督导啊，学生给老师打分啊，这些都还贯彻得比较好。(S-V-4)

这里提到的教学督导、学生评教等是接受访谈的老师经常提到的H大学所采取的在他们看来比较重要的教学质量保障措施。但是，在很多教师看来，这些措施在最低限度上保证了教学的基本秩序，起到了一定的督促作用。但是，这些对于教学质量的提高在接受访谈的教师们看来并无多大作用。

> 督导，督导，就是督促指导嘛，我觉得就是这样的。督促你严格地按照这个教学标准、学校的相关要求进行教学，同时呢，给出一些指导性和建设性的意见。那还是有作用的。因为人有时候会懈怠啊，这样的话，他就能提醒你，不至于偏了。

> 但是呢，这里面也有一些问题。问题在哪里呢？好多督导，他（和被督导的教师）不是同一个专业。他有时候给出的一些意见啊，以及有时候他指出的一些他认为存在的问题的时候，也不见得很专业。（L-V-2）

> （督导）就是教务处聘的一些退休教师到各个课堂去听课，主要是看到课率怎么样，站姿啊，学生的反应啊，学生上课有没有抬头，是做作业呢，还是看手机呢？……他会数啊，算"抬头率"，比如你有八九十个人，有多少人不注意听讲，有多少人在注意听讲，一算比例就出来了……他一般在听课之后和你交流，把他的意见反馈给你……频率的话，就我的课来说，一般一学期就能听一次。（S-V-1）

尽管督导可以在保障正常的教学秩序方面起到作用，但很多情况下，由于教学督导并非其所督导的课程的专业人士，因此，在一些教师看来，它的功能主要是问责，而非改进。

> 大学的课程，隔行如隔山，比如这些人（督导）是物理系来的，我讲的是信号处理，他知道我在上什么？他只能看一下你的课堂秩序怎么样，（老师）有没有带齐该带的东西，（老师的）仪容仪表啊，板书啊这些东西。（S-V-3）

在教学督导之外，学生评教也是包括H大学在内的许多学校所采取的一种教学质量保障措施。学生评教作为一种信息反馈的手段，本来可以兼具消费者问责和质量改进的目的。但是，在接受访谈的教师看来，"学生打分"可以让"讲课不好"的老师"下课"，但是，对大多数教师来说，这一措施也仅仅只是行政部门用来问责的一种管理工具，而未能发挥其改进教学的作用。

教学嘛，就是既有教又有学，教学的对象就是学生，老师教得好不好，不能只靠自己说了算，学生当然也有发言权，而且现在的学生不像以前，他们思维很活跃，他们的意见有时候会促发你更好地去准备……但是一般情况下，（学生评教）只告诉你分数就OK了，其他也没有什么反馈。除非你讲得实在不像话。就我自己来说，我每次基本都在90分以上，所以也没有接到什么反馈。（L-P-2）

我们有个老师呢，因为就是结果（分数）不好，结果就给停职了。第一次提出来的时候，给你机会让你去整改，如果第二次还是这样，那就麻烦了。（L-J-1）

这个（学生评教）对提高质量好像没有太大的作用，学生一般都不会难为老师，他们一般给的分都不会太低。（S-V-1）

正如博克所言："学生虽没有多少权力能直接推动方针政策的实施，但他们也确实能对政策的实施产生巨大的影响。"[①] 不过，从H大学的具体实践中，我们可以看出，学生评教更多地被作为一种终结性的质量评价制度，而非用以改进教学的诊断性评价制度，其问责的意味远大于改进的意味。

2. 基于改进的教学质量保障："树典型"与"走样"

与教学督导和学生评教等这些常规的质量管理措施相比，近些年来国家和高校还出台了很多旨在鼓励和帮助教师投入教学，改进教学质量的政策和措施，例如之前提到的评选教学名师、设立精品课程、教学成果奖、教学质量奖、教学改革与教学研究项目、进行教学竞赛等。2005年教育部1号文件《关于进一步加强高等学校本科教学工作的若干意见》中就曾明确要求，"各地教育行政部门

---

① ［美］德里克·博克：《走出象牙塔：现代大学的社会责任》，徐小洲、陈军译，浙江教育出版社2001年版，第97页。

和高等学校要通过教学改革立项等机制,鼓励教师开展教学理论研究、教学实践探索和优质教学资源开发"。

对于这样一些偏重于激励性的措施,有少部分教师认为还是有帮助的,至少是对自己能力的提升有帮助。

> (精品课程)它有规范,会使得你这门课非常规范,因为你要达到这个精品课程,你必须按照精品课程的规范来说,你达到精品课程的规范,那么你这个标准就比国家给出的那个标准高出来了。另外一个呢,因为你要达到这个精品课程,你这个师生比啊,你的师资力量啊,然后你的这个教学的方法啊,你都要有特色。也就是说,你要达到一些最高的标准……它有很多环节,我就是承担一个是相关的教学任务,另外一个呢,教学资料的收集,资料的上网,还有一个就是宣传,就这些方面的工作……对我有帮助啊,最起码让我深入地了解这门课,这门课程它的体系,然后它的这个讲授方法,讲课过程中把握的一些基本的原则。因为它会分解到每一节的每一个点怎么讲,每一章教案怎么写,PPT怎么做,课怎么导入,怎么总结……一个是了解,另一个就是锻炼,你必须按照它的这个要求准备,达到它这个要求,这个是对个人能力的一个提升。(L-V-1)

但是更多的教师认为,很多项目和奖项本身并不是面向全体教师的,有着一些默认的规则和门槛,普通教师难以企及,而很多教师热衷于申请这些项目和奖项受到功利主义的(物质奖励、晋升等)的驱使,在这个过程中,"树典型"就会"走样",难以实现它们宣称的目的。

这个好像只有对主持人或者负责人才有用吧。因为评职称的时候你可能会用上它。但也不是每个人都有资格当这个负责人的。最起码你得是教授，没有教授谁看你呢，你看人家说精品课程，哪个团队，负责人是谁，就看这个负责人嘛……有些东西也没有明文规定，你自己要去悟的。(S-V-2)

我们学校每年都有教学竞赛，就是教学方面的PK，看谁教得好，这是无可非议的，但是大部分参加竞赛的老师是迫于考核和晋升的压力，主要是一些年轻教师参加。我不需要这个奖了，所以也没怎么去过多地关注。反正就我了解，他们还不是为了评职称用。(S-P-1)

其实就是教务处想花钱，因为现在教务处真的有钱。它要想办法把钱花了。它要立名目。教务处哪有花钱的地方，你搞个期中考试、期末考试那才花几个钱啊。现在国家审计得严，又不能乱花，而且有财务年度，你必须把它花完。所以为什么"责任教授"大面积地评啊，现在很容易上的。而且教务处现在还立了选修课的项。选修课以前哪有人愿意上啊，但现在是最有钱的，只要你开选修课，教务处就给你两万块钱。课酬另算，现在大家都忙着去上选修课。(L-V-1)

这些都是树典型嘛，我是很反感这些东西的。当然，一般来说，评出来的还都是好的。但你说有什么用？还不是因为钱，国家有钱，学校现在也有钱，就是为了花钱。一举两得啊，学校争了名，个人有了这个就更好晋升了，国家顺便把钱也花了。本质上来说就是作秀嘛，是不是？你说它对教学又有多少促进作用呢？这个就很难讲了。(L-V-2)

我们只能申请一些小项目，重点项目啊，大的项目都要领导牵头……像这些奖（国家教学成果奖）啊，本身就存在问题，你得达到一定级别才行，对于我们一般老师来说基本没什

么用处。(S-V-3)

也就是说，对于项目主持人的资质，通常默认的是具有更高学术声望或行政级别的教授，而普通教师只能望而却步。蓝劲松对1994—2005年的四届"普通高等学校国家级教学成果奖"的政策文本和统计分析发现，"教学成果奖有可能更利于教学管理者，而不是直接从事教学的教学人员即普通教师。"[1] 有统计表明，2009年第五届国家高校教学名师奖的100位获奖者中担任一种或身兼集中行政职务的获奖者比例高达90%，而没有任何行政职务的教师则仅占10%左右，更令人费解的是，获奖者中还存在十年之中并未给本科生上课的情况。[2]

3. 管理本位与教师话语权的缺失：遵从性文化的产生

前面提到，和许多大学一样，H大学也采取了教师分类的办法并专门设置了教学岗，希望以此促使教师能够各安其位，安心教学，提高教学质量。但在大部分教师看来，这一举措本身就存在问题，很难发挥其宣称的作用。

> （岗位分类）我觉得，基层老师是很反对的，绝大部分的课程还是教学科研型的老师在上。但你教学岗就那么几个人，大部分课程还是要教学科研并重的人来上，对这些人来说，最关键的还是科研压力。(S-V-1)
>
> 你说专业课老师怎么能只管教学，不搞科研呢？这明显不合逻辑嘛。所以说，我觉得这个政策根本就行不通。(S-J-2)
>
> 没有用啊，因为他们（教学岗教师）看不到头，其实没有

---

[1] 蓝劲松：《教学激励政策的反思——对中国高等教育国家级教学成果奖的综合考察与分析》，《国家教育行政学院学报》2006年第12期。

[2] 朱建华：《百位高校名师九成头顶"官衔"》，《长江日报》2009年9月11日第8版。

起到一个促进作用，反而，起到了一个坏的作用……给教学的这个，一个是晋升的途径不畅，另外一个就是你给的教授的指标太少了，去年文管的话，学校只给了两个教学岗的教授的指标。(L-V-2)

单纯的教学型的老师很难评上教授，我们×××教学中心大约三四十个老师，但只有两三个教授，而且这两三个也是以前做了一点科研的。毕竟科研还是硬一些，教学相对软一些。(S-P-1)

同时，还有教师认为，这种自上而下的以管理主义为特征、以效率为导向的政策设计，其目的并非是促进不同类型的教师更好地专注于某一种类型的学术工作，从而从整体上更好地保障教育质量。相反，受访教师更倾向于将这种带有强制性色彩的政策视为学校为了实现"腾笼换鸟"这一管理目的的权宜之计，而在这个过程中教师群体的话语权是缺失的。

学校很聪明，它把压力和矛盾都甩给院系了，你去找学校，他说这是你们院系自己分的……人家说了嘛，就是"腾笼换鸟"。(L-V-2)

这是人事处搞的，可能还有教务处，它们联合搞的吧。具体我也不太清楚。教代会的时候也讨论过，争议很大，很多老师都反对，但没有用，说归说，做归做，最后还是下发了这个文件，每个院系都得执行。表面上是为了调动教师的积极性，但其实是给教师戴了一个"紧箍咒"。可能过两年就会修改吧，反正现在老师们意见挺大的。(S-V-1)

都是为了行政人员便于管理，而不是为了从本质上促进教学……我们的很多政策都是一刀切，分成几类……征求意见有

什么用呢？在我们学校从来没听说，哪些（提出的）意见会被执行的？(S-V-2)

事实上，比起教师群体话语权的缺失，更令人担忧的是，教师群体虽然有参与制定相关质量政策的意愿，但是，长期以来形成的以行政权力为主导的管理本位的制度环境已经造成了一种遵从性的文化。

其实，你到哪里都一样，大环境就是这样，是吧？所以，说归说，你又能怎么样呢？这也不是一个人能决定的。(L-V-1)

你个人怎么能和整个体制对抗呢，是吧，有时候，我们也只能发发牢骚而已，你不能指望现在有多大的改观，反正我是不抱什么希望。……不过，话说回来，假如你在那个位置上，你也会这么做，是吧，要不能怎么办呢。(S-V-3)

与上面这种情形类似，另外一项对北京大学教师的质性研究也表明，面对外在强大的制度压力，教师们虽有不满、抱怨甚至抵制，但却别无选择，只能遵从当前的这种制度。[①]

总之，由于"中国高校普遍缺少支持教师参与管理的制度，由此导致教师与管理者之间利益权力关系失衡，权力与利益向管理者方面偏斜，破坏了建立健康组织文化的基础"[②]。埃斯科特也指出，"当不熟悉大学问题的权威试图通过纯粹的行政和政治手段解决大学的问题时，没有比这个更令学生和教授们感到困扰的了"，而

---

① Lai, M. H. Challenges to the Work Life of Academics: The Experience of a Renowned University in the Chinese Mainland [J]. Higher Education Quarterly, 2010, 64 (1): 89-111.
② 赵炬明:《美国大学教师管理研究（下）》,《高等工程教育研究》2011年第6期。

"如果受改革影响的人们不是改革的积极参与者,而且他们也不相信改革的价值,那么任何教育改革都将注定失败"。① 相关实证研究表明,大学教师参与质量保障的过程能明显减少他们认为质量保障中包含工具理性的可能性。② 相反,如果高等教育质量保障不能取得学术人员的支持,那么它就不太可能服务于高等教育的发展,强调遵从与问责的质量保障方式只会导致一种使学术人员处于孤立的危险境地并危害整个高等教育系统的院校文化。③

(二) 非对称性问责与策略性选择:体制化的技术治理的实践逻辑

1. 非对称性问责:重科研,轻教学

前面虽然提到教师们普遍认为近些年来,在国家的政策要求下,高校开始逐渐重视教学。但在教师们看来,很多情况下,这些行动并未对教学质量产生实质性影响,正如上文提及的,这些政策和措施在很多情况下"走了样"。一方面,一些常规性的教学质量管理措施只是从底线层面保证了教学秩序,能够有效阻止教师"渎职"行为的产生。但这种问责的压力对促进教师将精力投入教学方面并没有起到应有的促进作用。因为,在教师看来,完成教学基本工作量,学生评价不要太差,不出教学事故就可以通过教学方面的考评,而在晋升中过程中,教学也只能起到"锦上添花"的作用,对他们影响最大的还是繁重而苛刻的科研问责压力。正如有学者所言,由于大部分高校教师聘任制政策的文本"对课堂教学多是一些课时量和较易达成的学生评教的要求,因此,教学成为学术工作中

---

① [西] 米格尔·安吉尔·埃斯科特:《大学治理:责任与财政》,汪利兵、温从雷译,《教育研究》2008年第8期。

② Trullen, J., Rodríguez, S. Faculty Perceptions of Instrumental and Improvement Reasons Behind Quality Assessments in Higher Education: The Roles of Participation and Identification [J]. Studies in Higher Education, 2013, 38 (5): 678-692.

③ Hodson, P., Thomas, H. Quality Assurance in Higher Education: Fit for the New Millennium or Simply Year 2000 Compliant? [J]. Higher Education, 2003, 45 (3): 375-387.

要求最低，不具竞争性和挑战性的工作"。[1]

> 不管你讲得好还是不好，对你没有任何影响，考核只是看你的学时数，就是你上多少课就完了，就是课时量……（学生打分），这个没有在考核里面啊，没有这个考核，打分又有什么用？而且每年的学生打分我还排在很前（面）呢，但说实话，其实没什么用……我们学校总体来说是以科研为导向的，由于这个原因呢，第一个就是刚才我说，规章制度上，表面上很严格，但实际上对于大部分人，反正只要上够了课，就无所谓了。（在教学上）你只要不是比别人太差就无所谓了。（S-V-1）

> 好像还没有听到说哪个老师因为出现教学上的问题而没有通过考核的。就是计算工作量嘛，上了多少课时，有没有教学事故、到课率啊，等等。这个每个老师都能完成。但是具体的教学效果，那就不好说了。（S-P-2）

> 现在一个聘期要发几篇SCI，显然是你逼着大家去搞科研嘛，但并不是一下就能搞得出来啊。这个东西是一个需要长期积累的过程。（S-V-4）

一项以全国不同地区44所高校为基础的实证研究也表明，一线教师普遍反映所在高校对教学的重视程度不够，[2] 此外，正如前文中所讲到的，虽然高校也把诸多教学质量保障政策和措施与教师晋升挂钩，并给予了较高权重，但是，要获得这些奖项和项目同样需要竞争，而在当前的制度环境下，这种竞争过程本身就存在诸多

---

[1] 卢乃桂、李琳琳、黎万红：《高校教师聘任制改革背景下学术工作的分层与分割》，《高等教育研究》2011年第7期。

[2] 史静寰、许甜、李一飞：《我国高校教师教学学术现状研究——基于44所高校的调查分析》，《高等教育研究》2011年第12期。

变数，使得很多一线教师难以企及，甚至对此充满不信任。因此，我们看到，尽管高校在各种政策文本和诸多制度中都宣称重视教学，但是从教师所能够感知到的角度而言，这种政策宣示更多地停留在指导思想层面或者说仅限于要求教师完成一定的教学工作量（"保底即可"），而没有最大限度地从利益层面激发起教师投入本科教学的积极性。也可以说，高校日常的管理行为与外显的质量政策话语之间在教学这一核心事务方面是存在背离的，即对于科研的问责繁重而苛刻，而对于教学质量的问责往往流于形式。这种非对称性问责正是"体制化的技术治理"的实践逻辑。

2. 非对称问责压力下的工作冲突与教师的策略性选择

作为生活在学术场域，承担多重学术责任的大学教师而言，学术场域并非总是内在一致的，而是受到模糊甚至彼此矛盾的各种要求的影响。也就是说，大学教师作为学术场域的能动的行动者不仅仅被一种制度逻辑所规约，相反，他们可能会面对来自不同方向的、相互冲突的政策要求和现实压力，因而可以设想，作为理性人，当面对异质乃至互相竞争的制度时，他们会选择性地遵从或抵制某些制度或某一制度的某些方面，而难以或不会主动满足不同制度的所有要求。

> 我上课多了，我就没时间写文章了，你把精力投入到教学上，你科研上肯定会受影响。（L-P-2）
>
> 一门课你要上得好，你要投入大量的精力。我们要投入大量的精力，我就不用考核了今年，学校直接就给你过不了，根本不谈你教学的问题。（S-V-4）
>
> 其实，大学老师现在面临的压力很大，学校现在天天喊着要重视教学，但实际上还不是以科研为主。你要（在教学方面）当一个好老师，就要花很多时间，但一个人的精力是有限

的，我只顾（教学）这头，那头（科研）怎么办。所以说，很多时候，你很难都照顾到，最后可能两头不讨好。(S-V-2)

尽管教师同时做好教学、科学研究和社会服务是客观的要求，也存在理论和现实的可能性，且事实上在几乎所有高校，每一项职能和任务都被纳入教师考评的范畴，但是限于主体自身时间和精力的有限性，外部竞争越来越激烈的现实以及不同学术工作所采用的激励方式和强度的差异，顾此失彼就成为一种司空见惯的组织现象。①

在这种非对称性问责的实践逻辑支配下，在大学教师看来，教学仍然被严重忽视，将很多精力投入到教学的教师得到的仅仅是一种道德和精神上的自我安慰。② 在这种情况之下，教师对于教学的重视与否与投入程度只能交由自我的道德水平进行调节。事实上，在持续的制度压力下，作为理性人，教师会权衡利弊，做出违背理想价值判断的现实选择。而且即使是通过自我调整，从理想主义出发来保持对于教学的热情和投入度的教师最终形成的也是一种"消极的身份认同"。

> 刚入职那会，那也是一腔热血。其实，我跟你说，教学就是个良心活。你一节课投入多少精力，你讲多少，怎么调动学生的积极性，怎来设计这个课，其实它是一个很花时间、很花精力、很费脑筋的事情。最开始的时候呢，我是很认真啊，比如说，那个时候呢，我会给学生布置作业，并亲自批改这个作业。一学期呢，会有6次，我那个时候带了1100多个学生，

---

① 周雪光：《组织社会学十讲》，社会科学文献出版社2009年版，第202页。
② Morley, L. Quality and Power in Higher Education [M]. Maidenhead: Society for Research into Higher Education & Open University Press, 2003: 29.

一个人的作业一次要花5分钟,你算算我得花多少时间。后来我就压根不布置作业了,我管都不管,现在甚至我连教案看都不看。(因为)你发现在院系里面发展最好的是科研做得最好的。课上得再好也没用。那个是流水的兵,会时过境迁的。各种评奖、评职称的时候就看你的硬东西,专著、文章、课题。那个比起你做科研来,那个你会算这个账啊,立个(教改)项目才8000块钱,我发一篇文章多少钱啊,对不对?那是有奖励的,即使没有奖励,那是我一辈子的事情。我是慢慢才体会到的,真是这个体制改变了我。从(入职后)第三年我突然醒悟了,当然这也可能是一个职业的倦怠期,没有那种激情了,但更多的是现实教育了我。(L-V-2)

鲍尔指出,"政策通常不告诉你应该做什么,但政策能创设一种具有选择性的情景,它能告诉你如何缩小或改变未来的行为范围,或者帮助你设定特定的目标或结果。"① 换言之,"相对于外部社会环境的变化,对本科教学可能带来更为根本和直接影响的因素,还在于学术系统以及大学内部制度设计所带来的教师主观心态的改变。"② 在这种制度设计的轨道上,大学教师倾向于将科研置于优先地位,而将教学置于次要位置。

(问:往外跑什么意思?)往外跑就是跑项目、跑课题啊。现在这项目、课题啊还不是跑出来的,现在老师都被逼得往外跑,你坐在办公室,课题怎么能掉下来呢。再说,不跑考核就过不了了……现在的老师就像"农民工",自己找活,自己干。

---

① [英]斯蒂芬·J. 鲍尔:《教育改革:批判和后结构主义的视角》,侯定凯译,华东师范大学出版社2002年版,第34页。
② 阎光才:《研究型大学中本科教学与科学研究间关系失衡的迷局》,《高等教育研究》2012年第7期。

(S-V-1)

很大程度上，我们现在不想搞教学，我刚来的时候吧，还有点教学热情，每年的打分都是排在前面的，我准备这些课程啊，还是花了很多精力的。某种程度上来说，我现在就变油了。……有的课程，我光准备这个PPT，我跟你说，一个星期就会花个两三天的时间，专门整这个事情。我开始不了解这个情况，现在觉得很亏。慢慢地你看身边的人呢，你会看到，一开始觉得教学打分还蛮高的，但后来觉得这不算个什么，没有什么用处。（这个转变）大约在我回来之后三年左右的时候，我反省得比较慢。(S-V-2)

总的来看，使大学教师的研究与本科教学构成一个有机联系的网络的努力并没有收到很好的成效，"因为教师头脑中的某些关于他们自身扮演之角色和承担之责任的信念并没有发生变化。"[1] 如果说这种根深蒂固的学术信念为大学教师的理性选择提供了行动的内在逻辑，那么外部环境中鲜明的科研指向性以及奖惩的倾向性则为大学教师忽略甚至忽视教学提供了可能的制度和实践空间。

没有什么压力，我只要上完我的课时就可以了。我的课程远远超出（学校的规定），我上的课比较多，我打分就不在后面，你按时上课就可以了。对于那些排在比较靠后的人，学院才会找你谈，但是对于排在前面的人，学院也没任何奖励，也没任何考核上的好处，那我就无所谓，反正我只要不是最后一个就可以了。比如说，我考核排在前20%，你就可以给我减一

---

[1] 徐岚：《中国大陆大学教师的学术责任建构：两所研究型大学之案例研究》，博士学位论文，香港中文大学，2008年。

篇文章，那我肯定就很努力地去搞。（S-V-4）

　　我看到周围的很多老师（对教学）无所谓，但他可以把科研搞得很好，在学校很受重视，很厉害。但是，对于教学来说，除非你到了某一个层次，比如国家级名师，但是这种，身边能有几个人呢……但是你要到这个层次，搞个10年、20年，不搞科研，我待都待不下去了。（L-V-2）

网络上流传的一个四川大学教师的自白中的一句话或许更好地诠释了教师在当前制度环境中对于教学与科研之间关系的真切感知："科研是自留地，教学是公家田"。① 换言之，在当前的制度环境中，科研成果具有双重属性和功能，即在科研方面的投入和产出不仅能够给教师所归属的组织带来物质资源的累积和声望的提升，而且科研成果更是教师学术生涯中用以刻画和记录其个人学术发展的标尺。因此，越来越强调考核评估以及个人学术竞争力的外部严苛的环境压力与学术共同体长久以来积淀的科研才是学术的信念往往产生一种互动的叠加效应，促使教师将科研视为之于所在学校和个人"双赢"的工作。与之不同，由于教学效果具有内隐性、模糊性、延迟性、多样性和复杂性等特征，在大学的整个教学系统中难以形成一个灵敏且有效的评估与反馈机制，再加上学生、用人单位和社会公众对于高等教育系统也没有形成直接的、强有力的问责压力，教学工作只能依靠学术职业群体内部长期形成的文化和约定俗成的共识进行约束。② 因此对于处于这种推拉关系中的教师而言，

---

　　① 王鑫昕、李梓汐：《周鼎一声吼"青椒"齐喊疼》，《中国青年报》2015年1月5日第9版。
　　② 卢乃桂、李琳琳、黎万红：《高校教师聘任制改革背景下学术工作的分层与分割》，《高等教育研究》2011年第7期。

将科研视为一种受到保护且可以迁移的"私人财产"[①]以及以一种功利主义和简单的经济学思维方式将教学看作一种"高成本、低收入"的单方面的劳动付出，就成为一种虽然违背专业责任但却是无可奈何的普遍心态和现实选择。总之，大学教学陷入了"理论上重要，说起来紧要，但现实中不重要"（受访者：L-V-2）的尴尬处境，这已经不仅是一种"环境中的个人困扰"，确切地说已经成为一个"社会结构中的公共议题"。[②]

总之，尽管当前诸多有关教学质量保障的政策和措施具有很强的针对性，但对于教师而言，他们面临着可能来自不同方向与不同领域的影响其学术工作的政策和措施，因此从他们的角度来看，任何有关教学质量保障的政策和措施都不应该是孤立的。这些来自不同方向和不同层次的推力和拉力纠缠在一起，彼此影响，共同影响和规约着教师的认知、态度和行为。当下，在这种外在的具有明显工具主义的制度形塑下，许多大学教师正经历着"去教师化"和身份重构的过程。他们虽然倾向于认为自己首先是一个大学教师，教学是自己的本职工作，但他们却自称被迫成为一个"挂着教师称呼"的研究者，形成了"分裂"的学术身份。

三 碎片化、仪式化与低效性：技术治理的结果和后果

（一）技术治理的结果：质量保障的碎片化

"体制化的技术治理"作为中国高等教育质量保障的独特运行机制，在技术理性的思维方式和实证—分析型知识观的支配下，往往将整全性的高等教育质量肢解为点状的"质量项目"，并希冀通过"打补丁"的线性方式予以应对。由于政府部门和高校行政部门

[①] Fuller, S. Making the University Fit for Critical Intellectuals: Recovering From the Ravages of the Postmodern Condition [J]. British Educational Research Journal, 1999, 25 (5): 583-595.

[②] ［美］C. 赖特·米尔斯：《社会学的想像力》，陈强、张永强译，生活·读书·新知三联书店2008年版，第6—7页。

掌控着大量的质量保障资源和根本性的质量保障的话语权,我们看到,为了应对质量问题,国家和高校就凭借其霸权地位,不断以运动式治理的方式通过行政动员和设立各种针对某个特定质量问题的项目来表明其保障和提高质量的决心和意志。但行政部门在绩效合法性等利益诉求的驱使下,往往为质量项目设置专门机构或者将不同的项目分配到不同的科层部门。这样一来,高等教育质量就被"条块分割"。

从内容上来说,高等教育质量被"物化"为各级各类质量项目的总和,即高等教育质量被"块状分割",而这些质量项目又被项目管理机构进一步强行分解为一系列可见且"可计算"的指标和观测点;从形式上来看,高等教育质量项目对应不同的行政部门甚至同一行政部门内部不同的分支机构,这些部门或机构在更高行政权威的领导下"为质量各自为政",不断将高等教育质量进行线性分割。从结果来看,"条块分割"导致了高等教育质量保障的"碎片化"。这种"碎片化"既是形式上的,也是内容上的,还是精神上的。

高等教育质量的碎片化既体现在高等教育系统层面,还体现在高校内部。本研究中的案例大学(H大学)并未成立专门的教学质量保障机构[①],主要由教务处负责本科教学质量保障的相关事宜。但与此同时,学校以及教务处之外的其他行政管理部门(如人事处)也会制定和实施相关的质量保障政策和行动计划。即使在教务处内部,不同科室之间也可能在职能和功能上存在冲突。例如,教学质量管理科仅仅是作为教务部门的一个科室,负责日常教学状态监控、学生评价、组织教师教学竞赛等,另外,诸如旨在提高质量的教学研究项目、精品课程的申报和管理、实践教学的管理、教师

[①] 在H大学2014年10月24日本科教学审核评估工作布置会上,学校相关负责人就表示要成立一个独立于教务处的专门的教学质量保障机构。

能力培训等则分属不同的科室或中心。

（二）技术治理的后果：质量保障的仪式化与低效性

通过前文的描述和分析，我们发现，尽管政府和高校不断借助项目激励或者"末位淘汰"甚至"一票否决"等方式从改进与问责两种路径致力于提高高等教育教学质量。但是从学术人员的角度而言，这种质量问责对大部分高校教师仅具有预警功能，很难督促其致力于教学过程和教学方法的改进，也就是说，这种看似严苛的问责在此"蜕化"为一种用以展示高校和高校教师执行国家质量政策与重视教学的"仪式"。与此同时，由于各种项目的推出更多的是基于经济与政治因素的考虑而非学术因素的推动，无论是对于大学组织还是对于大学教师而言，项目本身的立项就被简单等价为高质量的教学。在这个过程中，由于某些项目本质上是带有补偿性的考评手段，对于此类项目的争夺仅仅对与之有直接利益关联的教师具有激励作用，而大部分不需要通过此项目证明自我价值的教师则对此漠不关心。此外，在学术共同体本身发展滞后和学术事务"泛行政化"的现实背景下，即使面向全体教师的教学奖励和项目，也因超越了教学本身而成为表征高校和教师学术地位的符号，被许多担任高级行政职务却极少从事一线教学的教师所垄断。因此，当项目本身不是指向教学的实质性改进以及项目承载了部门和个人利益之时，各种质量保障政策和措施所宣称的旨在通过某某项目激发教师教学的积极性从而改进教学的效果必然会大打折扣。

从学术工作的实际来看，当前这种以量化科研产出作为实质性绩效考核与职称晋升依据的评核体制不仅仅加剧了教师的工作压力，使其产生职业倦怠，无法持续提高学术生产效率，更为严重甚至颇具讽刺意味的是，这种压力的过度膨胀已经抑制了教师的职业认同感和对于学术工作的热情,[①] 与管理者所意欲达致的目标背道而驰。这种现象不仅仅发生在本研究所选择的案例大学,对一些教学型大学中教师的非正式访谈也佐证了这一点,也就是说,"过于强调研究成果与晋升、报酬挂钩的业绩考核机制下,即使是以教学为主高校中的教师,也把论文发表数量视为第一要务,教学精力投入严重不足,教的学术成为鸡肋,严重影响了人才培养的特色与质量。"[②]

事实上,正如严苛的官僚控制难以激发教师的积极性与创造性一样,过于注重政策的效率和竞争导向而忽视高校和学术职业特性的高等教育质量保障同样也会抑制高校与教师的创造性或者仅仅制造一种虚假繁荣。换言之,一味强调基于绩效的、单向度的问责并不会产生质量。相反,当高校与教师的利益被迫捆绑在一起的时候,他们就更倾向于从经济学上的"理性人"假设出发,为争取利益的最大化,通过"共谋"来应对来自外部的、以单向度问责为特征的质量保障政策和措施,从而不断消解政策的积极意图。而且就中国的现实情况而言,"基于调控和放权理念而设计出来的一系列评估手段、竞争性项目、工程和人才计划等,尽管在效率上并非乏善可陈,但其在现实中给高校及学术人带来的困扰,以及对我国学术制度与环境的长远性和常态性建设所带来的影响,并不见得就弱化了计划经济时代行政力量对学术的影响力。"[③] 一些基于中国教育实践的经验研究[④]也表明,政策的实施并非一个纯粹理性的过程,尤其是在高等教育这一复杂的场域中,其他与之相关的尤其是与之

---

① 鲍威、王嘉颖:《象牙塔里的压力——中国高校教师职业压力与学术产出的实证研究》,《北京大学教育评论》2012 年第 1 期。
② 阎光才:《高等教育改革顶层设计的逻辑》,《中国高教研究》2014 年第 1 期。
③ 阎光才:《我国学术职业环境的现状与问题分析》,《高等教育研究》2011 年第 11 期。
④ 李军、田小红:《培养世界一流教师的中国追求——国家战略和制度转型的一个理性模式》,《教师教育学报》2014 年第 1 期。

竞争的政策或者更为宏大的制度背景都有可能削弱此种政策的实施效果。因此,"体制化的技术治理"所体现出来的这种"头痛医头,脚痛医脚"的思维方式和治理方式不仅难以从根本上解决质量问题,而且还会造成一种遵从性甚至不信任的组织文化,从根本上制约质量的提高。

第 五 章

中国大学制度与体制化的技术治理

"体制化的技术治理"是中国高等教育质量保障的核心运行机制，这既体现在高等教育系统层面，也体现在院校层面。为什么不同的高校会采取相似甚至相同的质量保障方式？"技术治理"何以产生并制度化为中国高等教育质量保障的核心运行机制？在制度理论看来，组织或个人所采取的一些近似或共同的行为方式不是任意的和无条件的，而是特定制度环境的产物。因此，要对组织或个人表现出的稳定的行为方式进行有效解释需要从制度入手进行分析。

在对纷繁复杂的制度定义进行综合考察和分析的基础上，理查德·斯科特从一个极具包容性的角度将制度划分为三个维度：管制性维度、规范性维度和文化—认知维度。[1] "管制性维度是指那些必须要遵守的明确的法令规章，规范性维度是指那些大家认为应该这么做的规范、义务和责任，而文化—认知维度则是指那些被广泛接受的知识和特定的看问题的方式。"[2] 可以说，这三个维度分别从法律的—政治的、社会的—道德的和文化的—心理的三个层面对制度进行了分解。这三个层面表达了制度的三种面向，相互区别，相互

---

[1] [美] W. 理查德·斯科特：《制度与组织——思想观念与物质利益》（第3版），姚伟、王黎芳译，中国人民大学出版社2010年版，第58—59页。

[2] 柯政：《理解困境：课程改革实施行为的新制度主义分析》，教育科学出版社2011年版，第76页。

支撑，三位一体。

另外，曾荣光认为，如果将公共政策视为现代社会中的一种国家行动的话，那么教育政策研究的一个重要目的就是对某一国家为何采取某种特定的政策行动或计划而非其他方案进行解释和说明。[1] 冯仕政在研究国家运动时则指出，国家运动的发生不是无条件的，既不是所有国家都需要，也不是所有国家都有能力或具备条件来发起国家运动。他认为国家运动的发生，需要同时具备三个结构性条件，或者说是三种动力的耦合才导致了国家运动的产生：[2] 第一个条件是国家自身在引导或改造社会方面有着明确而强烈的远大抱负与目标或者国家面临着强大的绩效合法性压力，因此，国家会对社会改造或社会变革通常表现出异乎寻常的兴趣，并希望通过国家具备的超凡能力来获得超常规的绩效。第二个条件是国家基础权力严重滞后于社会改造或社会变革的需要，致使国家短时间内难以通过专业化、常规化和制度化的途径实现国家的远大抱负并提升绩效合法性，因此，国家不得不打破既有的专业、常规和制度界限，将有限的基础权力聚合起来，去实现国家确认的最重要的目标和事务。第三个条件是国家拥有强大的专断权力，无须其他利益主体的同意，就能够行使这种专断权力从而发起国家运动。简言之，这三个条件中的第一个条件是一个孕育和支撑国家运动的观念基础；第二个条件是社会转型期国家所面对的绩效合法性压力；第三个条件是国家基础性权力与专断性权力失衡，具体而言是国家基础权力薄弱，而专断权力强大。其实，这三个条件和斯科特对制度的三维界定有着对应和相似之处，可以将其整合为一个新的解释框架。其中，文化—认知维度对应国家的观念基础，在这里表现为国家的高

---

[1] 曾荣光：《教育政策行动：解释与分析框架》，《北京大学教育评论》2014年第1期。
[2] 周雪光、刘世定、折晓叶主编：《国家建设与政府行为》，中国社会科学出版社2012年版，第33—70页。

等教育质量观,即国家长期以来形成和奉行的高等教育质量哲学;规范性维度与绩效合法性相对应,在这里表现为利益相关者对于高等教育质量的问责;权力形态对应的则是管制性维度,在这里表现为高校对政府的依附式自主和学术权力对于行政权力的依附式自主。从这三个条件或三个层面出发,我们可以尝试对"技术治理"何以产生并制度化为中国高等教育质量保障的核心运行机制进行制度分析。

首先,中国现代高等教育自产生之日起就被政府视为实现国家现代化和民族振兴的重要工具,而且这种信念在中华人民共和国成立之后以及全球化的今天依然是国家介入高等教育质量议程的最为重要的观念基础。其次,中国高等教育中长期存在的质量问题与社会转型期所出现的质量滑坡以及利益相关者的质量问责使得政府在直接介入高等教育质量保障议程的同时,也不得不尝试引入市场竞争和绩效评估的策略来进行高等教育质量保障。不过,需要指出的是,中国高等教育领域的市场化是一种政治和行政权力规训下的"类市场化"。最后,国家在高等教育质量保障方面所拥有的专断权力超过了其所拥有的基础权力,使得政府有能力对高等教育质量保障进行理性设计。当然,这三个方面不是单独存在的,而是在冲突与融合中共同作用于中国高等教育质量保障的政策与实践的。

第一节 国家导向的质量观:体制化的技术治理的文化基因

通常情况下,一种制度能够在一定的社会情境中存在或者说存续,仅仅靠上层的倡导和施加压力是不够的,甚至是行不通的,下面还得能够接受这种制度,即上下双方必须共享一个共同的价值观才是维持制度运行的核心要件,而无论这种价值观对接受者来说是主动的还是被动的。① 尼夫（Neave）也认为，各种管理、控制和评估体系看似是技术层面的，但也表达出一些潜藏的信念和价值观。② 霍尔从社会学的角度探究政策变迁的时候，同样肯定了理念对于政策制定及其变迁的影响，他总结道，"几乎所有领域的政策制定都发生在一套特定的理念的脉络内，这套理念会认可某些社会利益比其他利益更有合法性，更偏爱某些政策路线。"③ 因此，"政策工具的运用不仅是一种技术问题，更涉及价值问题，换言之，政府对政策工具的选择，即为一个政策价值选择的过程。"④ 赛尔特（Salter）和坦普尔（Tapper）在研究英国高等教育质量保障的时候则坦言，意识形态的斗争通常是政策议程变革的一个必要的前兆，⑤ 换言之，不同的质量观会导向不同的发展道路和发展模式。⑥ 而中国政府和高等院校之所以以行政动员和项目驱动这种技术治理的方式来推进高等教育质量保障进程与一种经由传统延续且普遍存在的认识论密不可分。

一 国家导向的高等教育质量观的产生与强化

（一）国家导向的高等教育质量观的历史渊源

与源于中世纪传统的自然演进的西方大学不同，中国近代大学

---

① 赵炬明：《精英主义与单位制度——对中国大学组织与管理的案例研究》，《北京大学教育评论》2006年第1期。

② Neave, G. On the Cultivation of Quality, Efficiency and Enterprise: An Overview of Recent Trends in Higher Education in Western Europe, 1986 - 1988 [J]. European Journal of Education, 1988, 23 (1/2): 7 - 23.

③ 岳经纶、郭巍青主编：《中国公共政策评论》（第1卷），格致出版社、上海人民出版社2007年版，第1—23页。

④ 刘秀曦：《高等教育政策工具之探析：大学评鉴结果与政府经费分配之连结》，《教育研究与发展期刊》（台湾）2013年第3期。

⑤ Salter, B., Tapper, T. The Politics of Governance in Higher Education: The Case of Quality Assurance [J]. Political Studies, 2000, 48 (1): 66 - 87.

⑥ 石中英：《提高质量是教育改革发展的核心任务》，《中国教育报》2012年11月6日第1版。

诞生于19世纪末期那个风雨飘摇的王朝，富国强兵、民族振兴和发展科技等是其建立伊始所担负的主要使命，带有鲜明的工具理性色彩。因此，可以说，中国现代高等教育体系建立之初是服务于国家利益而非个人利益的。[1] 在此后的发展进程中，虽然历经政权更迭和外敌入侵，但高等教育机构作为致力于国家富强和民族振兴的目的却一直备受各个时期的政府的重视。可以说，通过高等教育而实现国家现代化和民族复兴的理念是中国高等教育与生俱来的文化基因。例如，中国共产党在艰苦的革命战争年代所建立和领导的大学，其主要功能就是为党、政、军培养后备干部和从事具体工作的人才，其教学内容则与社会现实紧密相关或直接致力于实际问题的解决。[2] 这种服务于政党和国家的理念在中华人民共和国成立之后表现得尤为明显。

中华人民共和国成立之后，鉴于当时的国际环境和现实的政治需要，中国选择了与苏联结盟这种"一边倒"的策略来为整个国家的发展规定方向和道路。具体而言，就是以苏联社会主义建设的成功经验和做法作为巩固新生政权、恢复国民经济和社会秩序的唯一模板。作为整个社会系统的子系统，教育领域自然也顺应了国家的这种整体发展趋势。[3] 经过短暂的过渡和调整，在20世纪50年代初期，"中国采纳了苏联高度政治化和技术专家主导的大学模式"[4]。

---

[1] Zhao, J. M. The Making of A Chinese University: A Case Study of Organization and Administration of A Key Chinese Univtersity Circa 1995 [D]. Montreal: Faculty of Education, McGill University, 1998: 281.

[2] [加拿大] 许美德：《中国大学（1895—1995）：一个文化冲突的世纪》，许洁英译，教育科学出版社2000年版，第39—40页。

[3] Pepper, S. Radicalism and Education Reform in 20th - Century China: The Search for an Ideal Development Model [M]. Cambridge University Press, 1996: 158.

[4] 杨锐：《中国高等教育演化的若干启示——基于文化比较的视角》，《高等教育研究》2011年第7期。

(二) 国家导向的高等教育质量观的形成

在高等教育领域，学习苏联的重点就是建立一个高度集权的高等教育体制，直接服务于社会主义国家经济建设。[1] 为国家建设服务也由此成为新中国成立后中国大学制度的一个基本特征。[2] 当时，面对积贫积弱的现实困境，国家将实现工业化确定为社会主义建设的中心工作和迫切任务，因此，围绕迅速实现工业化的赶超战略，中央政府通过改革课程设置和进行专业改造等使高等教育与国家利益紧密结合起来，逐步形成了国家功利主义的教育价值观。[3] 1953年9月召开的第一次全国综合大学会议就指出，"高等教育在国家总路线里是为国家培养合格干部的重要一环，它必须以马克思列宁主义关于自然和社会发展规律的科学为基础，适应国家经济建设需要，在广博的基础知识上进行专业教育，为国家培养足够数量而又合乎规格的建设人才"。[4] 在将高等教育视为服务于社会主义经济建设的工具的同时，国家还寄希望于高等教育通过意识形态的再生产和培养符合国家要求和期望的人才来保证社会秩序的长期稳定。换言之，新中国的高等教育不仅承担了经济建设的使命，还被政府视为贯彻和传播意识形态的重要场所。总之，1949年之后，中国高等教育传统中的国家整体利益导向不但没有弱化反而被进一步强化。可以说，在计划经济时代，国家的需要是评判高等教育质量的唯一标准。借此，代表国家和人民对高等教育进行管理的政府自然就获得了与高等教育质量保障相关的所有权力。例如，传统上高校毕业生"包分配"的就业政策就旨在通过国家权力的强制性来分配稀缺

---

[1] ［加拿大］许美德：《中国大学 (1895—1995)：一个文化冲突的世纪》，许洁英译，教育科学出版社2000年版，第39页。

[2] 张应强：《新中国大学制度建设的艰难选择》，《清华大学教育研究》2012年第6期。

[3] 岳经纶、郭巍青主编：《中国公共政策评论》（第1卷），格致出版社、上海人民出版社2007年版，第77—92页。

[4] 罗云：《"人民的大学"：1949年新政权下中国大学身份之建构——以北京大学为个案》，《教育学报》（香港）2010年第1期。

的"人力资源",使其能够为国家所用。[①]

改革开放之后,高等教育的功能趋于多元化,但是在以经济建设为中心的国家宏观政策影响下,高等教育的首要功能依然被视为为国家的经济建设服务。同时,在国家之间的竞争开始主要体现为人才和知识竞争的时代变革背景下,高等教育要以国家利益为导向,要为国家经济和社会建设服务的理念非但没有因经济体制的变革而削弱,反而得到了前所未有的强化。

在以"革命"为基调的计划经济时代,高等教育中人才培养的质量标准是"又红又专",以红为主,以专为辅,以集体为主,以个人为辅,由此形成了"政治本位"和"集体本位"合二为一的统一化的高等教育质量观。党的十一届三中全会后,随着党和国家的工作重点从"阶级斗争"转移到"以经济建设为中心",高校人才培养"又红又专"的定位中更加强调"专"的重要性,体现为"为国家和地方经济建设服务",高等教育质量观由"政治本位"演化为"经济主导"[②]。但这种经济价值取向的质量观的落脚点依然是国家,依然属于集体本位的高等教育质量观。其实,中国高等教育大众化本身的发展也是国家导向的质量观的集中体现,其拉动经济发展和促进高等教育民主化的政策目标以及在这个过程中中央政府广泛的政治动员[③]就是这种国家导向的质量观在特定发展时期所导致的必然结果。

总之,从近代中国高等教育体系建立伊始,中国高等教育的改革与发展总体上采取了以国家主义和政府主导为基本特征的国家干

[①] 卢乃桂、张永平:《全球化背景下高等教育领域中的政府角色变迁》,《北京大学教育评论》2007年第1期。

[②] 魏军:《改革开放30年我国高等教育质量政策的文本分析》,硕士学位论文,西北师范大学,2009年。

[③] 张应强:《中国高等教育大众化及其后续效应》,《中国高等教育评论》2012年第3期。

预和调控模式。① 改革开放以来，由于高等教育被视为国家发展的最为重要的机构，② 国家导向的高等教育质量观在全球竞争的背景下得到前所未有的强化，③ 主要表现为为国家政治和经济建设服务。纵观最近三十年以来中国的教育改革就会发现，其价值诉求就明显倾向于国家主义和经济主义。④

二 高等教育政策中国家导向的质量观

"教育政策文本并不只是简单的白纸黑字，其所具有的权力基础会对人们理解和实践教育构成影响……文本分析的价值也就在于了解政策文本建构了何种现实。"⑤ 改革开放以来，国家对于高等教育重要性的宏大叙事通过转化为有关高等教育质量的话语修辞而被纳入高等教育政策议程之中。

（一）宏观教育政策对高等教育的定位

1985年，中共中央发布的《关于教育体制改革的决定》明确指出，提高全民族素质、多出人才和出好人才是整个教育体制改革的根本目的，社会主义建设必须依靠教育，而教育也必须为社会主义建设服务。具体到高等教育领域，这一纲领性的政策文本还指出，"高等学校担负着培养高级专门人才和发展科学技术文化的重大任务"，"能为自主地进行科学技术开发和解决社会主义现代化建设中重大理论问题和实际问题作出较大贡献"是高等教育发展的战

---

① 雷洪德：《中国高等教育规模变化的特征及其成因》，《高等教育研究》2012年第7期。
② Lai, M. H. Challenges to the Work Life of Academics: The Experience of a Renowned University in the Chinese Mainland [J]. Higher Education Quarterly, 2010, 64 (1): 89–111.
③ 1993年的《中国教育改革和发展纲要》指出，"谁掌握了面向21世纪的教育，谁就能在21世纪的国际竞争中处于战略主动地位"。
④ 石中英、张夏青：《30年教育改革的中国经验》，《北京师范大学学报》（社会科学版）2008年第5期。
⑤ 王晓莉、卢乃桂：《期望中的教师专业性：政策文本分析的视角》，《教育发展研究》2009年第2期。

略目标之一。从这个具有里程碑意义的政策文本中，我们可以看出，改革开放之后，中国高等教育改革的基本目的和基本目标就是力图通过高等教育培养国家急需的人才并通过发展科技来服务于社会主义建设。1987年5月，原国家教委发布的《关于改革高等学校科学技术工作的意见》进一步提出，高校"要树立为经济建设服务的思想，积极主动地为国家、部门、地方和企业解决经济建设中的科学技术问题"。进入20世纪90年代之后，随着高等教育之于国家发展的重要性日益增强，国家开始将教育特别是高等教育摆在了优先发展的战略地位，希望以此来服务于经济建设和国家利益。因此，我们会发现诸如"高等教育必须为社会主义现代化建设服务"之类的国家导向的政策话语反复出现在《中国教育改革和发展纲要》和《高等教育法》之类的重大教育政策或法律文本之中。进入21世纪之后，高等教育在一些具有标志性意义的政策文本中更是被视为实现科教兴国和人才强国战略以及建设创新型国家的重要途径。

（二）宏观高等教育质量政策中国家导向的质量观

在国家宏观教育政策将高等教育与国家经济建设和实现现代化关联起来的同时，以国家需要为标准就由一种纯粹的理念转化为稳定的国家导向的高等教育质量观。这种以国家利益和现代化建设为导向的高等教育质量观也是历年中国高等教育质量政策的重要指导思想。1990年颁布的《普通高等学校教育评估暂行规定》就指出，评价高校办学水平和高等教育质量高低的基本标准是看其能否培养适应社会主义建设实际需要的社会主义建设者和接班人。这可能是中国最早直接将为国家和现代化建设服务与高等教育质量关联起来的政策表述。2001年，教育部的4号文件《关于加强高等学校本科教学工作 提高教学质量的若干意见》中进一步将"以高质量的高等教育迎接新世纪的挑战，培养数以千万计的专门人才"视为

"增强我国综合国力、完成'十五'计划各项奋斗目标的重要保证"。2005年，教育部1号文件，《关于进一步加强高等学校本科教学工作的若干意见》中则明确把"着眼于国家发展"作为加强高校本科教学工作的首要任务和要求。在将高等教育质量与国家现代化建设和增强综合国力在目标层次关联起来的同时，国家政策文本中还明确将国家经济社会发展的需要作为改革高等教育和提高高等教育质量的重要依据。例如，教育部2007年发布的《关于进一步深化本科教学改革　全面提高教学质量的若干意见》就指出："要从国家经济社会发展对人才的实际需求出发，加大专业结构调整力度，优化人才培养结构……引导高等学校及时设置、调整专业和专业方向……培养满足国家经济社会需要的各种专门人才。要根据国家对各专业建设的要求，在进一步拓宽专业口径的基础上，大力倡导在高年级灵活设置专业方向。"此后，2015年国务院发布的《统筹推进世界一流大学和一流学科建设总体方案》、2018年教育部发布的《关于加快建设高水平本科教育　全面提高人才培养能力的意见》（简称"新时代高教40条"）等均将提高质量的目标落脚到实现国家富强和现代化上。

（三）国家导向的高等教育质量观与体制化的技术治理

从上述重要高等教育质量政策文本中，我们不难发现，改革开放以来，国家导向已经积淀为中国高等教育中一种根深蒂固的质量观或文化基因。进而言之，指导中国高等教育改革与发展的主导性的质量观是满足国家的整体需要，只是在不同时期，这种需要可能具体表现为政治需要或经济发展，但归根结底，中国高等教育质量政策的话语所体现的是一种本质主义或单一维度的质量观，即国家导向是判断高等教育质量的根本标准。这种将高等教育质量看作是否满足国家预定目标的质量观长期以来影响着中国高等教育的实践。也有研究者进一步指出，近年来，随着《国家中长期教育改革和发展规划纲要（2010—2020年）》的颁布，"高等教育质量问题更是被提到了前所未有的重视程度。但是应该说，当今高等教育质量的内涵已经远远超出上一轮高等学校质量评估的内涵……而是与提高我国的教育竞争力甚至国家竞争力联系在了一起，已经成为关乎建设高等教育强国和创新型国家的重大事项"。①

可以说，经过百余年的发展，这种国家导向的高等教育质量观作为一种根深蒂固的理念已经深深地内嵌于中国高等教育体系之中，成为其标志性的文化基因和制约政府行为的认知范本和行为图式。在新制度主义理论看来，这种认知范式和行为图式会被组织场域中的各个行动者所共享，使得他们理所当然地采取特定行动。因此，我们认为，正是这种国家导向的质量观潜在地主导了中国高等教育质量政策的走向和其高等教育质量保障的具体形态。具体来说，中国政府之所以能够以行政动员的方式发起并推动本科教学评估以及启动由教育行政部门主导的各类高等教育质量保障项目，从根本上说就是由国家将高等院校视为为国家经济和社会发展提供人力资本的最为重要的机构这一观念所衍生出来的自然结果。在这种国家导向的质量观的支配之下，由于国家以"集体的需要"为判断质量的主要标准，当国家认为高等教育存在质量问题时，政府就会主动承担起高等教育质量保障之责，凭借其手中掌控的资源、拥有的行政权威和特定的动员机制来发起质量保障行动。总之，国家导向的高等教育质量观作为一种"集体惯习"，长期以来被政府和学校共享，即两者均将高等教育为国家服务视为"理所当然"，将国家需求和国家需要视为高等教育质量的终极归宿。这种"上下一

---

① 赵婷婷：《高等教育质量在中国的涵义及质量评价研究的趋势》，《大学教育科学》2012年第5期。2006年，时任教育部部长周济在教育部召开的全国普通高校本科教学工作评估经验交流暨评估专家组组长工作研讨会上的讲话中就特别强调了高等教育质量对于创新型国家建设的重要意义，认为高等教育通过培养数以千万计的专门人才和一大批拔尖创新人才，对建设创新型国家起着决定性的作用，并将重视和提高质量视为国家对全国所有高等院校的共同要求。

体，上行下效"的文化基因为政府通过技术治理的方式介入高等教育质量保障提供了最为根本的内在动力。

第二节 绩效合法性：体制化的技术治理的观念基础

一 中国高等教育市场化与高等教育发展的新环境

（一）市场化在中国高等教育领域的兴起

改革开放特别是20世纪90年代以来，随着国家经济体制由计划经济体制向社会主义市场经济体制转型，市场化成为中国高等教育改革的基本方向。在市场化改革进程中，中国政府在高等教育中的角色逐步从垄断者和控制者演化为参与者和引导者，高等教育领域中的国家工具主义取向也逐步转向强调效率和市场竞争的新自由主义。[1] 但与西方高等教育市场化不同的是，市场化既是中国高等教育改革的基本方向，也是政府增加高等教育供给方式和转嫁责任的一种手段，即市场化的真正目的是提高政府管理高等教育的效率，而非让市场成为与政府对等的主体。在这样一种理念之下，中国高等教育市场化迅猛发展，甚至有学者认为，在进行分权化和市场化改革之后，由于政府对高等教育的经费投入有限，市场对中国高等教育的影响程度甚至远远高于欧美等诸多国家和地区。[2] 同时有研究显示，[3] 1999年中国高等教育大众化进程快速启动之后，中

---

[1] Zha Qiang. "Walking on Two Legs": A Policy Analysis of China's Move to Mass Higher Education [M] //Schuetze, H. G., Mendiola, G. Á. State and Market in Higher Education Reforms: Trends, Policies and Experiences in Comparative Perspective. Sense Publishers. 2012: 167 – 180. Mok, K. H. Marketizing Higher Education in Post – Mao China [J]. International Journal of Educational Development, 2000, 20 (2): 109 – 126.

[2] 黄福涛：《大学与政府关系的再审思》，《苏州大学学报》（教育科学版）2014年第3期。

[3] 岳经纶、郭巍青主编：《中国公共政策评论》（第4卷），格致出版社、上海人民出版社2010年版，第139—155页。

央政府的财政投入并没有也难以及时进行匹配，因而扩招之后的大部分财政压力被转嫁到了受教育者个体[①]、家庭、高校以及地方政府身上。

因此，从很多方面来讲，"竞争""效率"这些曾经和中国高等教育绝缘的理念转而成为市场化进程中政府和高校信奉的"新理念"。金子元久曾不无感慨地指出，从高等院校积极创收并将其收入与学术人员个人的物质与学术利益紧密关联在一起的角度来看，"中国高等教育的市场化走在了世界的前列"，而中国的高校则被其称为"人类历史上从未有过的最像企业的大学"。[②] 但与此同时，也有学者将中国高等教育领域中的诸多问题（包括高等教育质量方面的问题）归结为市场的缺位，[③] 认为市场化程度不足是导致中国高等教育陷入改革困境和产生诸多问题的根本原因，因而，通过市场竞争的力量来深化高等教育改革并保障和提高高等教育质量被认为是一种根本的问题解决之道。[④] 总之，市场化是中国高等教育改革和发展的基本共识，但从学者们对市场化的两极评判来看，市场化对中国高等教育实践产生了何种影响取决于我们如何看待中国高等教育市场化的特殊性。

---

① 相关统计数据表明，相对而言，中国大学生的学杂费负担比美国公立大学的大学生所承担的学杂费还要多一倍，而政府投入比例却比美国公立大学少 14 个百分点。详见岳经纶、郭巍青主编《中国公共政策评论》（第 4 卷），格致出版社、上海人民出版社 2010 年版，第 139—155 页。

② ［日］金子元久：《高等教育发展的中国模式：来自日本的观察》，徐国兴译，《教育发展研究》2006 年第 5A 期。

③ 罗燕：《大学排名：一种高等教育市场指引制度的构建——新制度主义社会学的分析》，《江苏高教》2006 年第 2 期。

④ 张应强：《高等教育质量观与高等教育大众化进程》，《江苏高教》2001 年第 5 期；陈廷柱：《中国高等教育质量保证的基本策略：市场化》，《江苏高教》2002 年第 1 期；袁祖望：《运用市场竞争机制保障高等教育质量》，《高教探索》2002 年第 2 期；张应强：《从完善大学制度来抓高等教育质量》，《大学教育科学》2012 年第 5 期；张应强：《高等教育全面深化改革需要对高等教育改革进行改革》，《中国高教研究》2014 年第 10 期。

(二) 类市场化竞争：政治和行政权力规训下的市场竞争

尽管学术界在中国高等教育领域的市场化程度方面存在争论和争议，但其一致性在于，处于变革时期的中国社会已经不同于改革开放之前的总体性社会，在这样一个处于转型期的社会中，政府的行政控制甚至直接干预与市场竞争同时并存。换言之，不同于主流的市场理论，市场取向的高等教育改革路线虽已确立，但出于维护政治稳定和统一秩序的考虑，市场在进入中国高等教育领域的同时并未伴随着政府行政权威的必要退出，因而市场仅仅是政府试图对高等教育进行有效管理的一种政策工具，[①] 即"中国并没有完全接受高等教育市场化的理念，市场化只是中国为推进教育改革而采取的一种策略"。[②]

总之，由于中国高等教育领域容纳市场竞争的制度环境不同于欧美等许多国家和地区的制度环境，改革开放至今，中国高等教育领域中市场竞争的本质是政府主导下的有选择性的市场竞争，即政府通过其行政权威来决定在高等教育领域是否推行市场竞争机制，在哪些领域以及何种程度上运用市场竞争机制。[③] 换言之，中国高

[①] 卢乃桂、操太圣：《中国改革情境中的全球化：中国高等教育市场化现象透析》，《北京大学教育评论》2003年第1期。Li, L. L., Lai, M. H., Lo, N. K. Academic Work within a Mode of Mixed Governance: Perspectives of University Professors in the Research Context of Western China [J]. Asia Pacific Education Review, 2013, 14 (3): 307–314. 许美德也曾经指出，列宁主义的国家观通过对学术自由和大学自治进行某种程度的控制，试图在保持学术标准的同时不至于威胁到政治秩序的稳定。参见 [加拿大] 许美德《中国大学 (1895—1995)：一个文化冲突的世纪》，许洁英译，教育科学出版社2000年版，第24页。

[②] 岳经纶、郭巍青主编：《中国公共政策评论》（第6卷），格致出版社、上海人民出版社2013年版，第155—167页。杨东平也认为，在缺乏有效的社会参与和利益博弈机制的情况下，由掌控重要资源的权力部门主导的市场化改革，其实际关注的不是开放教育市场，更多、更好地提供公共服务，而是集中在经营、创收等营利性环节上，以弥补由于政府投入不足、学校扩张冲动和管理效率低下造成的资金匮乏。参见岳经纶、郭巍青主编《中国公共政策评论》（第1卷），格致出版社、上海人民出版社2007年版，第77—92页。

[③] 张应强：《高等教育全面深化改革需要对高等教育改革进行改革》，《中国高教研究》2014年第10期。

等教育领域的市场竞争不是经济领域的"完全市场竞争",也不是高等教育中通行的"准市场竞争",而是政治和行政权力规训下的市场竞争,是具有中国特色的"类市场化竞争"。在这种"类市场化"的市场机制中,中国高等教育领域在某些方面的市场化程度之高已经超过美国等许多"市场主导型"的国家,但与此同时,在诸多需要采取"准市场竞争"的领域,行政权威和行政权力非但没有退出,反而假借市场机制来干预高等教育改革与发展的方向和进程。

二 绩效合法性:类市场化竞争对高等教育质量保障的影响

(一)绩效合法性:世界范围内教育改革的共识

斯蒂芬·鲍尔认为,在世界性的教育改革浪潮中,关键的因素以不同的形式嵌入相互联系的市场化、管理主义和绩效评价三种政策技术(policy technologies)之中,在不同的国家和地方背景中,对于这些因素的强调程度有所不同,但是在改革的过程中,它们是紧密地相互依存的。[①] 在这三种政策技术中,市场化是指政府引入以消费者为核心的准市场竞争机制,迫使教育机构关注自身的生存状态和竞争能力;管理主义则强调由教育机构根据清晰的标准和明确的量化指标进行有效率的自我管理,并接受来自利益相关者的多重问责;绩效评价主要指政府及第三方机构运用评估等手段,对教育机构的工作进行考核。[②]

与斯蒂芬·鲍尔对世界范围内教育改革的论述一致,改革开放以来,传统意义上作为政府行政附属的"单位制"逐渐解体,高校相比以往拥有了更多办学自主权和面向社会自主办学的压力,并且

[①] Ball, S. J. The Teacher's Soul and the Terrors of Performativity [J]. Journal of Education Policy, 2003, 18 (2): 215–228.

[②] 王丽佳、黎万、卢乃桂:《教育质量保障视域中的问责网络建构:理据、实践与优化进路》,《复旦教育论坛》2014 年第 5 期。

高校的这种自主权还被写入一些重大教育政策文本和有关法律之中。在这种情况下，政府直接干预高校的内部运作面临着越来越强烈的合法性危机。同时，随着市场经济的推行，经济、效率和绩效的观念逐渐被各级政府部门所接纳，国家的管理也逐渐从单一维度的意识形态叙事中脱离出来，需要通过管理效率和绩效来获得合法性。迈耶和罗恩则指出，在现代社会中，正式的组织"倾向于采纳为流行的有关组织运作的合理化概念所界定、社会中业已制度化的策略与程序，藉此组织才能增加其合法性及生存几率，而不论这些新采纳的实践做法和程序的直接效用到底如何"。[1] 因此，高等教育领域的改革的确也遵循着这样的逻辑和路线，即政府通过分权来扩大高校自主权，通过市场的竞争来促进高等院校办学水平的提升。

（二）绩效合法性的强化与体制化的技术治理的兴起

绩效合法性为技术治理的兴起提供了重要的社会观念基础，是技术治理得以兴起的直接动因。20世纪90年代，"211工程"和"985工程"的启动意味着政府在向高校进行分权的同时，开始从财政投入[2]等诸多方面把效率主义主导的非均衡发展战略纳入政府对高校实施管制的框架。[3] 在强有力的国家意志和倾斜性的政策以及财政投入的交互作用下，"211工程"和"985工程"建设成效非常明显，纳入这些工程尤其是"985工程"的高校，其实力在短时期内得到极大提升。这种超常规的绩效从正面强化了政府通过项目驱动的方式来保障和提升高等教育质量的决心。在政府看来，要想使高校和学术人员的行为更有效率和富有成效，就要为其创设一

---

[1] ［美］沃尔特·W. 鲍威尔、保罗·J. 迪马吉奥主编：《组织分析的新制度主义》，姚伟译，上海人民出版社2008年版，第45页。

[2] 岳经纶、郭巍青主编：《中国公共政策评论》（第4卷），格致出版社、上海人民出版社2010年版，第139—155页。

[3] 阎光才：《现代大学制度的内涵及其构建过程中所面临的困境》，《澳门理工学报》2012年第3期。

个竞争环境,并且把奖励与更有效的表现联系起来,或者换句话说,用一个能够提供奖励与惩罚的外部系统来代替那些被认为是难以胜任和自私自利的内在动机。① 因此,我们看到,"近年来,无论是在高校、学科、团队还是师生个体层面,我国高等教育制度的整体设计更偏于效率取向与强调竞争机制。"②

随着20世纪末期以来高等教育规模的大幅扩张,政府面临着更为严峻的财政压力,而随之而来的则是高等教育质量问题不断被利益相关者质疑。在这种通过市场竞争来提高绩效和质量的观念影响下,为了回应问责,政府就采取了以绩效为导向的高等教育质量保障行动。2003年,政府开始实施全国范围内的本科教学评估,力图通过将评估结果与对高校的资源分配挂钩的方式促使高校重视本科教学质量。但与此同时,在前文所述的国家导向的高等教育质量观这一文化—认知图式的支配下,政府又不能完全从高等教育质量保障领域退出。因此,在绩效合法性和国家导向的质量观的双重作用下,政府就选择通过行政权力支配各类资源的方式,理性地建构起了一个由行政权力所导演的国家高等教育质量保障市场。在这样一个凭借超强意志建构的市场中,政府认为只要在影响高等教育质量的各个方面通过设置带有政策和资金激励的少量项目就可以不通过直接介入的方式激发高校通过申请项目来保障和提高质量的积极性与实际行动。例如,为了在短时间内达到提高学术效率和提高质量的目的,各级政府通常在常规的学术等级系统之外,设立不同层级和类别的、具有高显示度的杰出人才和后备人才遴选计划、工程或项目,在诸如学术声誉、学术资源和薪酬等方面给予这些少数精英学术(准精英学术)重点支持,塑造了另外一套非常规的、带有

---

① Trow, M. Managerialism and the Academic Profession: The Case of England [J]. Higher Education Policy, 1994, 7 (2): 11 – 18.

② 阎光才:《高等教育改革顶层设计的逻辑》,《中国高教研究》2014年第1期。

高度行政权威认可性质的、具有典型"锦标赛"（tournament）特征的学术头衔（称号）或学术等级系统。①

总之，以效率为导向的绩效管理（Performativity）作为一种全新的管理模式，使得政府以一种"更高级的自由形式"进行高等教育质量保障成为可能。② 为了满足绩效合法性，政府无力也不再"事无巨细"地进行直接控制和完全垄断，而是凭借行政权威和手中的各类资源设计了一种兼具行政控制和市场竞争的高等教育质量保障市场。在这个具有双重属性的"类市场"中，项目成为政府控制高等教育质量保障议程的重要工具，行政动员则为项目制的实施提供了动力机制。

第三节　依附式自主：体制化的技术治理的权力基础

一　依附式自主③：府学关系的历史渊源与现代变种

在高等教育史上，"大学自治"和"学术自由"被视为大学的"最根本的学术价值观"④，这不仅在英美传统的高等教育系统中得到了最为直接的体现，而且即使是在传统上大学被作为国家

---

① 阎光才：《学术等级系统与锦标赛制》，《北京大学教育评论》2012年第3期。

② Ball, S. J. The Teacher's Soul and the Terrors of Performativity [J]. Journal of Education Policy, 2003, 18 (2): 215-228.

③ "依附式自主"是中国的组织管理研究者对中国社会组织的一种描述。王诗宗和宋程成在研究中国社会组织的特征时发现，现存的结构性与能动性两种解释视角虽然论点差异显著，却不约而同地混同了"独立性"与"自主性"概念。综合考察既有的理论成果，他们认为，单一的独立性、自主性概念难以生成对中国社会组织特征的较为完备的描述。基于结构与能动统一的理念，应用新制度理论晚近成就，他们认为中国社会组织之独特结构及实践，乃是组织对其所面对的"制度复杂性"的能动"回应"；这种回应导致了中国社会组织独立性与自主性的复杂且多样组合，并在总体上呈现"依附式自主"的特征。参见王诗宗、宋程成《独立抑或自主：中国社会组织特征问题重思》，《中国社会科学》2013年第5期。

④ ［加拿大］许美德：《中国大学（1895—1995）：一个文化冲突的世纪》，许洁英译，教育科学出版社2000年版，第19页。

机构的欧洲大陆模式的高等教育系统中，政府与大学之间的权力的边界也会通过法律和章程予以明确划定。可以说，在西方的高等教育系统中，国家或政府权力影响大学的方式"通常不是简单直接的行政干预，而是通过责权对等的方式，以手中的财政权力决定公共资助的趋向隐匿地表达其意志"[1]。因此，从西方大学的历史演进来看，国家和大学是相互独立的社会机构，这种分立的原则最终促成了三种类型的大学与国家之间的关系，即大学完全自治模式、国家监督模式和国家控制模式。在第一种模式中，大学拥有完全不受国家控制的自由，在第二种模式中，大学要受到国家的有限干预，在第三种模式中，国家对大学实行集中控制。[2]但是，这种建立在西方高等教育经验基础上的大学治理理念以及由此衍生的国家与大学之间关系的类型划分并不完全适用于解释中国大学与国家之间的关系。

在中国，高等教育机构与国家不是分离的，而是整个国家现代化事业的一个组成部分。[3] 如果将高等教育机构与国家（政府）之间的关系放在一个更长的历史时段中，我们会看到，中国传统中也不存在西方大学意义上的"大学自治"与"学术自由"。[4] 具体来说，西方大学传统中的"学术自由"和"大学自治"理念是建立在中世纪大学与政府和教会分离与对抗基础上的，而自古以来，中国的高等教育机构（学者）与国家（政府）之间就是一种合作而

---

[1] 卢乃桂、罗云：《西方高等教育的企业化进路》，《高等教育研究》2005年第7期。

[2] Pan, S. Y. University Autonomy, The State, and Social Change in China [M]. Hong Kong: Hong Kong University Press, 2009. 12.

[3] Pan, S. Y. Intertwining of Academia and Officialdom and University Autonomy: Experience from Tsinghua University in China [J]. Higher Education Policy, 2007, 20 (2): 121 – 144.

[4] [加拿大] 许美德：《中国大学（1895—1995）：一个文化冲突的世纪》，许洁英译，教育科学出版社2000年版，第26页。

非对抗的关系。① 这种不同不是偶然的，而是根植于东西方文化的差异。不过，需要特别注意的是，"非平等的合作"是中国高等教育中"府学关系"得以建立并长期维系的基础。在这种不对等的关系中，行政权力掌握着最终的控制权，而学术权力居于从属地位。除了中国历史上的这种"道统"和"学统"相互依存，且学术依附于政治的传统之外，中国大学与国家（政府）的关系与上文提及的国家的现代化进程紧密相关。

如前所述，中国近代高等教育体系的建立是为了富国强兵、民族振兴和发展科技，带有鲜明的工具理性色彩。在此之后的发展进程中，中央政府主导并完成了高等教育的制度设计，直接任命各高等教育机构的组织管理人员并控制着高校的办学经费。② 这种先赋性因素导致行政力量深深嵌入到中国近代大学的组织结构和文化基因之中。中华人民共和国成立之后直至改革开放之前的大部分时间，随着苏联高等教育模式的引进和高度中央集权体制的形成与发展，高等院校近乎成为政府的附属行政机构，彻底丧失了独立性。与此同时，高校内部的机构设置、管理制度和日常运作也在很大程度上复制了这种行政隶属关系及其运作原则，从而加剧了行政权力在高校内部的主导地位。

虽然改革开放以来，中国高等教育领域分权取向的改革使得高校拥有了更多形式上和实质上的自主权，甚至在有的学者看来，这种自主权在某些方面已经堪比西方大学的自治。但事实上，囿于中国的社会现实、文化和历史传统，虽然在政策话语层面上，束缚高校和大学教师的枷锁已经部分解除，但是，在实践层面，高校的实

---

① Zhao, J. M. The Making of A Chinese University: A Case Study of Organization and Administration of A Key Chinese Univtersity Circa 1995 [D]. Montreal: Faculty of Education, McGill University, 1998: 123–124.

② 刘少雪：《我国近现代大学行政化管理模式的历史探索》，《清华大学教育研究》2011年第1期。

质性办学自主权①和教师在大学内部治理中的自主权力依然十分有限。换言之，中国高等教育中新自由主义取向的改革更多的是一种权宜之计，而非大学治理范式的变革。②因而，政府在短期内依然在一些核心领域保持着其对于高等教育的控制，高校和教师仍然是在"笼中起舞"（dancing in a cage）。③

首先，从法理学角度而言，《中华人民共和国高等教育法》是在政府保持其行政权威且向高校"自上而下"进行分权以及政府直接掌握着高等教育办学剩余权这一前提条件下制定的，因此，在这种特定的权力配置框架下，虽然法律条文和众多标志性的教育政策文本或赋予高校法人地位或规定要向高校分权，但现实中我们观察到的情况却是，高校因缺少实质性的法人权利，在很多方面均依赖于政府，相对而言，政府作为高校办学自主权的最终裁决者，反而对于自我的权力没有进行有效制约，由此"使得政府对于高校的干预具有较大的随意性"。④换言之，在进行分权的过程中，中央政府和地方政府仍然保留着对于高校进行干预的权力，尽管这种权力的范围有所减少，路径有所改变，但其对于高校诸多事务的控制程度却并未随之减轻，甚至新的权力结构正在以一种难以察觉且看似合理的形式嵌入到其对高校所谓的"宏观管理"之中。

其次，从实践层面来看，高校被赋予的诸多自主权并未经过层层分解落实到基层学术单位和教师群体，反而在校级层面形成权力

---

① 许杰：《建设中国特色现代大学制度：成效、问题与对策——基于试点院校的探索实践》，《教育研究》2014年第10期；梁金霞：《探索分类指导分类管理办法 落实高校办学自主权——国家教育体制改革试点研究报告》，《中国高教研究》2014年第10期。

② Wang, L. Exploring the Potential Rationale for the Privatization of Higher Education in China [J]. Asia Pacific Journal of Education, 2011, 31 (4): 421–438.

③ Yang, R. Vidovich, L., Currie, J. "Dancing in a Cage": Changing Autonomy in Chinese Higher Education [J]. Higher Education, 2007, 54 (4): 575–592.

④ 阎凤桥：《〈高等教育法〉修订中有关高校与政府关系的法律分析》，《学园》2008年第1期。

的再集中。事实表明，在校级层面，权力和资源主要被党委和校长①以及其他主要行政职能部门②所垄断，而作为从事学术工作的大学教师群体不但难以与掌控规则与资源的行政群体分享权力以实现"共同治理"的愿景，甚至因其处于权力的边缘而仅仅被视为管理的对象或者客体。这种高校内部权力的两极分化与政学合作的传统交互作用的结果就是，高校的行政领导和院系的学术领袖之间建立起了一种寡头联盟，单方面控制着学校的重大学术决策。③

最后，由于权力结构失衡所导致的权力弱势一方的利益表达不畅，在政府与高校之间、高校和院系以及教师之间形成一种层级递减的、依附式的自主关系。也就是说，不同于计划经济时代的完全依附式的关系，在当前的制度环境中，高校虽拥有一定的自主权，但政府依然可以凭借其政策影响力和资源配置能力使这种自主权限定在政府行政意志的许可范围之内。同样，在高校内部，学术人员"强烈感到这种去中心化政策在大学机构中形成的是一种'中心化的去中心化'形式"④。大学教师群体在类似的制度逻辑的支配下也表现出对于高校和政府的依附关系。

一项实证研究表明，中国大学教师对于所属学科的忠诚度降低了，而对所在组织的忠诚度增强了。⑤ 这与伯顿·克拉克的经典判断和CAP对其他国家的调查结果明显不一致。那么为什么与西方大学中学术人的学科（共同体）认同、忠诚和归属感要高于工作机

---

① 郭卉：《权利诉求与大学治理：中国大学教师利益表达的制度运作》，中国海洋大学出版社2009年版，第3页。
② 张应强：《新中国大学制度建设的艰难选择》，《清华大学教育研究》2012年第6期。
③ 赵炬明：《建立高校治理委员会——关于中国高校治理制度改革的设想》，《中国高教研究》2014年第11期。
④ 莫家豪：《新自由主义与亚洲高等教育发展——呼唤当代大学"公共意识"的回归》，《教育发展研究》2007年第11A期。
⑤ 沈红：《为什么教师发展条件越好教学越不被重视？——基于2007和2014中国高校教师调查的分析》，中德高校教师教学发展论坛，2014年11月27日。

构和组织不同,中国大学中的学术人员表现出高度依赖于其所工作的实体机构或组织的特征呢?[1] 其原因在于,虽然大学教师的身份经历了从"单位人"到"社会人"的转变,但随着国家财政经费在高校办学经费中的比例下降,特别是在政府不断向高校进行纵向分权的背景下,大学教师的收入构成中来自政府的财政经费和学校自筹经费的比例出现了此消彼长的态势。[2] 事实上,大学教师的收入大部分来自所在高校的自筹经费。或许正是过于依赖这种经过市场化洗礼之后的体制性资源,大学教师才以一种新的方式被"吸纳"进所属的高校之中。当然,这种状况的出现还与中国普遍存在的学术共同体的不成熟[3]状况紧密关联。长期以来,在政府和高校行政权力的渗透和干扰之下,即使是奉行"普遍主义"原则的学术共同体也逐渐被遵循"特殊主义"原则的政治逻辑所侵蚀,成为"一种不同力量相互竞争的权力关系网络"。[4] 在这种双重的压力之下,学术共同体建设滞后的状况非但没有改观,甚至其发展空间被进一步压缩。由此,大学教师被重新形塑为一种新的"单位人"。

总之,"在这种'后总体性社会'中,政治和行政力量仍然是一种辐射力和穿透力极强的资源,对其他资源的流动和转化仍然具有极大的影响。因而,这些'自由流动资源'和'自由活动空间'并没有获得如同西方市场经济社会中那样的自主性。"[5] 这种情况也存在于高等教育中。公立高校作为隶属于政府的事业单位,其在学位授予、招生计划、学校主要领导的产生、薪酬体系、职称评审、重大科研与教学项目、学科与专业发展、学费水平等诸多关键领域

---

[1] 阎光才:《我国学术职业环境的现状与问题分析》,《高等教育研究》2011年第11期。
[2] 阎凤桥:《转型中的中国学术职业:制度分析视角》,《教育学报》2009年第4期。
[3] 赵炬明:《美国大学教师管理研究(下)》,《高等工程教育研究》2011年第6期。
[4] 张斌:《仪式、象征权力与学术秩序——学术会议过程的社会学分析》,《高等教育研究》2012年第1期。
[5] 孙立平、晋军、何江穗等:《动员与参与——第三部门募捐机制个案研究》,浙江人民出版社1999年版,第283页。

都必须接受政府的指导,甚至要听命于政府。①

事实表明,中国高等教育领域的市场化改革策略和路径使得政府在分权的同时以一种"遥控"但颇具影响力的方式再一次将高等教育发展纳入整体的国家战略和经济社会发展进程之中。在这种制度环境中,高校和大学教师所享有的自主权是受到管制的自主权,即高校和大学教师自主权的获得不是通过与掌握资源分配和人事管理的行政权威分离而获得的,恰恰相反,这种自主权的获得及自主权本身依然与政府的意志与行动交织在一起且依附于上层行政权威。此外,与西方大学颇为不同的是,中国高校的自主权并非是同质或均匀分布在整个高等教育系统中的,和整个中国高等教育系统一样,这种自主权也呈现出一种金字塔形的结构,即越是精英大学,可能获得自主权越多。②

二 依附式自主:技术治理形成的宏观制度分析

(一) 政府对于质量的控制与自上而下的质量保障体系的形成

在中国的高等教育质量保障中,政府长期以来都是高等教育质量政策和资源的主要供给者和控制者,因而政府的意志和行为常常成为判断高等教育质量的标准和理解高等教育质量的依据。我们可以从政府的高等教育政策和相关文件中找到其对于高等教育质量的言说方式及其表现出来的话语霸权。而政府对于高等教育质量的话语权往往又借助于自上而下的行政权力转化为政府对于高校日常实践及其结果进行规训和控制的过程。可以说,无论是对高等教育准

---

① Wang, L. Higher Education Governance and University Autonomy in China [J]. Globalisation, Societies and Education, 2010, 8 (4): 477-495. 赵炬明:《建立高校治理委员会——关于中国高校治理制度改革的设想》,《中国高教研究》2014年第11期。

② Pan, S. Y. Intertwining of Academia and Officialdom and University Autonomy: Experience from Tsinghua University in China [J]. Higher Education Policy, 2007, 20 (2): 121-144. Wang, L. Higher Education Governance and University Autonomy in China [J]. Globalisation, Societies and Education, 2010, 8 (4): 477-495.

入进行认证，还是对高校教学和科研活动进行评估和评价，以及通过对高等教育结果进行认定来授予学位等都体现着政府的高等教育质量观及其对于高等教育质量的强力干预。

举例来说，中国实行的是国家学位制度而非学校学位制度，因此，负责学位质量的主体自然是中央政府而非具体的某个高校。可以说，仅就法律层面来讲，从不同高校获得的同一级学位是等值和等价的。也正是借由这一原则，中央政府自动获得了控制和管理所有与学位有关事项的权力，从而可以合法地为各级各类高校制定工作规范与标准，制定统一的专业目录和基本的专业教学要求，组织编写统编教材、教学参考书和课程大纲，直接或间接对高校、专业及其教学进行评估以及负责在某些课程和专业领域实施全国性的统一考试等。[①] 由此，可以看出，虽然进行高等教育教学与科研的主体是高等院校，但与质量相关的基础性和根本性的权力依然牢牢地掌握在政府手中，高校只能凭借有限的自主权在政府划定的范围内按照有关规定行事，缺乏自我调整的动力和创新的空间。如果说这种整齐划一的管理方式在计划经济时代尚有其合理性、合法性与有效性。那么在市场经济迅猛发展和高等教育规模日趋扩大的知识经济时代，多元的社会诉求和多变的社会需求已经昭示着需要对这种制度进行变革。

正是在上述这种政府及其所代表的行政权力强势渗透进微观学术场域的过程中，一个自上而下的高等教育质量控制系统得以形成。[②] 传统上，这个体系是一个包括教育部、大学、院系、教研室

[①] 赵炬明：《精英主义与单位制度——对中国大学组织与管理的案例研究》，《北京大学教育评论》2006年第1期。

[②] Zhao, J. M. The Making of A Chinese University: A Case Study of Organization and Administration of A Key Chinese Univtersity Circa 1995 [D]. Montreal: Faculty of Education, McGill University, 1998: 106 – 126.

和教师五个层次的自上而下的层级系统。① 在这个层级系统中，学位、专业、课程和教学评估是四个核心的质量控制点。其中，教育部不仅仅控制着学位这一表征质量的重要符码，还负责对所有高校及其学科和专业进行评估，此外，在某些课程和专业上，教育部也掌控着主要的话语权和决定权。因此，总的来看，代表政府权威的教育部的控制范围最广、权力最大，依次是大学、院系，而教师的权力最小。可以说，与整个高等教育质量管理体制中的权力主体的层层依附类似，在近些年进行的高等教育质量保障领域中，界定高等教育质量的权力和保障高等教育质量的决策也主要集中在政府特别是教育部。在这种非完全依附式的关系中，高校更倾向于成为执行政府命令、争逐政府奖励和项目的"质量保障的代理人"而非"质量保障的发起者"。甚至在更多时候，高校及其教师为了争取国家高等教育质量政策中的利益，规避问责的风险，会以"共谋"的方式策略性地落实有关质量政策，从而导致高等教育质量保障目标的偏离。而政府对大学的行政化的管理方式以及大学内部积习已久的行政化也被认为是导致教学地位失落的真正原因。②

（二）依附式自主环境中的质量保障与质量问责：技术治理与非对称问责的产生

在中国高等教育质量保障中，当诸多重要的与质量相关的权力、资源和人事安排等置于政府的行政事务之中时，根据责权对等的原则，政府必然有责任对高等教育质量问题负责。而且长期以来，政府事实上也主动将自己视为高等教育质量保障的主体，而将高校及其学术人员与学术事务作为政府进行质量评估和质量问责的

---

① Zhao, J. M. The Making of A Chinese University: A Case Study of Organization and Administration of A Key Chinese Univtersity Circa 1995 [D]. Montreal: Faculty of Education, McGill University, 1998: 108.

② 刘振天：《摆正"教学中心地位"高校必须彻底去行政化》，《光明日报》2014年4月1日第13版。

客体和对象。但是，随着市场的介入、社会需求异质化程度的提升和现代信息技术的发展，高校在对政府负责的同时也面临着混杂着多种需求的社会舆论对高等教育质量的责难。因此，环境的变化要求高校自身要根据市场和社会需求的变化灵活调整与质量相关的政策与实践。但是在这种依附式自主和质量保障权力配置失衡的制度环境中，当越来越多的利益相关者对高等教育质量产生怀疑之时，政府为了维护其行政权威的合法性和社会稳定，首先选择的是通过出台一个又一个的"补丁式"的政策或措施予以应对。但是，庞大的高校数量及其各不相同的质量实践使得依靠自上而下的行政动员和项目驱动这种技术治理式的质量保障方式难以应对异质性的质量问题。正如我们所观察到的，在现实中一旦政府难以通过集中和统一的质量控制方式化解质量危机之时，新的质量问题就会随之产生。为了应对新的质量危机，政府只能再次"补漏"。如果高等教育系统维持在精英阶段或者高等教育系统是一个理性的、封闭系统的话，那么这种方式可能会在政府强有力的调适中平衡好不同利益相关者的需求。但在强有力的全球化、市场化和民主化的影响下，容纳高等教育和高校的环境的不确定性日益增强，作为一个个开放系统的高等院校，在这样一个"风险社会"中，更加需要根据实际情况灵活应对和处理质量问题与不同利益主体对高等教育的问责，而不是仅仅对政府负责。

在社会转型的背景下，由于政府作为高等教育质量的委托方担心高校在市场环境中为了争夺各种显性资源而忽略质量尤其是教学质量，会通过自身强大的动员能力直接介入高等教育质量评估或者通过设置名目繁多的"质量工程"项目，以引导或迫使高校将工作聚焦于质量保障和质量提高。当然，政府作为办学资源的提供者和公共利益的受托人，有责任和义务担负起高等教育质量保障之责。但事实上，作为典型科层制组织的政府面临着质量信息不对称的先天劣势，相反，作为高等教育质量代理方和直接进行高等教育质量实践的法人，处于不同市场和社会环境、拥有不同历史传统和处于不同发展阶段的高校则直接掌握着有关高等教育质量的各种信息，因而最理想的情况是，最了解质量信息的高校应该依据其自身的专业性和具体情境的不同自主进行质量保障，即掌握高等教育质量保障的自由裁量权。

但在当前这种层级依附式的权力格局和制度框架中，当政府（作为委托方，拥有质量保障的最终决策权）以行政动员和项目制的方式要求高校（代理方，拥有质量保障的部分控制权）按照政府指令和项目进行质量保障时，政府会将通过行政动员与项目驱动的方式将质量保障的权力重新集中起来，其结果是政府会以超出自身组织能力的方式制定统一的质量保障政策并制定统一的质量标准，从而忽略复杂多样的质量实践，导致"英雄式"的行政动员和项目驱动的失效甚至无效。同时，在讲究程序的官僚体制之下，层层向上负责与逐级权力分配会产生各种繁文缛节并不断提高质量监督和问责的成本，这对政府和高校均都会造成组织负荷，从而降低质量保障的有效性，而有效性的降低会再次引发政府和高校在质量保障方面的合法性危机。此外，为了完成指标以延续合法性以及争夺项目以激励高校教师提高教学质量，省际和高校之间的激烈竞争导致了大量的造假与文牍主义乱象。

或许更加值得警惕和深思的是，政府的这种"越俎代庖"行为会进一步强化政府在高等教育质量保障中的主导地位，而弱化高校作为质量主体进行质量保障的意识和能力。此外，就高等教育外部质量保障体系而言，政府垄断的、单向度的质量保障方式会对其他形式的质量保障造成排斥和打压，从而使整个高等教育质量保障系统发育不良、功能不全。① 因此我们看到，在中国高等教育质量保障中，政府尽管一直强调要建立第三方质量保障机构，将多种利益相关者参与质量保障纳入政策议程，但是一个强大的、试图通过技术治理来代行高等教育质量保障之责的政府始终掌握高等教育质量保障的话语权和决策权。由此，高等教育质量保障领域中也出现了政府和社会各界所担心的"一收就死，一放就乱"的怪圈。

总之，从本质上说，与市场机制成熟的制度环境中高校与政府之间由于完备合约关系存在而形成的硬预算约束不同，在科层制背景下，公立高校和政府之间的关系属于一种非完备合约关系。② 在这种关系中，由于可以不受预算约束或者说只是受到软预算约束，在政府以项目激励高校进行质量保障以及高校想方设法获得项目的过程中，政府和高校都会不计成本来满足质量保障的政治合法性。当政府作为单一的问责主体而使整个高等教育质量保障囿于狭隘的行政问责时，面对政府在高等教育质量保障资源和话语方面的垄断和锦标赛式竞争，高校会进行破坏性和战术性的回应。这时，获得政府认可的、用以表征质量的各种资源和符号就成为一种被批评为"形式化"但却是理性的选择。此外，或许更为值得警惕的是，由于政府主导的有关高等教育质量的"问责的主要目标不是指向大学本身，而是政府主管部门及其官员的教育政绩，是对教育决策与行政作为的问责。这种政策的价值指向无疑会加重大学问责的政府管理主义倾向"③。而社会问责的缺位以及高等教育质量所表现出的滞后性、内隐性和难以测量的特征使得在对高等教育的外部社会需求旺盛的情况下，有关质量信息的负反馈很难灵敏且有效地反映到高

---

① 刘振天：《中国高等教育评估体系及评估市场完善化》，《高教发展与评估》2014 年第 7 期。

② 阎凤桥：《中国高等教育规模扩张中的软预算约束问题分析》，《中国高等教育评论》2012 年第 3 期。

③ 柳亮：《高等教育问责：认识转换与发展构想》，《高等教育研究》2011 年第 7 期。

校的实际办学过程之中。① 因此，综上所述，正是政府主动承担作为质量保障的主体的角色与高校事实上进行高等教育质量实践之间存在着不可调和的角色冲突才使得质量问题始终被许多利益相关者所质疑却难以有效解决。这种错位或悖论根源于依附式自主的权力格局。

总之，以行政动员和项目制为核心特征的技术治理式的高等教育质量保障的产生和运作不是任意和毫无关联的，而是建立在一个国家长期形成的稳定的制度基础之上的②。进而言之，中国高等教育质量保障的政策与实践受到其所寄生的中国大学制度的制约。在这一制度中，国家导向的质量观作为一种根深蒂固的文化基因，为政府进行技术治理提供了愿景和动机，绩效合法性作为一种新兴和流行的观念，为政府进行技术治理提供了"机会之窗"，以权力不对等为标志的依附式自主，为政府进行技术治理提供了现实基础和可能性。三者交互作用，孕育了技术治理方式的高等教育质量保障并使其成为一种稳定的运行机制。其结果是，在当前的体制环境中，公共政策常常难以按照自身设定的意图或逻辑来影响实践，反之，由于整个制度环境的主宰和制约，看似合理的政策意图极有可能导致异化的结果。③

---

① 阎凤桥、毛丹：《中国高等教育的机制转变与规模扩张》，《中国高等教育评论》2013年第4期。
② 周雪光：《中国国家治理及其模式：一个整体性视角》，《学术月刊》2014年第10期。
③ 黄宗智、龚为纲、高原：《"项目制"的运作机制和效果是"合理化"吗?》，《开放时代》2014年第5期。

第 六 章

中国高等教育质量保障的变革之路[①]

通过国际比较和对中国高等教育质量实践的考察和分析,我们看到,与世界上许多国家和地区一样,20世纪90年代以来,中国选择通过高等教育质量保障体系的建设来应对高等教育质量问题并希望以此提高高等教育质量。但与其他制度环境中的高等教育质量保障不同,中国高等教育质量保障呈现出典型的"体制化的技术治理"的特征,同时这也可以被看作社会转型期中国高等教育质量保障的独特运行机制。

从实践层面来看,这一独有的特征或运行机制为保障和提升中国高等教育质量做出了重要贡献,比如,在较短的时间内,中国初步建立了高等教育质量保障的基本框架,越来越多的资源被用来提高高等教育质量,包括各级政府机构、高校、教师、社会在内的诸多利益相关者都认识到了高等教育质量的重要性并实施了一系列高等教育质量保障行动计划。但是,这种"技术治理"的质量保障方式更多的是通过行政问责迫使或诱导高校和教师按照政府的意志和

[①] 这一部分的部分内容已经发表在《高等教育研究》和《中国高教研究》上。详见苏永建《高等教育质量保障中的价值冲突与整合》,《中国高教研究》2013年第11期;苏永建《体制化的技术治理与中国高等教育质量保障》,《高等教育研究》2017年第3期。

路线图进行质量保障，而这种迫于问责进行的质量保障议程倾向于终结性的质量控制而非形成性的质量改进，其定位更多的是回溯性的而不是前摄性的，这不仅导致了诸如"重申报，轻管理""有组织的作假"等诸多意外的负面后果，而且其自身也面临着仪式化、碎片化与低效性等多重困境和挑战，从而使其难以实现持续提高质量的目的。因此，如何通过改革现有的质量保障体系来更好地保障和提高高等教育质量成为未来中国高等教育质量能否持续提高的关键因素。

第一节 完善中国特色现代大学制度

迈克·富兰在《变革的力量——透视教育改革》一书中认为，有效的变革"并不在于设计较好的改革方案，从某些具体的革新和政策上搞再多的花样也无济于事。在一种其结构基本上难以变革的情况下期望采取一个又一个的改革措施，甚至是某些大的举措就能成功是不现实的，而且只能给改革脸上抹黑。在存在一个保守的体制的同时，人们不可能获得一个所期望的不断变革的教育环境，相反，只能是不断恶化的状况"[1]。同样，从新制度主义角度对学校变革困难进行的研究也表明，"在许多时候，一些看似致力于改变制度的努力，事实上是在强化制度。……因此，在没有把支撑学校教育行为背后的制度逻辑明晰化之前，许多改革带有一定的盲目性。它非但难以改变制度逻辑，而且在客观效果上还强化了制度逻辑。"[2] 进而言之，"在每个特定的治理模式内部，各个治理工具相互耦合、相互支持，构成一个内在一致的系统，如果只是改革其中

---

[1] ［加拿大］迈克·富兰：《变革的力量——透视教育改革》，中央教育科学研究所、加拿大多伦多国际学院译，教育科学出版社2004年版，第9页。

[2] 柯政：《学校变革的新制度主义解释》，《北京大学教育评论》2007年第1期。

一个环节或某个治理维度","就会出现新改革的维度与其他治理维度的矛盾和冲突,最后使改革失去效力"。① 总之,"没有体制的本质性变革,大规模的可持续的改革就难以发生。"②

具体到中国高等教育质量领域,如果没有配套的综合改革特别是深层次的制度变革,单纯通过变换质量保障的具体手段以及依靠行政权威和行政权力的单向度问责来促使高校和教师被动进行质量保障不仅难以达到其宣称的终极目的,而且还会引发其他方面的质量问题甚至危及整个高等教育系统的健康运行,而这种"头痛医头,脚痛医脚"的基本逻辑恰恰是当前这种"体制化的技术治理"所隐含的内在困境。前文已经指出,"体制化的技术治理"之所以产生的根本原因在于当前保守的中国大学制度。

管理学中的一条基本原理是:"任何没有制度支持的要求都不会长久。"③ 进而言之,制度是本,政策是末,制度决定了政策调整和变革的方向与限度,当政策调整和变革的效用不断衰减时需要进行制度变革和制度创新。依照这一原理,通过完善中国特色现代大学制度来进行高等教育质量保障才是从根本上来提高中国高等教育质量的变革之道,而其他具体性的行动策略能否以及在多大程度上能够实施并取得预期效果也取决于制度变革的深度与广度。从完善中国特色现代大学制度角度而言,其"核心问题是如何处理大学与政府之间的关系",④ 大学与其他外部利益相关者之间的关系以及大学内部利益相关者之间的关系。

进一步理顺政府与高校之间的关系,用法律严格规范政府的

---

① 周雪光、刘世定、折晓叶主编:《国家建设与政府行为》,中国社会科学出版社 2012 年版,第 125—126 页。
② 周光礼、黄容霞:《教学改革如何制度化——"以学生为中心"的教育改革与创新人才培养特区在中国的兴起》,《高等工程教育研究》2013 年第 5 期。
③ 赵炬明:《美国大学教师管理研究(下)》,《高等工程教育研究》2011 年第 6 期。
④ 周光礼:《学术自由与社会干预——大学学术自由的制度分析》,华中科技大学出版社 2003 年版,第 222 页。

权力边界和具体行动,确立高校在高等教育质量保障中的主体地位是制度变革的首要前提。尼夫认为,只有当国家高等教育系统允许高校,至少是某些类型的高校拥有自主权的时候,这些高校才能够身体力行,自觉承担起自我管理和评估的责任,才能够从"客户"那里接受更多反馈用以改进质量,才能够灵活地对外部环境做出回应。[1] 此外,世界范围内的高等教育质量保障实践充分表明,诞生于工商业领域中的质量术语与工具并不完全适用于高等教育。[2] 这种外部强加给高校的,以"官僚化"和"程序主义"为特征的质量保障方式在破坏外部利益相关者与学术共同体之间信任的同时,也损害了大学精神,降低了大学教师的道德责任感。[3]

在中国现代高等教育质量保障产生和发展的过程中,政府通过行政动员和项目制保持了高度介入的状态,而原本作为质量保障主体的高校和大学教师则成为顺从政府意志被动进行质量实践和质量保障的代理人。政府持续的行政干预不仅使政府自身疲于应对接踵而至的质量问题,而且还弱化了其他利益主体特别是处于质量实践一线的高校保障和提高质量的意愿和能力。更为严重的是,在当前的制度框架下,高校和教师利用制度漏洞采取的机会主义行为策略和由此衍生的文牍主义已经威胁到整个质量保障系统的健康运行,从而阻碍了质量的持续提高。因此,从政府与高校的关系角度而言,国家应该建立专门的高等教育质量保障法,政府应该从具体的高等教育质量保障事务中逐步退出,进一步简政放权,真正以

---

[1] Neave, G. On the Cultivation of Quality, Efficiency and Enterprise: An Overview of Recent Trends in Higher Education in Western Europe, 1986 – 1988 [J]. European Journal of Education, 1988, 23 (1/2): 7 – 23.

[2] Houston, D. Rethinking Quality and Improvement in Higher Education [J]. Quality Assurance in Education, 2008, 16 (1): 61 – 79.

[3] Gosling, D., D'Andrea, V. Quality Development: A New Concept for Higher Education [J]. Quality in Higher Education, 2001, 7 (1): 7 – 17.

"管、办、评"分离作为指导原则将自我的行政权力定位在为高校进行质量保障提供信息服务和提供公平竞争的秩序等方面。正如德雷克·博克所言:"政府应扮演监督者而非评价者的角色,即鼓励大学进行自我评价,并在此基础上进行自我完善。"① 伯顿·克拉克也提醒道,在21世纪这个快速前进的时代,很显然,由国家来主导(state-led)复杂的大学变革之路是不恰当的,② "试图通过自上而下的监督、规划和管理等手段在系统的大部分范围内保证质量的做法几乎是无补于事的,甚至是自讨没趣的。"③ 可以说,世界范围内高等教育质量保障的实践表明,高校作为质量保障的主体符合学术组织的特性,是从根本上解决质量问题并持续提高质量的必然选择。政府与高校之间的关系决定了制度变革的总体方向和可能空间。

完善高校内部治理结构,依照章程规范高校内部行政权力,充分尊重基层学术组织和大学教师的知识特性和自主性是制度变革的核心任务。从当前高等教育质量保障的实践来看,在高校内部,与质量保障相关的权力和资源更多地集中在学校一级,基层学术单位很多情况下仅被视为被动执行政府和学校质量政策的客体,从而使得学术权力严重依附于行政权力。同时,不同的基层学术单位会因知识类别之间的差异以及知识内部不同方向之间的差别而内含不同的质量标准,但自主性的缺乏导致其在进行质量保障时不得不依据外在刚性且一统化的标准对自身的质量保障事务进行裁剪。这样一来,质量标准就渐趋同质化,而多样和创新

---

① [美]德雷克·博克:《回归大学之道:对美国大学本科教育的反思与展望》,侯定凯等译,华东师范大学出版社2008年版,第199页。
② Clark, B. R. Sustaining Change in Universities Continuities in Case Studies and Concepts [M]. Maidenhead: Society for Research into Higher Education & Open University Press, 2004: 182.
③ [美]伯顿·克拉克:《高等教育系统——学术组织的跨国研究》,王承绪等译,杭州大学出版社1994年版,第288页。

性的质量实践则有可能成为一种缄默的存在。因此，高校在成为质量保障主体的同时，需要对自我的行政权力进行规制和规范，充分尊重和保障基层学术单位在高等教育质量保障方面的多样化的选择，将基层学术单位作为一个以提高学术和教学质量为核心的学术共同体而非狭义地处理行政事务的行政组织。作为学术心脏地带，基层学术单位处于从事高深知识生产和人才培养的第一线，它们对何谓质量以及如何保障和提高质量最具发言权。同时，高校要真正尊重和信任大学教师，以改进而非问责为基本导向，激发其基于内在动机的质量保障行为，使外在的质量保障政策真正转化成有效的教学和学术实践。高校内部治理结构决定了制度变革的深度。

第二节　建立多维度、互惠式和以契约为核心的新型问责制

如果说规范和规制政府以及高校行政权力是在提高高等教育质量保障有效性方面做减法的话，那么在做减法的同时，我们还需要做更多加法。在现代社会中，高等教育不是也不应该被某个特定利益相关者视为垄断和独享的事业，不同的利益相关者均有权利在质量方面向高等教育进行问责。同时，高校自身虽然应该享有一定程度的自治和学术自由，但在一个去魅的时代，高校同样有义务向外部利益相关者展示其"秘密花园"[1]。此外，从原则上讲，问责是有益的，并且在任何情况下，都很难说一个公共机构不应该向其服务的公众进行解释和说明。[2] 更为重要的是，问责与专业自治也并

---

[1] Barnett, R. Improving Higher Education: Total Quality Care [M]. London: The Society for Research into Higher Education and The Open University, 1992: 16.

[2] Elton, L. Accountability in Higher Education: The Danger of Unintended Consequences [J]. Higher Education, 1988, 17 (4): 377–390.

非完全对立的两极，研究和事实表明，质量保障经过调整能够促进学习和创新而不是官僚化的控制。[①] 针对当前中国高等教育质量保障体系中所表现出的非对称性问责及其由此衍生的负面意外后果，我们需要进一步改进社会与高校之间的关系，以学术组织的特性和社会公共利益而非政府的绩效合法性为导向，建立多维、互惠和以契约为核心的新型问责制度。社会与高校之间的关系决定了制度变革的广度。

　　首先，建立多维度的问责体系。当前中国高等教育质量保障体系之所以陷入碎片化、仪式化和低效性等困境的一个主要原因就在于政府所采取的质量保障措施在其中占据着垄断地位。在政府垄断了与高等教育质量保障相关的权力、政策和资源的情况下，高校别无选择，只能被迫接受政府单方面制定的质量标准和质量保障程序。为了避免因表现不佳而遭到惩罚或失去相关发展机遇与资源，高校会采取有组织的造假和文牍主义来减缓质量保障所带来的压力，这样一来，高校对于质量的理解就趋于片面，即仅指向满足政府的需求和标准。这也是政府一再要求高校要准确定位但高校又不安于本分的一个主要原因。突破这一困境的路径是建立多维度的问责体系。这里的多维度问责主要是从问责主体的多样化方面提出来的。在保持和规范政府的行政问责的同时，未来还要真正发挥市场机制的作用，运用市场竞争来解决高校人才培养与社会发展不相适应的现状。同时针对当前中国社会问责体系建设滞后的情况，我们还需要推动建立健全独立于政府和高校的第三方质量保障机构，吸纳不同的利益相关者参与到质量保障议程中来。多方利益相关者的监督和问责可以将不同的质量诉求传达给高校，使其有效调整课程、专业、学科以及相应的办学行为，强化高校自我变革和创新的

[①] Hoecht, A. Quality Assurance in UK Higher Education: Issues of Trust, Control, Professional Autonomy and Accountability [J]. Higher Education, 2006, 51 (4): 541-563.

能力。更为重要的是，多维度的问责之间的相互制衡可以防止特定利益相关者对高等教育质量施以单向度的影响，为可能的创新留下必要的生存空间。

其次，建立互惠式的问责体系。在倡导和推动建立多维度问责体系的同时，我们必须注意的是，这种多维度问责均是指向高校和学术人员的，这种从不同方面或方向对高校及其学术人员施以问责的路径尽管尤为必要也具合理性，但却是不全面的。世界范围内已有的高等教育问责体系一再表明，外部利益相关者可能承担着保障和提高高等教育质量的责任，但却很少甚至没有被问责，而高校及其学术人员虽然不断面对来自四面八方的问责，但事实上却可能采取策略主义的行为方式，以不负责任的方式消解问责的有效性。为改变这种状况，根据责权对等原则，各类问责主体同样需要被问责，而被问责的对象也应承担起相应的责任，否则问责就蜕化为一种徒具象征意义的仪式。简言之，高等教育质量的所有利益相关者都有问责的权利，但也均须负起各自应有的责任。例如，"国家的财政权力既要为大学的服务功能提供支持，也要为大学自由追求学问提供支持。同样，大学中的学术权力也应该用来提供这两种活动。此时，问责就变成了相互的，一方对另一方负有责任，即大学向国家提供物有所值的服务，国家向大学提供用以自由追求学问的资源。"[1] 同时，特别需要强调的是，针对当前中国高等教育"质量保障过程中权力与责任的不对等，尤其是学术人员权力日益衰微而责任日益增加的事实，要想从根本上提高高等教育质量"，[2] 避免高等教育质量"沦为消费者不加辨识的需求，或仅仅成为国家竞争

---

[1] Elton, L. Accountability in Higher Education: The Danger of Unintended Consequences [J]. Higher Education, 1988, 17 (4): 377-390.

[2] 张应强、苏永建：《高等教育质量保障：反思、批判与变革》，《教育研究》2014年第5期。

的工具"①，有必要在全社会范围内提倡并建立一种所有利益相关者共同参与和共担责任的问责制。总之，在现代社会中所有的责任关系均应是互惠的，"如果正式的权威对下级就某些行动或结果进行问责，那么权威也有平等的及互补的责任去保证下属有能力完成任务并给予他们足够的支持"。②

最后，建立基于契约精神的高校自愿问责体系。通常意义上的问责指向的是外部问责，即外部利益相关者对高校的学术和教学质量进行问责，而事实也表明，问责在质量信息的公开和沟通、激发高校变革能力等方面有其重要作用。但在中国当前这种由政府主导整个高等教育质量保障的现实背景中，单纯的行政问责难以从根本上致力于质量的提高。例如，从2011年开始，教育行政主管部门要求部分高校开始发布年度本科教学质量报告，但从事实情况来看，这些报告与其说是向外部利益相关者就其年度教育教学质量做出解释和说明，毋宁说是高校应对政府问责的一种象征性行动。正如马丁·特罗所言："无论我们如何称呼这些做法，它们都仅仅是名义上的问责。它更像一个战败国向战胜国呈交的求和书，或是计划经济中国有工业和农场向中央政府提交的报告。在所有这些例子中，说真话的习惯受到侵蚀，报告从下往上传递，但却与它们所声称的事实之间的联系越来越少。当这些强有力地向上传达的信息影响到源自中心的荣誉和资源时，我们就发现这些报告越不能发现事实或讲述实情。我们或许可以这样说，这些报告越来越变成公关文件，很少涉及真相，特别是很难揭示提交报告的高校的问题和缺陷。但是问责依赖于讲述实情，因此，建立一个不惩罚讲述实情并

---

① 沈伟、卢乃桂：《问责背景下的教育质量：何为与为何》，《全球教育展望》2011年第2期。

② 卢乃桂、王丽佳：《教育改革背景下的教师专业性与教师责任》，《教师教育研究》2013年第1期。

且对之予以奖励的问责制就成为一个核心问题。"① 因此，在接受外部问责的同时，高校应主动承担责任和接受问责，建立一种基于"承诺—履行的伦理契约和价值理性"而非"资源投入—回报的'交易'哲学和经济理性"的自愿问责体系②，形成一个高校内部继续通过传统的评估方法不断改进高等教育质量，同时又主动向外部利益相关者公开有关质量的真实且有效信息的"内部有别"③ 的质量保障模式。

第三节 推进建设开放、多样和包容性的质量文化

斯汀萨克（Stensaker）指出，在建立高等教育质量保障体系过程中对"设计问题"的强烈关注就说明了技术性是如何在这一领域长期占据主导地位的。④ 但如果审视过去 40 年间世界范围内的高等教育质量保障实践，我们便会发现，高等教育质量保障所面临的问题"远不是挑选一两个评估工具或创建一个数据库就能解决的"。⑤ 通过本研究的考察和分析，我们发现对于技术问题的关注恰恰主导着中国高等教育质量保障实践以及与之相关的学术研究。正因为如此，我们才会看到中国政府出台一个又一个政策要求高校和教师要更加重视质量，发布一个又一个质量保障项目促使高校和教师参与

---

① Trow, M. Trust, Markets and Accountability in Higher Education: A Comparative Perspective [J]. Higher Education Policy, 1996, 9 (4): 309 – 324.
② 柳亮：《"自愿问责制"：美国高等教育问责制发展的新动向》，《比较教育研究》2011 年第 2 期。
③ 程星：《国际化、市场化的大学及其质量评估：一个不对称信息的视角》，《高等工程教育研究》2012 年第 6 期。
④ Stensaker, B. Outcomes of Quality Assurance: A Discussion of Knowledge, Methodology and Validity [J]. Quality in Higher Education, 2008, 14 (1): 3 – 13.
⑤ 程星：《市场竞争中的高校评估及其范式的更新》，《高等教育研究》2008 年第 9 期。

质量保障，运用连续的行政动员策略推动评估，但是与政府轰轰烈烈的质量保障行动相比，高等教育质量危机虽已缓解，但持续的质量提高依然面临诸多挑战。如果我们同意高等教育质量保障是"一种需要担负的责任，而不仅仅是技术体系的一部分"[1]的话，那么，"我们应该超越那种为了应对外部压力而采取的仪式化的组织适应方法而探究所采取的质量保障方法是否以及在何种情况下真正在发挥作用。"[2]

总之，问责固然可以通过奖惩对高校的高等教育质量实践施加压力，促使高校公开有关质量的数据和信息，从而使多方受益。但不同于企业，作为一种从本质而言属于文化性和学术性的组织机构，大学不仅有满足外部利益相关者的即时需求这种功利主义的义务，而且担负着人类文明进步的恒久使命。这意味着依靠刚性的问责机制充其量只能实现大学的政治论使命，却无助于甚至会削弱大学的批判性与超越性的价值。因此，为了从根本上提高质量，质量保障在改进技术的同时更需要质量文化的引领。具体而言，我们需要在高等教育质量的利益相关者之间形成一种开放、多样和包容性的质量文化。

首先，在高校内部推动建设一种建立在"多主体互动"基础上的开放性的质量文化。"从形成高校内部质量文化入手来提高质量大大拓展了传统质量保障的范畴。它鼓励和支持每所高校从自己的历史、使命、目标、定位、所面临的环境等出发来界定质量，通过一种质量文化意识将管理者、教师、学生等高校内部的多个利益相关者有机融合在一起，以一种协商和对话式共同致力于质量提高。

---

[1] Bogue, E. G. Quality Assurance in Higher Education: The Evolution of Systems and Design Ideals [J]. New Directions for Institutional Research, 1998, 99 (Fall): 7–18.

[2] Vukasovic, M. Institutionalisation of Internal Quality Assurance: Focusing on Institutional Work and the Significance of Disciplinary Differences [J]. Quality in Higher Education, 2014, 20 (1): 44–63.

这种质量文化以'情景化'方式，把质量的自我改进理念融入高校的日常管理、大学教师的学术实践以及学生的学习过程，突破了传统高等教育质量保障范式中的'去情景化'特征以及被广为诟病的由外部问责而引发的院校自治和学术自由危机。"[1] 当然，质量文化不会自动形成，它需要高水平的管理和领导。但是，我们必须牢记，质量文化也不会仅仅因为高校领导的宣称而形成，它要通过不断地理解质量的含义及其对实践的意义，并将"质量思想"植入实践而形成。[2] 欧洲的质量文化工程强调，质量不能够通过自上而下的方式进行界定，而应该由每个高校来界定，其原因就在于将共享的质量的定义应用于拥有不同使命和目标的高校不太可行，甚至会令人失望。[3] 其实在高校内部，质量也不能通过自上而下的方式进行界定，质量保障的规则和程序也不应由高校行政管理部门所垄断，校内利益相关者均应有责任和权力通过持续沟通和协商来确定何谓质量和如何保障质量。

其次，"将反思、批判和解放的话语体系引入高等教育质量保障之中"[4]，在高等教育质量的所有利益相关者中培育和养成质量意识，倡导并形成多样性的质量文化。在当前这种"体制化的技术治理模式"中，"高等教育质量很多情况下被简化为一系列可以进行精确比较的指标体系，与这些指标的相符程度越高就被认为质量越高，反之，质量越低。因此，为了表明各自的质量以获取资源，几乎所有的院校都不得不去满足这些'客观化'的指标甚至将这些指

---

[1] 张应强、苏永建：《高等教育质量保障：反思、批判与变革》，《教育研究》2014 年第 5 期。

[2] Yorke, M. Developing a Quality Culture in Higher Education [J]. Tertiary Education and Management, 2000, (6): 19 - 36.

[3] European University Association. Quality Culture in European Universities: A Bottom-up Approach. [EB/OL], (2014 - 01 - 24), http://www.eua.be/eua/jsp/en/upload/Quality_Culture_2002_2003.1150459570109.pdf.

[4] 苏永建：《高等教育质量保障中的价值冲突与整合》，《中国高教研究》2013 年第 11 期。

标作为学术工作的全部内涵,由此,不同院校对于质量的不同的理解乃至不符合外部评估体系的实践就成为一种缄默的存在,标准化就此诞生,多样化趋于消亡。在标准化的霸权之下,质量保障蜕化为一种规训院校日常实践的技术工具而难以促使不同院校成为各具特色的创新性组织。"[1] 但是,从本质上来说,质量保障是一个过程而非结果,它需要培养一种院校质量文化,在这种文化里,所有成员都善于自我批评并时时关注任何改善的可能性。[2] 因此,为了鼓励并支持质量创新和质量提高,我们需要在未来的中国"高等教育质量保障中引入一种对现状进行反思与批判并最终达致解放的话语体系。在这种话语体系中,不同的院校和学科不再是完全遵照标准化的质量保障程序进行质量活动的客体,而是能够对当下的实践进行理性反思、批判并具有可持续改进动力的质量保障和质量提高的主体"。[3]

最后,在全社会范围内形成一种以信任为基础的、包容性的质量文化。质量提高或质量改进的根本责任在高校和学术人员,但学术共同体中始终存在一种从内部对教学与科研进行控制的传统,而远离这些过程且缺乏专业知识和能力对高等教育质量进行评判的利益相关者则难以掌控高校内部的学术事务。[4] "因此,为了使高校能够持续满足外部利益相关者的需求,在高校与外部利益相关者之间需要建立一种基于契约的新型信任关系。其中,一个根本性的原则就是形成一种社会范围内尊重和保护高校自治和学术自由的共识与

---

[1] 苏永建:《高等教育质量保障中的价值冲突与整合》,《中国高教研究》2013 年第 11 期。
[2] [美] 菲利普·G. 阿特巴赫主编:《世界级大学领导力》,姜有国译,中国人民大学出版社 2014 年版,第 132 页。
[3] 苏永建:《高等教育质量保障中的价值冲突与整合》,《中国高教研究》2013 年第 11 期。
[4] Huisman, J., Currie, J. Accountability in Higher Education: Bridge Over Troubled Water? [J]. Higher Education, 2004, 48 (4): 529 - 551.

行动。"① 换言之，作为现代社会中的一个典型的利益相关者组织，高校内部质量文化的形成不仅取决于其自身的意志和行动，还依赖于外部利益相关者能否在质量保障方面给予高校和学术人员充分的信任而不是苛刻的问责。当前这种"体制化的技术治理"方式的高等教育质量保障反映出的恰恰源于外部利益相关者尤其是政府对于高校的不信任而采取的以工具理性为导向的问责。但对于学术组织而言，"价值理性或者说知识本身的价值才是其获得合法性的根本依据"②。要抵御工具理性对价值理性的侵蚀需要在利益相关者之间建立一种以"理性、共识和公开性"特征的民主协商机制③。只有在各利益相关者之间保持充分且有效的对话、沟通和协商，质量保障才能够抑制各利益主体对于工具理性的极端崇拜而使学术社群成为一个在公平与信任的环境中追求真理、提高质量的"各抒己见的共同体"④，而非"类商业团体"。⑤ 只有将高校和教师从权力和金钱的操控逻辑下解放出来，在不同的利益相关者之间形成一种以信任为基础的包容性的质量文化，提高质量才可能成为一种共同的"事业"，而不是彼此猜忌和相互推诿的一桩"事务"。

第四节　构建以学生为中心的高等教育质量保障体系

在当前这种"体制化的技术治理"方式的高等教育质量保障

---

① 张应强、苏永建：《高等教育质量保障：反思、批判与变革》，《教育研究》2014 年第 5 期。

② 苏永建：《高等教育质量保障中的价值冲突与整合》，《中国高教研究》2013 年第 11 期。

③ 郭卉：《如何增进教师参与大学治理——基于协商民主理论的探索》，《高等教育研究》2012 年第 7 期。

④ [加拿大] 比尔·雷丁斯：《废墟中的大学》，郭军等译，北京大学出版社 2008 年版，第 121 页。

⑤ 苏永建：《高等教育质量保障中的价值冲突与整合》，《中国高教研究》2013 年第 11 期。

中，资源和声誉是政府考察高校教育质量的主要立足点。政府期望高校通过竞争资源和在评估中竞争声誉的方式促使质量的提升。但从实践来看，资源和声誉往往成为高校之间竞相追逐的目标，而提高质量反而却成为高校借此实现工具性目的的一种口号。当然，我们可以采取更完善的措施来防止高校的机会主义行为，但即使如此，质量就能够得到保障并提高了吗？因此，我们需要进一步追问的是，资源和声誉是否代表了高等教育质量的全部？

对此，长期研究大学生学习的一些学者表达了他们的不满和批评。阿斯汀（Astin）认为，高等院校的基本目标是培养学生和传授知识，但遗憾的是，基于资源和声誉考察高校教育质量并没有突出这两个目标。帕斯卡雷和特伦兹尼对数以千种有关"大学对本科生的影响"的研究文献进行分析之后发现，资源和声誉对学生的影响微乎其微，至多也只是有些间接的影响。[①] 格斯灵（Gosling）等人则指出，如果高等教育中的质量管理体系没有促成学生学习经验的改进或提高以及对学生学习产生积极的影响，那么它们本质上就是一种没有任何效果的昂贵的实践。[②] 因此，化解上述问题的方法不在于在原有的道路上继续前行，而是需要转换方向，即从重视资源和声誉转到构建以学生为中心的质量保障体系的道路上来。如前所述，以学生为中心已经从一种理念转化为美国、欧洲、澳大利亚、日本等许多国家和地区高等教育质量保障的具体行动，并积累了很多成功的经验。对照当前中国高等教育质量保障所面对的困局以及上述国家和地区的成功做法，建构以学生为中心的高等教育质量保障体系才是未来中国能否持续提高高等教育质量的核心所在。

[①] 余东升：《评估一流的本科教育：路径与价值——美国的经验及其意义》，《高等工程教育研究》2012 年第 3 期。

[②] Gosling, D., D'Andrea, V.-M. Quality Development: A New Concept for Higher Education [J]. Quality in Higher Education, 2001, 7 (1): 7–17.

首先,将学生发展、学生学习及其学习效果纳入政府和高校本科教育质量政策和评估体系。正如许多文献和大量实践所表明的,尽管政府和高校都越来越重视教学和学生,并将其置于政策的核心位置,但是,在当前的评估制度和体系中,资源和声誉是评估主体考察教育质量的主要指标,学生在其中依然是边缘化的存在。因此,如何使"以学生为中心"从一种理念变为行动是完善高等教育质量保障体系需要解决的最突出的问题之一。菲利帕克亚(Filippakoua)和坦普尔(Tapper)也曾经指出,质量提高理念面临的最关键的挑战就是制度化。[1] 在英美等国家和地区,解决类似问题的比较成功的做法就是将对于学生的评价纳入现有的高等教育质量保障体系。[2] 例如,20世纪80年代以来,随着有关学生评价的内容被纳入高等教育认证体系中,经过多年的发展,对学生学习成果的关注已经成为美国高等教育认证中判断高校质量的依据和重点。[3] 学生评价与高等教育认证相互促进,成为美国高等教育质量得以持续提高的一个主要推动力量。借鉴上述做法,我们可以考虑将学生发展、学生学习和学生学习效果的有关数据和信息纳入现有的评估体系并给予加大权重,从制度层面上保证"以学生为中心"的理念能够落实为具体的行动,从而使高等教育质量保障真正起到保障和提高高等教育质量的作用。

其次,实现从"教"的范式向"学"的范式的转换。国际范围内众多卓越的质量实践和研究表明,在高等教育质量保障中,高

---

[1] Filippakoua, O., Tapper, T. Quality Assurance and Quality Enhancement in Higher Education: Contested Territories? [J] Higher Education Quarterly, 2008, 62 (1/2): 84–100.

[2] 喻恺、吴雪:《学生体验:英国高等教育质量保障体系的新内容》,《中国高教研究》2009年第5期;郭芳芳、史静寰:《区域认证中的学生评价:"奉子成婚"抑或"天作之合"?——美国高等教育质量保障机制研究》,《外国教育研究》2012年第10期。

[3] Brittingham, B. Accreditation in the United Statdes: How Did We Get to Where We Are? [J]. New Directions for Higher Education, 2009, (Spring): 7–27.

校和教师的"教育教学方法的改革才是提高本科教育质量的关键"。[①] 反之,"没有教学层面的改革,任何外在的政策和文件都不会自然转化为影响学生学习积极性的要素。"[②] 但与此同时,一个显而易见的事实则是,当前中国高等教育中的教学依然延续着19世纪的认识论,即把学生当作白板或水桶,老师注重灌输,学生机械记忆,这已经严重影响到了中国高等教育质量和创新人才培养。[③] 传统的这种"教"的范式以"教师""教材"和"教室"为中心,并且这三者在当前的中国高等教育质量保障体系中依然占据主要地位,成为衡量高校教育质量的关键指标。当政府认为高校教育质量存在问题,难以培养创新人才之时,其惯常的做法就是加强对大学教师"教"的评估,要求选用高水平教材以及设立精品课程等,这种典型的"技术治理"方式虽然难以说没有实质效果,但却并未触及高等教育质量的本质。巴尔(Barr)和塔格(Tagg)在一篇论述本科教育范式转换的经典文献里就指出,在传授范式之下,人们错误地把手段("讲课"或"传授")当成了目的,但大学的目的并不在于教,而在于真正让每个学生以最有效的方式"学"到东西。[④] 具体来说,"学"的范式包括以学生发展为中心、以学生学习为中心以及以学生学习效果为中心。[⑤] 从"教"的范式转换到"学"的范式回归到了高等教育质量的本质,为变革当前的"体制化的技术治理"方式的高等教育质量保障提供了一条有效路径。

---

① 余东升:《评估一流的本科教育:路径与价值——美国的经验及其意义》,《高等工程教育研究》2012年第3期。

② 史静寰:《以"学"为本的高教质量评价与改进:从教师做起》,《无锡职业技术学院学报》2012年第6期。

③ 赵炬明:《高等教育研究科学化——对北京大学高等教育研究发展的一点感想》,《北京大学教育评论》2010年第4期。

④ Barr, R. B., Tagg, J. From Teaching to Learning: A New Paradigm for Undergraduate Education [J]. Change, 1995, (6): 13-25.

⑤ 赵炬明:《论新三中心:概念与历史——美国SC本科教学改革研究之一》,《高等工程教育研究》2016年第3期。

最后，重新确立高校教师在高等教育质量保障中的主体地位，在高校教师考核方面既要做加法，也要做加法。尽管中国高等教育质量保障的变革方向是从"教"的范式转换到"学"的范式，但这并不意味着否定大学教师在高等教育质量实践中的作用。相反，"以学生为中心"不是"唯学生为中心"，建立真正以学生为中心的质量保障体系，离不开高校教师的积极和有效参与，因为学生如何"学"及其效果如何还与教师如何"教"有着密切的关联。换言之，即使在"学"的范式之下，教师依然是学生发展、学生学习及其效果的主要自变量。总之，以学生为中心的质量保障体系不能只从需求端进行设计，还要充分考虑到教师在其中的地位、角色和作用。前文指出，在当前这种"头痛医头，脚痛医脚"的质量保障方式中，政府和高校试图通过"技术治理"的方式促使高校教师投入大学教学非但没有起到应有的效果，而且还造成了一种不信任的组织文化和有违教育伦理的"反质量文化"。其原因在于，在当前的制度体系中，高校教师面临多重制度环境的压力，其机会主义行为是应对压力的一种自然反应。要提高高等教育质量保障的有效性，一方面要在大学课程和教学方面做加法，为教师转变理念、提升教学能力和水平创造必要的环境和条件，让教师能够认识并做到"以学生为中心"。更为重要的是，决策者和管理者还应致力于改变当前过于僵化和以"严苛问责"为特征的考评体制和机制，从多方面做减法，为教师"松绑"，为教师创造宽松和自由的学术环境，使教师从全方位且过于频繁的考评桎梏中解放出来，如此，才能从根本上持续保障和提高高等教育质量。

第七章

结论与思考

第一节 基本结论

如何保障和提高高等教育质量是近 40 年来世界上很多国家和地区高等教育政策的核心议题之一。随着实践和理论的发展，建立以质量评估、认证、审计等为主要形式的质量保障体系逐步成为应对高等教育质量问题的一种全球性共识与行动。但国际比较研究也表明，不同国家和地区的高等教育质量保障实践还表现出诸多本土化特征。20 世纪 90 年代开始，特别是进入 21 世纪之后，在总结过往实践和学习异域经验的基础上，中国也选择通过评估等多种方式来保障和提高高等教育质量。本研究以改革开放以来中国社会的转型期为历史背景，以社会学中的"动员""项目制"和"技术治理"等概念为基础，通过比较研究和案例研究等多种方法对中国高等教育质量保障实践进行了整体性研究，形成了一些基本认识和结论。

第一，"体制化的技术治理"是中国高等教育质量保障的核心运行机制。从宏观层面看，中国高等教育质量保障体系建设带有明显的政府驱动型特征。一方面，国家教育行政部门凭借强大的行政动员能力，在短时间内推动所有普通高等本科院校接受了统一的本科教学评估并建立起质量评估的雏形；另一方面，各级政府将"压力型体制"和市场竞争机制结合起来,以行政问责为基础、以专项资金为杠杆发起了大量旨在提高质量的项目、工程和计划,在高等教育领域塑造了一种独特的、试图通过项目来解决高等教育质量问题的质量保障方式。在这个过程之中,政府的行政动员和项目制互为表里,相互作用,逐渐定型为一种以政府行政权力为核心、以频繁的指令性要求为驱动力量、以繁杂的质量保障项目为载体、以评估作为合法化路径的一元化的技术治理格局。这种技术治理的质量保障方式内生于中国独特的政治和行政体制,与世界上许多国家和地区的高等教育保障有着明显区别,本研究称之为"体制化的技术治理"。实践和案例研究表明,"技术治理"共存于宏观高等教育质量保障和高校内部质量保障中。

第二,非对称性问责是"体制化的技术治理"的实践逻辑。问责与改进是高等教育质量保障的两种基本功能和价值取向。问责取向的高等教育质量保障以外部利益相关者的需求为导向,以监督和命令为基本路径,是一种面向过去的、回溯性的质量保障方式;改进导向的高等教育质量保障注重激发高校及其教师的内在动机,以赋权、对话和协商为基本路径,是一种面向未来的、前摄性的质量保障方式。在当前这种"体制化的技术治理"范式中,由行政权威主导的质量保障虽然宣称要提高高等教育质量,但在实践中,其问责的成分要大于改进的成分。在这种以问责为旨趣的高等教育质量保障中,政府的行政问责在整个质量保障体系中居于主导地位,社会问责和专业问责等其他形式的问责则非常薄弱。在高校内部同样如此,过于强大的行政问责压制了专业问责的成长空间。因此,从问责本身来看,当前的这种质量保障在实践中所展示出的是一种"非对称性问责"。此外,这种非对称性问责还体现在具体的学术工作中。处于一线的高校教师认为,尽管政府和高校不断出台提高质量尤其是提高本科教育教学质量的政策和措施,但和宏观层面上的问责现状一致，这种质量保障所展现出来的质量问责也是"非对称性的"，即对于科研的问责严苛而具体，对于教学的问责更多流于形式。

第三，"制度化"与"去制度化"是"体制化的技术治理"的内在困境和双重后果。行政动员式的评估和项目制的实施，使得诸多利益相关者认识到了高等教育质量问题的重要性，同时也促使越来越多的高校和教师参与到质量保障的具体行动之中。经过多年的探索和实践，政府对于高等教育质量的问责在信息公开、促进质量保障政策的落实、监督高等院校和学术人员质量实践的外显行为方面取得了明显的成效，从而推动了高等教育质量保障体系的"制度化"进程。但与此同时，政府的显性动员和通过项目制而形成的隐性动员又构成了一种"去制度化"的力量，阻碍了高校和教师基于内在驱动力的质量改进行为，造成了中国高等教育质量保障的碎片化、仪式化和低效性。政府不断出台政策和启动项目并将其与高校绩效评估关联起来，使得高校将获得教育行政主管部门的认可及其发布的项目简单地等价于质量，导致高校对于高等教育质量的界定成为政府质量观的影子，从而产生了一种"影子质量"。由此，政府在诸多政策文本中所宣称的要全面提高高等教育质量就异化为政府对于高等教育质量的一元化的全面控制，从而抑制了以地方性知识和多元价值诉求为基础来提高质量或进行创新的可能性。

第四，"现代型世界观"和"中国大学制度"分别是支撑"体制化的技术治理"的哲学和制度基础。从哲学层面来看，政府通过技术治理对什么是高等教育质量进行界定，同时对如何保障和提高高等教育质量进行引导和控制，成为高等教育质量和高等教育质量保障的"立法者"。政府在高等教育质量保障中充当"立法者"这一角色源于一种"现代型世界观"，反映了一种"对客观化过程加以技术控制"的认知旨趣，将高等教育质量实践几乎完全置于权力

（行政权力以及由此主导的动员机制）和金钱（政府发起的各种项目制中的专项资金）交织而成的"操控系统"的逻辑之下。从制度层面来讲，"体制化的技术治理"的产生和运作源于经由中国历史和社会现实所塑造的大学制度。具体而言，国家导向的高等教育质量观使得政府可以无须征求高校的同意就可以国家的名义介入具体的质量保障事务，而传统上强大的行政权力与社会转型期效率取向的高等教育政策杂糅而成的"双重体制"，使得政府的角色得以隐秘且"合法地"在高等教育质量保障中居于主导地位。同时，高校对于政府以及学术人员对于高校和政府的"依附式自主"则提供了"体制化的技术治理"得以存在的权力基础。

第五，完善中国特色现代大学制度是中国高等教育质量得以持续提高的根本路径。随着实践的不断发展，"技术治理"所隐含的内在困境不断凸显。单纯通过变换质量保障的具体技术手段以及依靠行政权威和行政权力的单向度问责来促使高校和教师被动进行质量保障不仅难以达到其宣称的终极目的，而且还引发了其他方面的质量问题，甚至有可能危及整个系统的健康运行。因此，要从根本上提高高等教育质量，必须改变当前这种"头痛医头，脚痛医脚"的质量保障方式，从大学制度入手来保障和提高高等教育质量。一是绘制政府在高等教育质量保障中的权力清单，用法律规范政府的行政权力边界和具体行动；二是充分尊重和保障高校的办学自主权和学术人员的学术自由，使高校和学术人员真正成为质量保障的主体而非外部利益相关者（尤其是政府）质量诉求的影子，在全社会范围内形成一种尊重高校自治和学术自由的"社会文化共识"，并以此来规范各利益相关者的具体行动；三是在高校内部，高校需要对自我的行政权力进行规制和规范，充分尊重和保障基层学术单位在质量保障方面的多元化选择，将基层学术单位作为一个以提高学术和教学质量为核心的学术共同体而非狭义地处理行政事务的行政组织。此外，要想使质量能够得以持续提高还需要在不同利益相关者之间建立多维度、互惠式和以契约为核心的新型问责体系，形成以信任为基础的、全社会范围内的高等教育质量文化，加快构建以学生为中心的高等教育质量保障体系。

第二节　本研究的创新与不足

一　本研究的主要创新点

（一）新的概念框架的提出

本研究提出以"体制化的技术治理"作为理解社会转型期中国高等教育质量保障的概念框架，为进一步研究中国高等教育质量及其保障问题建立了一个可以对话的概念平台和基础。

现有的文献强调了政府在中国高等教育质量政策和实践中的主导作用，也注意到了市场竞争对中国高等教育质量与中国高等教育质量保障的影响，这为本研究提供了必要的知识基础。但是，现有的研究存在如下几个问题：首先，将政府在高等教育质量保障中的作用等同于直接的行政干预和全面控制，忽略了高等院校和大学教师的能动性，这可以解释高等教育质量保障的同质化倾向，但难以解释为什么强有力的控制无法强迫高校和教师按照政府的意志行事，反而出现"上有政策，下有对策"的机会主义行为；其次，强调市场在中国高等教育质量保障中的作用又过分夸大了高等院校和教师的自主性，可以解释"上有政策，下有对策"的问题，但难以解释不同高校和教师出现类似的消解政府质量保障政策行动的现象。因此，要深入认识和理解中国高等教育质量保障及其实践需要将政府介入和市场竞争的因素统合起来。"体制化的技术治理"这一概念从行政动员和项目制两个维度将政府的主导作用和有限的市场竞争因素纳入了一个统一的分析框架，展现了一种颇具中国本土特征的高等教育质量保障路径。

此外，从国际比较的角度来看，任何国家和地区的高等教育质量保障都受到政府和市场的影响，因此，高等教育质量保障是政府和市场合力作用的结果的说法虽然正确，但不能告诉我们在具体的高等教育质量保障场域中政府和市场分别处于一种什么样的位置。同时，单纯的政府主导说或市场主导说虽然对政府和市场的作用做出了区分，但无法将同是政府主导或同是市场主导的高等教育质量保障体系进行内部比较。透过"体制化的技术治理"这一概念框架，我们则清晰地看到中国高等教育质量保障与其他国家和地区高等教育质量保障的不同之处，认识到这种差异性，不仅具有知识上的重要意义，而且能够为中国如何从根本上提高高等教育质量提供可行的路线图。

(二) 提出了新的解释性观点和结论

本研究分析了"体制化的技术治理"的实践逻辑及其双重后果并从哲学和制度层面进行了原因分析，为我们进一步提高高等教育质量保障的有效性奠定了必要的学术基础。

首先，从高校与外部利益相关者的关系角度来看，以往的研究注意到了中国高等教育质量保障中政府行政问责的主导特征，也提出了需要加强社会问责的建议，但是并未将两者放置到一个关系中加以说明。同时，从高校内部来看，饱受批评和质疑的"重科研，轻教学"更多的是一种现象描述，而现有文献却没有对这一现象的本质从理论上进行说明。本研究将"非对称性问责"作为"体制化的技术治理"的实践逻辑提出来，在高等教育质量保障的整体层面上将上述两种情况综合起来，从而可以对属于同一问题的不同现象进行统一的说明和解释，有助于深化对中国高等教育质量保障实践的理论认识。

其次，现有的研究对高等教育质量保障的认识存在极端化的倾向，即以政府为代表的利益相关者往往过分夸大质量保障的效果，而部分学者和一线教师等利益相关者则倾向于对当前的高等教育质量保障持否定态度。但无论是简单支持还是反对往往掺杂着情绪化因素，难以对这种"体制化的技术治理"方式的高等教育质量保障做出相对客观的评价。本研究认为，我们需要从"制度化"这一中立的角度来看待"体制化的技术治理"，这样既能够认识到其促进"制度化"的功能，也能够认识到其内在的"去制度化"的困境。这样我们就可以通过"制度化"这一维度来认识"体制化的技术治理"在效率方面的优越性，而与此同时又能够对其难以从根本上激发高校和教师基于内在驱动力的高等教育质量保障行为保持理性认识。

最后，现有的研究在提出改进高等教育质量保障对策建议的时候往往将措施归结到第三方高等教育质量保障机构的设立、新的评估方法的引进等技术层面，而没有认识到特定的高等教育质量保障方式必然有其内在的哲学基础和制度环境。本研究认为"体制化的技术治理"作为中国高等教育质量保障的核心运行机制，是一种"现代型知识观"的反映，也是中国特殊的大学制度所致。因此，单纯通过政策微调和技术层面的修修补补不能够保证质量的持续提高，必须从变革大学制度入手来提高高等教育质量。

（三）新的研究范式的应用

本研究以解释性的研究为基础，对社会转型期的中国高等教育质量保障进行了客观的批判性分析，呈现了高等教育质量保障的复杂状态，将经验和相关概念结合在一起，为深入理解中国高等教育质量保障提供了一种极具潜力的可能路径。

目前，有关中国高等教育质量保障的研究主要采取规范研究范式，多数旨在解决质量保障的价值判定问题。事实表明，虽然介绍国外高等教育质量保障理论与实践的文献汗牛充栋，但中国高等教育质量保障在实践中却难以沿着文献所指出的道路前进。因此，要想变革，需要"对症下药"，只有扎根本土才能够认识到中国高等教育质量保障的特殊性。

本研究遵循的是解释性的经验研究路径，即从中国高等教育质量保障的现实和事实出发，通过案例、访谈和对相关材料的总结与整合得出本土化的概念和结论，并以此为基础对中国高等教育质量保障的实践进行考察和分析。这种中层理论或概念避免了宏大叙事无所不包却又无所指的弊病，也避免了陷入经验主义过于注重细枝末节的窠臼。本研究以"动员""项目制""技术治理"等与中国本土情境紧密相关或直接从中国社会转型的现实中凝练出的概念为基础，以质性材料为佐证，将质量保障中的行政动员与项目制整合为一个综合性的框架，体现了一种本土意识，把握住了中国高等教育质量保障中"双重体制"这一特殊性，为采取有针对性的变革措施提供了坚实的概念基础。

此外，以往的研究往往采取自上而下的视角，主要从政府角度讨论高等教育质量保障的影响，而忽略了高校和教师的有关态度和行为。本研究在保持从政府角度进行研究的基础上，还深入质量保障的现场，从高校和大学教师的角度进行实证调查和分析，遵照自上而下和自下而上相结合的思维路线，将高等教育质量保障的实践逻辑一步步揭示出来，为本研究的论点提供了经验材料的支撑。

二 本研究的不足之处

首先，对于未来中国高等教育质量保障体系建设性方案的研究比较薄弱。本研究在有关高等教育质量保障的概念整合与提出以及以概念为基础的批判性理论分析方面着墨较多，但对于如何变革现有的高等教育质量保障体系的研究尚显不足。目前，本研究只是提出了一些根本性和原则性的建议和可能的路线，而对于每一条建议和路线具体如何操作，还未形成一个可操作的方案。

其次，经验材料的来源还不够广泛。本研究属于理论导向下的经验研究，对于经验材料的要求比较高。虽然笔者尽可能地从多方面去收集一手材料，但限于条件和时间的不足，本研究对国家层面高等教育质量保障政策和行为的分析主要建立在相关政策文本、媒体报道以及有关研究报告和文献的基础之上，而没有对中央政府和省级政府负责高等教育质量保障相关事宜的管理者进行访谈，这一部分材料的缺失可能会限制读者对本研究所提相关概念的理解程度。同样，在高校层面，学生作为教育教学质量的主要利益相关者，他们如何看待与其密切相关的质量保障政策和措施也对高等教育质量保障实践有重要影响，但本研究主要以 H 大学的相关政策文本和对部分教师的访谈作为分析的材料来源，而没有将学生纳入分析的范围，这可能会限制本研究相关概念的解释范围。此外，由于研究涉及权力和利益等敏感领域和话题，所以对于高校有关行政管理人员的访谈材料遵照受访者的要求没有直接出现在文字表述中。

最后，研究方法比较单一，直接经验不足。尽管质性研究比较适合探究本研究的问题，但是个案研究难以涵盖所有现象，这使得本研究不可能对所有与中国高等教育质量保障相关的问题做出回答。研究方法的单一可能会导致对有些问题的认识不够全面和深入。此外，高等教育质量保障是一个实践性非常强的研究领域，如果能够直接参与质量保障运作的实际过程会有助于概念的提炼和对相关问题的深度分析，但直接经验的缺失会限制笔者对概念的把握和以此为基础的理解和分析。

第三节　研究展望

随着中国高等教育质量实践的发展，对于中国高等教育质量保障的研究已经成高等教育研究中非常重要的学术领地。高等教育质量保障涵盖的范围非常广泛，本研究只是从特定的角度对中国高等教育质量保障进行了一次整体研究，没有也不可能涉及所有重要问题。在后续研究中，可以从如下几个重要的方面进行拓展。

首先，可以对政府和高校在高等教育质量保障过程中的互动过程进行研究。研究表明高等教育质量保障是一个充满权力斗争和价值冲突的场域，后续研究可以在本研究提出的概念框架下对政府与高校在高等教育质量保障过程中的互动过程进行深入研究，一方面对本研究提出的概念框架进行检验和修正，另一方面为更好地推动高等教育质量实践提供学术基础。

其次，可以深入考察高等教育质量保障政策和措施是如何影响大学教师的学术工作以及他们是如何参与高等教育质量保障过程的。本研究只是初步考察了大学教师对高等教育本科教学质量保障的认知，但对于这些政策和措施是如何影响大学教师的学术工作以及他们是如何参与具体的高等教育质量保障过程的研究还不够深入。后续研究可以从这个方面入手，继续探究中国高等教育质量保障的实践逻辑。

最后，可以对高等教育质量保障对大学生学习和发展等方面的影响进行综合性的研究。"以学生为中心"已经成为世界范围内高等教育质量保障的新理念和新路径，但当前中国学术界还相对缺乏从学生角度对高等教育质量保障政策和措施进行的综合性研究，这方面的研究可以为检验高等教育质量保障的效果和进一步提高高等教育质量保障的有效性奠定必要的知识基础。

此外，后续研究还可以从其他方面（比如运用混合研究方法）进行拓展和深化。笔者将继续关注并致力于这一领域的后续研究。

附　录

访谈提纲

对从事本科教学的教师的访谈提纲

［1］您如何评价当前中国的高等教育质量（主要是本科教育质量）？

［2］您认为影响当前中国本科教育质量的主要因素有哪些？

［3］国家层面出台了哪些本科教育质量保障政策和措施？您如何看待这些政策和措施？这些政策和措施对您有何影响？

［4］您如何评价贵校的本科教育质量？

［5］贵校（和您所在的院系）出台了哪些保障本科教育质量的政策和措施？这些政策和措施是在什么样的情况和条件下出台的？您在这一过程中参与的程度如何？您是如何评价这些政策和措施的？其效果如何？它对您的教学工作产生了什么样的影响？

［6］您如何看待当前的本科教育质量保障体系在保障和提高教育教学质量中的作用？您如何看待政府、高校和教师在当前的本科教育质量保障中各自所承担的角色？

对教学管理人员的访谈提纲

［1］您如何评价当前中国的高等教育质量（主要是本科教育质量）？

［2］您认为影响当前本科教育质量的主要因素有哪些？

［3］国家层面出台了哪些本科教育质量保障政策和措施？您如何评价这些政策和措施？

［4］贵校采取了哪些保障本科教学质量的政策和措施？这些政策和措施是在什么样的情况和条件下出台的？您在这一过程中参与的程度如何？您是如何评价这些政策和措施的？从您的角度来看，效果如何？

［5］您在贵校本科教育质量保障中的职责有哪些？您是如何履行这些职责的？

［6］您在贵校本科教育质量保障中扮演了何种角色？

［7］您如何看待当前的本科教育质量保障体系在保障和提高教育教学质量中的作用？您如何看待政府、高校和管理者在当前的本科教育质量保障中所承担的角色？

参考文献

一　中文文献

（一）中文图书

［美］欧内斯特·博耶：《美国大学教育——现状·经验·问题及对策》，复旦大学高等教育研究所译，复旦大学出版社1988年版。

［美］厄内斯特·博耶：《大学：美国的大学生的就读经验》，徐芃等译，北京师范大学出版社1993年版。

［美］伯顿·克拉克：《高等教育系统——学术组织的跨国研究》，王承绪等译，杭州大学出版社1994年版。

［法］福柯：《权力的眼睛——福柯访谈录》，严锋译，上海人民出版社1997年版。

王铭铭：《想象的异邦——社会与文化人类学散论》，上海人民出版社1998年版。

孙立平、晋军、何江穗等：《动员与参与——第三部门募捐机制个案研究》，浙江人民出版社1999年版。

安心：《高等教育质量保证体系研究》，甘肃教育出版社1999年版。

清华大学社会学系：《清华社会学评论特辑》，鹭江出版社2000年版。

［英］齐格蒙·鲍曼：《立法者与阐释者：论现代性、后现代性与

知识分子》，洪涛译，上海人民出版社 2000 年版。

[加拿大] 许美德：《中国大学（1895—1995）：一个文化冲突的世纪》，许洁英译，教育科学出版社 2000 年版。

[美] 伯顿·克拉克主编：《高等教育新论——多学科的研究》，王承绪等译，浙江教育出版社 2001 年版。

[美] 德里克·博克：《走出象牙塔：现代大学的社会责任》，徐小洲、陈军译，浙江教育出版社 2001 年版。

[荷] 弗兰斯·F. 范富格特主编：《国际高等教育政策比较研究》，王承绪等译，浙江教育出版社 2001 年版。

[美] 梅雷迪斯·D. 高尔、沃尔特·R. 博格、乔伊斯·P. 高尔：《教育研究方法导论》（第六版），许庆豫等译，江苏教育出版社 2002 年版。

[英] 斯蒂芬·J. 鲍尔：《教育改革：批判和后结构主义的视角》，侯定凯译，华东师范大学出版社 2002 年版。

[加拿大] 迈克·富兰：《变革的力量——透视教育改革》，中央教育科学研究所、加拿大多伦多国际学院译，教育科学出版社 2004 年版。

[英] 玛丽·亨克尔、布瑞达·里特主编：《国家、高等教育与市场》，谷贤林等译，教育科学出版社 2005 年版。

[美] 约翰·布伦南、特拉·沙赫：《高等教育质量管理——一个关于高等院校评估和改革的国际性观点》，陆爱华译，华东师范大学出版社 2005 年版。

[英] 马尔科姆·泰特：《高等教育研究：进展与方法》，侯定凯译，北京大学出版社 2007 年版。

[美] E. 格威狄·博格、金伯利·宾汉·霍尔：《高等教育中的质量与问责》，毛亚庆、刘冷馨译，北京师范大学出版社 2008 年版。

［美］德雷克·博克：《回归大学之道：对美国大学本科教育的反思与展望》，侯定凯等译，华东师范大学出版社2008年版。

［英］托尼·比彻、保罗·特罗勒尔：《学术部落及其领地：知识探索与学科文化》，唐跃勤译，北京大学出版社2008年版。

［加拿大］比尔·雷丁斯：《废墟中的大学》，郭军等译，北京大学出版社2008年版。

［美］C. 赖特·米尔斯：《社会学的想像力》，陈强、张永强译，生活·读书·新知三联书店2008年版。

［美］沃尔特·W. 鲍威尔、保罗·J. 迪马吉奥主编：《组织分析的新制度主义》，姚伟译，上海人民出版社2008年版。

［美］约翰·W. 克里斯韦尔：《质的研究及其设计方法与选择》，余东升译，中国海洋大学出版社2009年版。

［英］杰勒德·德兰迪：《知识社会中的大学》，黄建如译，北京大学出版社2010年版。

［美］哈佛委员会：《哈佛通识教育红皮书》，李曼丽译，北京大学出版社2010年版。

［美］爱德华·希尔斯：《教师的道与德》，徐弢译，北京大学出版社2010年版。

［英］安东尼·史密斯、弗兰克·韦伯斯特：《后现代大学来临？》，侯定凯、赵叶珠译，北京大学出版社2010年版。

［美］W. 理查德·斯科特：《制度与组织——思想观念与物质利益》（第3版），姚伟、王黎芳译，中国人民大学出版社2010年版。

［美］马丁·特罗：《多样性与领导力——马丁·特罗论美国高等教育和研究型大学》，马万华等译，教育科学出版社2011年版。

［英］迈克尔·吉本斯等：《知识生产的新模式——当代社会科学与研究的动力学》，陈洪捷、沈文钦等译，北京大学出版社2011

年版。

[美]哈瑞·刘易斯：《失去灵魂的卓越：哈佛是如何忘记教育宗旨的》（第二版），侯定凯等译，华东师范大学出版社2012年版。

[美]特伦斯·W. 拜高尔克、迪恩·E. 纽鲍尔主编：《亚太地区高等教育：质量与公共利益》，杨光富、任友群等译，上海译文出版社2012年版。

[美]詹姆斯·C. 斯科特：《国家的视角》，王晓毅译，社会科学文献出版社2012年版。

[英]维克多·特纳：《象征之林——恩登布人仪式散论》，赵玉燕等译，商务印书馆2012年版。

周雪光、刘世定、折晓叶主编：《国家建设与政府行为》，中国社会科学出版社2012年版。

[美]菲利普·G. 阿特巴赫主编：《世界级大学领导力》，姜有国译，中国人民大学出版社2014年版。

[美]罗伯特·K. 殷：《案例研究：设计与方法》（原书第5版），周海涛、史少杰译，重庆大学出版社2017年版。

张银霞：《大学初任教师学术身份及其建构的质性研究》，清华大学出版社2018年版。

财团法人台南师范学院校务发展文教基金会、台湾教育社会学学会：《九年一贯课程与教育改革议题：教育社会学取向的分析》，高雄復文图书出版社2002年版。

周光礼：《学术自由与社会干预——大学学术自由的制度分析》，华中科技大学出版社2003年版。

陈玉琨等：《高等教育质量保障体系概论》，北京师范大学出版社2004年版。

范文曜、马陆亭主编：《国际视角下的高等教育质量评估与财政拨款》，教育科学出版社2004年版。

戴晓霞、莫家豪、谢安邦主编：《高等教育市场化》，北京大学出版社 2004 年版。

郭海：《大学内部财政分化》，北京大学出版社 2007 年版。

岳经纶、郭巍青主编：《中国公共政策评论》（第 1 卷），格致出版社、上海人民出版社 2007 年版。

田恩舜：《高等教育质量保证模式研究》，中国海洋大学出版社 2007 年版。

王建成：《美国高等教育认证制度研究》，教育科学出版社 2007 年版。

黄福涛主编：《外国高等教育史》（第二版），上海教育出版社 2008 年版。

李延保主编：《中国高校本科教学评估报告》，高等教育出版社 2009 年版。

郭卉：《权利诉求与大学治理：中国大学教师利益表达的制度运作》，中国海洋大学出版社 2009 年版。

周雪光：《组织社会学十讲》，社会科学文献出版社 2009 年版。

周光礼：《公共政策与高等教育——高等教育政治学引论》，华中科技大学出版社 2010 年版。

岳经纶、郭巍青主编：《中国公共政策评论》（第 4 卷），格致出版社、上海人民出版社 2010 年版。

张国兵：《高等教育重点建设政策研究》，北京大学出版社 2010 年版。

柯政：《理解困境：课程改革实施行为的新制度主义分析》，教育科学出版社 2011 年版。

包海芹：《国家学科基地政策扩散研究》，北京大学出版社 2011 年版。

吴合文：《高等教育政策工具分析》，北京师范大学出版社 2011

年版。

周光礼主编：《中国高等教育质量评估体系有效性研究——基于社会问责的视角》，湖南人民出版社2012年版。

岳经纶、郭巍青主编：《中国公共政策评论》（第6卷），格致出版社、上海人民出版社2013年版。

教育部高等教育教学评估中心：《中国高等教育质量报告（2014年度）》，教育科学出版社2016年版。

马健生等：《高等教育质量保证体系的国际比较研究》，北京师范大学出版社2014年版。

［英］安东尼·吉登斯：《社会的构成：结构化理论大纲》，李康、李猛译，中国人民大学出版社2016年版。

［英］马尔科姆·泰特：《案例研究：方法与应用》，徐世勇、杨付、李超平译，中国人民大学出版社2019年版。

（二）中文期刊

何瑞琨：《教育评估要从实际出发——日本大学导入合格鉴定方式的经验教训》，《辽宁高等教育研究》1985年第5期。

王英杰：《八十年代美国高等教育改革的趋向》，《高等师范教育研究》1989年第4期。

王宁：《知识分子：从立法者到阐释者》，《读书》1992年第12期。

许庆豫：《国外高等教育发展的重要机制——社会评价》，《上海高教研究》1993年第3期。

孙立平、王汉生、王思斌等：《改革以来中国社会结构的变迁》，《中国社会科学》1994年第2期。

辛彦怀、张连盈：《我国高等教育评估十年的回顾与思考》，《河北师范大学学报》（社会科学版）1995年第3期。

王烽、霍雅玲：《发达国家高等教育评估的发展趋势及其启示》，《高等工程教育研究》1996年第4期。

李延成：《美国高等教育认证制度：一种高等教育管理与质量保障模式》，《高等教育研究》1998年第6期。

王爱国：《发达国家提高高等教育质量的基本措施纵论》，《教育研究》1998年第6期。

董秀华：《政府在高等教育评估中的职能与作用——个案与比较研究》，《比较教育研究》1999年第1期。

刘一臬：《社会动员形式的历史反视》，《战略与管理》1999年第4期。

郑永廷：《论现代社会的社会动员》，《中山大学学报》（社会科学版）2000年第2期。

赵蒙成、周川：《高等教育质量：概念与现实》，《江苏高教》2000年第2期。

王占军、孙锐：《我国高等教育评估制度演进趋势探析》，《高等教育研究》2000年第6期。

潘懋元：《走向大众化时代的高等教育质量——在全国高等教育学研究会第六届学术年会开幕式上的发言》，《高等教育研究》2001年第4期。

张应强：《高等教育质量观与高等教育大众化进程》，《江苏高教》2001年第5期。

龚放：《高等教育多样化与质量观的重构》，《中国高等教育》2001年第22期。

熊志翔：《欧洲高等教育质量保障模式的形成及启示》，《高等教育研究》2001年第5期。

赵婷婷：《从精英到大众高等教育质量观的转变》，《江苏高教》2002年第1期。

陈廷柱：《中国高等教育质量保证的基本策略：市场化》《江苏高教》2002年第1期。

王一兵：《高等教育质量保证机制：国外趋势和中国面临的战略选择》，《高等教育研究》2002年第1期。

袁祖望：《运用市场竞争机制保障高等教育质量》，《高教探索》2002年第2期。

戚业国：《论高等教育大众化时代的质量观》，《高等师范教育研究》2002年第2期。

房剑森：《高等教育质量观的发展与中国的选择》，《现代大学教育》2002年第2期。

刘忠学：《英国高等教育质量保证体系的发展及现状分析》，《比较教育研究》2002年第2期。

李守福：《国外大学评价的几种模式》，《比较教育研究》2002年第6期。

侯威、许明：《澳大利亚高等教育质量保证机制概述》，《比较教育研究》2002年第3期。

武毅英：《新世纪我国高等教育的质量观》，《厦门大学学报》（哲学社会科学版）2002年第4期。

田恩舜：《高等教育质量保证体系及其运行机制》，《高教探索》2003年第1期。

卢乃桂、操太圣：《立法者与阐释者：大学专家在"校院合作"中角色之嬗变》，《复旦教育论坛》2003年第1期。

［美］伯顿·克拉克：《我的学术生涯（下）》，赵炬明译，《现代大学教育》2003年第1期。

卢乃桂、操太圣：《中国改革情境中的全球化：中国高等教育市场化现象透析》，《北京大学教育评论》2003年第1期。

朱镜人：《英国高等教育质量理论研究述评》，《比较教育研究》2003年第6期。

张济顺：《上海里弄：基层政治动员与国家社会一体化走向

（1950—1955）》，《中国社会科学》2004 年第 2 期。

李慧仙：《"精品课程"评审体系：问题与对策》，《高等工程教育研究》2004 年第 2 期。

王战军、廖湘阳、周学军：《中国高等教育评估实践的问题及对策》，《清华大学教育研究》2004 年第 6 期。

金顶兵：《英国高等教育评估与质量保障机制：经验与启示》，《教育研究》2005 年第 1 期。

孙立平：《社会转型：发展社会学新议题》，《社会学研究》2005 年第 1 期。

张民选：《关于高等教育认证机制的研究》，《教育研究》2005 年第 2 期。

周雪光：《"逆向软预算约束"：一个政府行为的组织分析》，《中国社会科学》2005 年第 2 期。

方鸿琴：《英国高等教育质量保证署的院校审核》，《高等教育研究》2005 年第 2 期。

龙太江：《从"对社会动员"到"由社会动员"——危机管理中的动员问题》，《政治与法律》2005 年第 2 期。

刘尧：《中国高等教育评估的历史与现状述评》，《高教发展与评估》2005 年第 5 期。

卢乃桂、罗云：《西方高等教育的企业化进路》，《高等教育研究》2005 年第 7 期。

赵炬明：《中国大学与院校研究》，《高等教育研究》2005 年第 8 期。

阚阅：《欧洲高等教育质量保障探析》，《高等农业教育》2005 年第 8 期。

曾荣光：《从教育质量到质量教育的议论——香港特区的经验与教训》，《北京大学教育评论》2006 年第 1 期。

［德］赖因哈德·施拖克曼:《以机构质量保障代替项目评估?》,王乾坤译,《北京大学教育评论》2006年第1期。

陈学飞:《理想导向型的政策制定——"985工程"政策过程分析》,《北京大学教育评论》2006年第1期。

赵炬明:《精英主义与单位制度——对中国大学组织与管理的案例研究》,《北京大学教育评论》2006年第1期。

黄正林:《社会教育与抗日根据地的政治动员——以陕甘宁边区为中心》,《中共党史研究》2006年第2期。

罗燕:《大学排名:一种高等教育市场指引制度的构建——新制度主义社会学的分析》,《江苏高教》2006年第2期。

李雪飞:《高等教育质量话语权变迁——从内部到外部的历史路径探析》,《清华大学教育研究》2006年第4期。

孔繁斌:《政治动员的行动逻辑——一个概念模型及其应用》,《江苏行政学院学报》2006年第5期。

陈潭:《政策动员、政策认同与信任政治——以中国人事档案制度的推行为考察对象》,《政治学研究》2006年第5期。

［日］金子元久:《高等教育发展的中国模式:来自日本的观察》,徐国兴译,《教育发展研究》2006年第5A期。

马陆亭:《试析我国高等教育投入制度的改革方向》,《国家教育行政学院学报》2006年第7期。

田恩舜:《我国高等教育质量保证模式的建构策略》,《高等教育研究》2006年第7期。

上海市高等教育评估研究中心:《突出分类指导 实现模式创新——关于我国第二轮普通高校本科教学评估整体方案的构想》,《教育发展研究》2006年第10A期。

胡弼成:《高等教育质量观的演进》,《教育研究》2006年第11期。

高耀明等:《本科教学工作水平评估对高校教学工作影响的调查研

究》,《高等教育研究》2006 年第 11 期。

蓝劲松:《教学激励政策的反思——对中国高等教育国家级教学成果奖的综合考察与分析》,《国家教育行政学院学报》2006 年第 12 期。

卢乃桂、张永平:《全球化背景下高等教育领域中的政府角色变迁》,《北京大学教育评论》2007 年第 1 期。

柯政:《学校变革的新制度主义解释》,《北京大学教育评论》2007 年第 1 期。

周济:《实施"质量工程"贯彻"2 号文件"全面提高高等教育质量》,《中国大学教学》2007 年第 3 期。

王佑镁:《国家精品课程网上资源可及性评估研究》,《高等工程教育研究》2007 年第 3 期。

田恩舜:《高等教育质量保证模式论略》,《大学·研究与评价》2007 年第 4 期。

陈学飞、茶世俊:《理论导向的教育政策经验研究探析》,《北京大学教育评论》2007 年第 4 期。

荀丽丽、包智明:《政府动员型环境政策及其地方实践——关于内蒙古 S 旗生态移民的社会学分析》,《中国社会科学》2007 年第 5 期。

崔瑞锋、张俊珍:《学术审计探析》,《外国教育研究》2007 年第 7 期。

罗晓燕、陈洁瑜:《以学生学习为中心的高等教育质量评估——美国 NSSE"全国学生学习投入调查"解析》,《比较教育研究》2007 年第 10 期。

王欣、陈锡宝:《我国精品课程评审工作现状及存在问题》,《教育发展研究》2007 年第 10B 期。

莫家豪:《新自由主义与亚洲高等教育发展——呼唤当代大学"公

共意识"的回归》,《教育发展研究》2007年第11A期。

阎凤桥:《〈高等教育法〉修订中有关高校与政府关系的法律分析》,《学园》2008年第1期。

郭朝红:《高等教育质量保障:总结经验、展望未来——高等教育质量保障机构国际网络组织(INQAAHE)第八届双年会综述》,《江苏高教》2008年第2期。

赵婷婷、贾涛、黄照旭等:《北京高等教育质量状况的实证研究》,《清华大学教育研究》2008年第2期。

费小冬:《扎根理论研究方法论:要素、研究程序和评判标准》,《公共行政评论》2008年第3期。

蒋凯:《全球化背景下的高等教育责任制》,《教育研究》2008年第3期。

李奇:《试析美国本科教育质量评估中的问卷调查》,《比较教育研究》2008年第3期。

张爽、曾又其、李辉:《欧盟国家高等教育质量保障探析》,《中国大学教学》2008年第3期。

黄福涛:《本科教育质量保证研究——历史与比较的视角》,《高等教育研究》2008年第3期。

邓万春:《动员式改革:中国农村改革理论与经验的再探讨》,《社会》2008年第3期。

胡炳仙:《权力集中与知识控制:"教育革命"时期的中国重点大学政策》,《清华大学教育研究》2008年第4期。

李明华:《美国高等教育认证制度的变革趋势研究(上)》,《复旦教育论坛》2008年第4期。

李明华:《美国高等教育认证制度的变革趋势研究(下)》,《复旦教育论坛》2008年第5期。

肖文明:《观察现代性——卢曼社会系统理论的新视野》,《社会学研究》2008 年第 5 期。

石中英、张夏青:《30 年教育改革的中国经验》,《北京师范大学学报》(社会科学版) 2008 年第 5 期。

章建石、张松青:《高校教师视角下本科教学评估成效的调查分析》,《国家教育行政学院学报》2008 年第 6 期。

丁小浩、李锋亮、孙毓泽:《我国高等教育投资体制改革 30 年——成就与经验、挑战与完善》,《中国高教研究》2008 年第 6 期。

俞佳君:《英国 QAA 的建立与发展——兼论英国高等教育外部质量保障机制》,《煤炭高等教育》2008 年第 6 期。

夏洪文、郑哲、李巧丹:《国家精品课程的可用性研究》,《高等工程教育研究》2008 年第 6 期。

赵炬明:《超越评估(上)——中国高等教育质量保障体系建设之设想》,《高等工程教育研究》2008 年第 6 期。

[西] 米格尔·安吉尔·埃斯科特:《大学治理:责任与财政》,汪利兵、温从雷译,《教育研究》2008 年第 8 期。

[美] 威廉姆·耐特:《院校研究与质量保证——以美国高等教育为例》,刘智勇译,《高等教育研究》2008 年第 8 期。

程星:《市场竞争中的高校评估及其范式的更新》,《高等教育研究》2008 年第 9 期。

赵炬明:《超越评估(下)——中国高等教育质量保障体系建设之设想》,《高等工程教育研究》2009 年第 1 期。

王晓莉、卢乃桂:《期望中的教师专业性:政策文本分析的视角》,《教育发展研究》2009 年第 2 期。

张妍:《本科教学评估对高校发展的影响研究——高校内部利益相关者的视角》,《清华大学教育研究》2009 年第 2 期。

王汉生、王一鸽:《目标管理责任制:农村基层政权的实践逻辑》,《社会学研究》2009 年第 2 期。

王建华：《高等教育质量研究——管理的视角》，《高等教育研究》2009年第2期。

唐贤兴：《政策工具的选择与政府的社会动员能力——对"运动式治理"的一个解释》，《学习与探索》2009年第3期。

史秋衡、吴雪：《英国高等教育质量管理制度变迁探析》，《厦门大学学报》（哲学社会科学版）2009年第3期。

阎凤桥：《转型中的中国学术职业：制度分析视角》，《教育学报》2009年第4期。

刘玉照、田青：《新制度是如何落实的？——作为制度变迁新机制的"通变"》，《社会学研究》2009年第4期。

黄宗智：《改革中的国家体制：经济奇迹和社会危机的同一根源》，《开放时代》2009年第4期。

韩映雄：《我国高等教育"质量工程"政策目标分析》，《复旦教育论坛》2009年第5期。

喻恺、吴雪：《学生体验：英国高等教育质量保障体系的新内容》，《中国高教研究》2009年第5期。

渠敬东、周飞舟、应星：《从总体支配到技术治理——基于中国30年改革经验的社会学分析》，《中国社会科学》2009年第6期。

王新凤：《欧洲高等教育质量保障区域整合进展及启示》，《比较教育研究》2009年第10期。

赵婉莹：《高校"质量工程"建设的问题与对策》，《教育发展研究》2009年第17期。

黄福涛：《高等教育质量保证的国际趋势与中国的选择》，《北京大学教育评论》2010年第1期。

蒋家琼、姚利民、游柱然：《英国高等教育外部质量保障组织体系及启示》，《比较教育研究》2010年第1期。

周光礼、张文静：《国家精品课程建设七年回望——一个政策评价框架的初步运用》，《高等工程教育研究》2010年第1期。

王友航、郝庆：《保障高等教育质量：中国政府在行动》，《高校教育管理》2010年第1期。

罗云：《"人民的大学"：1949年新政权下中国大学身份之建构——以北京大学为个案》，《教育学报》（香港）2010年第1期。

柳亮：《高等教育问责制：内涵、缘起与实践》，《现代教育管理》2010年第2期。

狄金华：《通过运动进行治理：乡镇基层政权的治理策略》，《社会》2010年第3期。

李斌：《政治动员与社会革命背景下的现代国家构建——基于中国经验的研究》，《浙江社会科学》2010年第4期。

赵炬明：《高等教育研究科学化——对北京大学高等教育研究发展的一点感想》，《北京大学教育评论》2010年第4期。

王佑镁：《高校精品课程网络资源教学有效性的调查研究》，《开放教育研究》2010年第5期。

屈琼斐：《美国大学内部质量保障体系的启示》，《高教发展与评估》2010年第5期。

董泽芳、陈文娇：《论我国高等教育质量标准的多样性与统一性》，《高等教育研究》2010年第6期。

张婕：《高校本科教学评估及其改进——对117名地方高校领导的问卷调查》，《教育研究》2010年第8期。

张会敏、方向阳：《全面质量管理在高等教育应用中的哲学思考》，《当代教育科学》2010年第11期。

李奇：《论我国高等教育质量保障体系的建构》，《国家教育行政学院学报》2010年第11期。

刘少雪：《我国近现代大学行政化管理模式的历史探索》，《清华大学教育研究》2011年第1期。

周湘林:《本科教学评估中高校行为的制度分析》,《现代大学教育》2011 年第 1 期。

赵叶珠:《学生参与：欧洲高等教育质量保障中的新维度》,《复旦教育论坛》2011 年第 1 期。

柳亮:《"自愿问责制"：美国高等教育问责制发展的新动向》,《比较教育研究》2011 年第 2 期。

周湘林:《本科教学评估制度有效性分析——基于模糊综合评价原理》,《高等工程教育研究》2011 年第 2 期。

周满生、褚艾晶:《成就、挑战与展望——欧洲高等教育区质量保证十年发展回顾》,《北京大学教育评论》2011 年第 2 期。

沈伟、卢乃桂:《问责背景下的教育质量：何为与为何》,《全球教育展望》2011 年第 2 期。

廖湘阳、王战军:《大众化高等教育质量观发展的现实背景与支持条件》,《江苏高教》2011 年第 3 期。

折晓叶、陈婴婴:《项目制的分级运作机制和治理逻辑——对"项目进村"案例的社会学分析》,《中国社会科学》2011 年第 4 期。

赵炬明:《美国大学教师管理研究（下）》,《高等工程教育研究》2011 年第 6 期。

柳亮:《高等教育问责：认识转换与发展构想》,《高等教育研究》2011 年第 7 期。

李祥云:《本科教学质量与教学改革工程实施现状、问题与政策建议——基于武汉市 9 所高校的学生问卷调查》,《中国高教研究》2011 年第 7 期。

卢乃桂、李琳琳、黎万红:《高校教师聘任制改革背景下学术工作的分层与分割》,《高等教育研究》2011 年第 7 期。

杨锐:《中国高等教育演化的若干启示——基于文化比较的视角》,《高等教育研究》2011 年第 7 期。

阎凤桥：《高等教育规模可持续扩张的制度保障——〈二十一世纪的高等教育：从精英到大众再到普及〉读后感》，《高等教育研究》2011 年第 9 期。

阎光才：《我国学术职业环境的现状与问题分析》，《高等教育研究》2011 年第 11 期。

史静寰、许甜、李一飞：《我国高校教师教学学术现状研究——基于 44 所高校的调查分析》，《高等教育研究》2011 年第 12 期。

周飞舟：《财政资金的专项化及其问题：兼论"项目治国"》，《社会》2012 年第 1 期。

张斌：《仪式、象征权力与学术秩序——学术会议过程的社会学分析》，《高等教育研究》2012 年第 1 期。

鲍威、王嘉颖：《象牙塔里的压力——中国高校教师职业压力与学术产出的实证研究》，《北京大学教育评论》2012 年第 1 期。

阎凤桥：《中国高等教育规模扩张中的软预算约束问题分析》，《中国高等教育评论》2012 年第 3 期。

刘振天：《我国新一轮高校本科教学评估总体设计与制度创新》，《高等教育研究》2012 年第 3 期。

蒋凯：《全球化时代的高等教育政策走向及其批判性分析》，《大学教育科学》2012 年第 3 期。

钟涨宝、李飞：《动员效力与经济理性：农户参与新农保的行为逻辑研究——基于武汉市新洲区双柳街的调查》，《社会学研究》2012 年第 3 期。

余东升：《评估一流的本科教育：路径与价值——美国的经验及其意义》，《高等工程教育研究》2012 年第 3 期。

阎光才：《现代大学制度的内涵及其构建过程中所面临的困境》，《澳门理工学报》2012 年第 3 期。

阎光才：《学术等级系统与锦标赛制》，《北京大学教育评论》2012

年第 3 期。

张应强：《中国高等教育大众化及其后续效应》，《中国高等教育评论》2012 年第 3 期。

刘黎明、唐萌：《价值论视域中的大众化高等教育质量观探析》，《国家教育行政学院学报》2012 年第 4 期。

朱家德：《自治—问责：法国高等教育转型与质量保障体系的发展》，《中国高教研究》2012 年第 4 期。

莫甲凤：《大学自治模式的英国高等教育质量保障体系：特点与启示》，《中国高教研究》2012 年第 4 期。

张银霞：《新管理主义背景下西方学术职业群体的困境》，《高等教育研究》2012 年第 4 期。

渠敬东：《项目制：一种新的国家治理体制》，《中国社会科学》2012 年第 5 期。

张应强：《从完善大学制度来抓高等教育质量》，《大学教育科学》2012 年第 5 期。

钟凯凯：《大学评估运动："组织化动员"的概念、特征与悖论》，《浙江社会科学》2012 年第 5 期。

赵婷婷：《高等教育质量在中国的涵义及质量评价研究的趋势》，《大学教育科学》2012 年第 5 期。

张丽：《构建高等教育质量保障内部机制的研究》，《江苏高教》2012 年第 5 期。

史静寰：《以"学"为本的高教质量评价与改进：从教师做起》，《无锡职业技术学院学报》2012 年第 6 期。

张应强：《新中国大学制度建设的艰难选择》，《清华大学教育研究》2012 年第 6 期。

张烨：《我国高等教育质量观的演进及其制度基础分析》，《清华大学教育研究》2012 年第 6 期。

程星：《国际化、市场化的大学及其质量评估：一个不对称信息的视角》，《高等工程教育研究》2012年第6期。

胡森：《高等教育外部质量评估模式的发展趋势——来自法国的经验》，《比较教育研究》2012年第7期。

郭卉：《如何增进教师参与大学治理——基于协商民主理论的探索》，《高等教育研究》2012年第7期。

阎光才：《研究型大学中本科教学与科学研究间关系失衡的迷局》，《高等教育研究》2012年第7期。

雷洪德：《中国高等教育规模变化的特征及其成因》，《高等教育研究》2012年第7期。

鲍威：《中国高等教育规模扩张的理论解释与扩张机制》，《教育学术月刊》2012年第8期。

周雪光：《运动型治理机制——中国国家治理的制度逻辑再思考》，《开放时代》2012年第9期。

王友航：《高等教育质量政策的话语策略》，《教育学术月刊》2012年第10期。

郭芳芳、史静寰：《区域认证中的学生评价："奉子成婚"抑或"天作之合"？——美国高等教育质量保障机制研究》，《外国教育研究》2012年第10期。

徐永：《国家行动下学术创新策略的实践逻辑及其反思——基于大学学术生产的视角》，《教育发展研究》2012年第23期。

林梦泉、唐振福、杜志峰：《国际高等教育质量保障热点问题和发展趋势——近年来高等教育质量保障机构网络组织（INQAAHE）会议综述》，《中国高等教育》2013年第1期。

卢乃桂、王丽佳：《教育改革背景下的教师专业性与教师责任》，《教师教育研究》2013年第1期。

陈家建：《项目制与基层政府动员——对社会管理项目化运作的社

会学考察》,《中国社会科学》2013 年第 2 期。

杨立军、颜晓红、李玉倩:《技术与文化的融合:构建高校教学质量保障体系的路径》,《大学》(学术版)2013 年第 3 期。

刘秀曦:《高等教育政策工具之探析:大学评鉴结果与政府经费分配之连结》,《教育研究与发展期刊》(台湾)2013 年第 3 期。

刘振天:《论"过程主导"的高等教育质量观》,《北京大学教育评论》2013 年第 3 期。

叶敏、熊万胜:《"示范":中国式政策执行的一种核心机制——以 XZ 区的新农村建设过程为例》,《公共管理学报》2013 年第 4 期。

肖毅:《澳大利亚高等教育质量保障体系改革新动向研究》,《外国教育研究》2013 年第 4 期。

陈欣、郝世文:《澳大利亚高等教育问责和质量保证:2007 年之后的新举措》,《外国教育研究》2013 年第 4 期。

李林倬:《基层政府的文件治理——以县级政府为例》,《社会学研究》2013 年第 4 期。

阎凤桥、毛丹:《中国高等教育的机制转变与规模扩张》,《中国高等教育评论》2013 年第 4 期。

王诗宗、宋程成:《独立抑或自主:中国社会组织特征问题重思》,《中国社会科学》2013 年第 5 期。

刘振天:《高校教学评估何以回归教学生活本身》,《高等教育研究》2013 年第 5 期。

周光礼、黄容霞:《教学改革如何制度化——"以学生为中心"的教育改革与创新人才培养特区在中国的兴起》,《高等工程教育研究》2013 年第 5 期。

刘振天:《回归教学生活:我国新一轮高校本科教学评估制度设计及其范式变革》,《清华大学教育研究》2013 年第 6 期。

张妍:《本科教学评估的效果及其影响机制研究》,《高教发展与评估》2013年第6期。

周光礼、马海泉:《教学学术能力:大学教师发展与评价的新框架》,《教育研究》2013年第8期。

唐小俊:《教育改革路径的反思与超越——基于社会行动伦理的思考》,《教育发展研究》2013年第9期。

罗云:《大学教师发展:从实践回归理论的探究》,《中国高教研究》2013年第9期。

苏永建:《高等教育质量保障中的价值冲突与整合》,《中国高教研究》2013年第11期。

孙进:《德国高等教育认证——机构、程序与标准》,《高等教育研究》2013年第12期。

徐永:《区域高等教育非均衡发展的形成机制及其检视:一个"国家行动"的解释框架》,《教育发展研究》2013年第19期。

沈伟:《基础教育质量保障概念辨析》,《教育研究与实验》2014年第1期。

阎光才:《高等教育改革顶层设计的逻辑》,《中国高教研究》2014年第1期。

李军、田小红:《培养世界一流教师的中国追求——国家战略和制度转型的一个理性模式》,《教师教育学报》2014年第1期。

卡洛斯·阿尔伯托·托里斯:《新自由主义常识与全球性大学:高等教育中的知识商品化》,《北京大学教育评论》2014年第1期。

曾荣光:《教育政策行动:解释与分析框架》,《北京大学教育评论》2014年第1期。

[美]约翰·奥布雷·道格拉斯:《中国研究型大学的未来:领导者还是追随者?》,许心译,《大学教育科学》2014年第2期。

李艳辉、[俄]O.A.玛什金娜:《俄罗斯第三代高等教育国家标准：背景、框架、特点》,《高等教育研究》2014 年第 2 期。

郭建如、周志光:《项目制下高职场域的组织学习、能力生成与组织变革》,《北京大学教育评论》2014 年第 2 期。

黄海涛、常桐善:《美国高校学生学习成果评估的组织架构及其职能》,《高等教育研究》2014 年第 3 期。

黄福涛:《大学与政府关系的再审思》,《苏州大学学报》(教育科学版)2014 年第 3 期。

[澳]理查德·詹姆斯:《澳大利亚高等教育和国家教学标准》,邢欢、叶赋桂译,《清华大学教育研究》2014 年第 3 期。

樊佩佩:《动员视域下的"内生性权责困境"——以"5·12"汶川地震中的基层救灾治理为例》,《社会学研究》2014 年第 4 期。

周雪光:《从"黄宗羲定律"到帝国的逻辑:中国国家治理逻辑的历史线索》,《开放时代》2014 年第 4 期。

张应强、苏永建:《高等教育质量保障:反思、批判与变革》,《教育研究》2014 年第 5 期。

沈伟、孙岩:《教育问责背景下的校长领导力:内涵、结构与发展》,《教师教育研究》2014 年第 5 期。

童康:《英国大学的自我评估:南安普顿大学的院系评估案例评析》,《教师教育研究》2014 年第 5 期。

王丽佳、黎万红、卢乃桂:《教育质量保障视域中的问责网络建构:理据、实践与优化进路》,《复旦教育论坛》2014 年第 5 期。

黄宗智、龚为纲、高原:《"项目制"的运作机制和效果是"合理化"吗?》,《开放时代》2014 年第 5 期。

赵立莹、司晓宏:《国际化背景下高等教育质量保障发展趋势及中国选择》,《高等教育研究》2015 年第 6 期。

张应强、张浩正:《从类市场化治理到准市场化治理:我国高等教育治理变革的方向》,《高等教育研究》2018 年第 6 期。

刘振天：《高校教学评估效能的特性及因应策略——一项基于数据、调查和观察的新发现》，《现代大学教育》2014 年第 6 期。

刘振天：《中国高等教育评估体系及评估市场完善化》，《高教发展与评估》2014 年第 7 期。

周雪光：《中国国家治理及其模式：一个整体性视角》，《学术月刊》2014 年第 10 期。

张应强：《高等教育全面深化改革需要对高等教育改革进行改革》，《中国高教研究》2014 年第 10 期。

许杰：《建设中国特色现代大学制度：成效、问题与对策——基于试点院校的探索实践》，《教育研究》2014 年第 10 期。

梁金霞：《探索分类指导分类管理办法 落实高校办学自主权——国家教育体制改革试点研究报告》，《中国高教研究》2014 年第 10 期。

赵炬明：《建立高校治理委员会——关于中国高校治理制度改革的设想》，《中国高教研究》2014 年第 11 期。

袁益民：《"管办评分离"改革与教育质量保障》，《高教发展与评估》2016 年第 1 期。

赵炬明：《论新三中心：概念与历史——美国 SC 本科教学改革研究之一》，《高等工程教育研究》2016 年第 3 期。

刘学东、汪霞：《荷兰高等教育认证发展研究》，《教育研究》2016 年第 9 期。

苏永建：《体制化的技术治理与中国高等教育质量保障》，《高等教育研究》2017 年第 3 期。

苏永建：《高等教育质量保障的历史演进、全球扩散与发展趋势》，《高等教育研究》2017 年第 12 期。

（三）学位论文

贺利：《英国高等教育质量外部保证体制变革研究》，硕士学位论文，华东师范大学，2006年。

胡炳仙：《中国重点大学政策：历史演变与未来走向——基于新制度主义的政策分析》，博士学位论文，华中科技大学，2006年。

徐岚：《中国大陆大学教师的学术责任建构：两所研究型大学之案例研究》，博士学位论文，香港中文大学，2008年。

魏军：《改革开放30年我国高等教育质量政策的文本分析》，硕士学位论文，西北师范大学，2009年。

丁丽军：《澳大利亚高等教育质量保障模式研究——以AUQA质量审核为例》，博士学位论文，华东师范大学，2010年。

高迎爽：《法国高等教育质量保障历史研究（20世纪80年代至今）——基于政府层面的分析》，博士学位论文，华东师范大学，2010年。

周湘林：《中国高校问责制度重构——基于本科教学评估的新制度主义分析》，博士学位论文，华中科技大学，2010年。

孟维岩：《青年志愿者社会化动员方式研究——以上海市闵行区为例》，硕士学位论文，华东师范大学，2010年。

方鸿琴：《我国高校质量保障体系一般模式构建与质量审计》，博士学位论文，华东师范大学，2011年。

张斌：《学术场域的政治逻辑——一项关于学术权力的社会学考察》，博士学位论文，华东师范大学，2013年。

（四）中文报纸文章、网络资料

唐景莉：《用"质量工程"引导带动本科教改——访教育部副部长吴启迪》，《中国教育报》2007年3月1日第2版。

唐景莉：《坚定迈出提高质量新步伐——高校本科教学质量与教学改革工程实施进展综述》，《中国教育报》2008年11月12日第1版。

朱建华：《百位高校名师九成头顶"官衔"》，《长江日报》2009年

9月11日第8版。

石中英：《提高质量是教育改革发展的核心任务》，《中国教育报》2012年11月6日第1版。

刘振天：《摆正"教学中心地位"高校必须彻底去行政化》，《光明日报》2014年4月1日第13版。

王鑫昕、李梓汐：《周鼎一声吼"青椒"齐喊疼》，《中国青年报》2015年1月5日第9版。

教育部高等教育教学评估中心：《教育部高等教育教学评估中心简介》，http：//www.pgzx.edu.cn/modules/zhongxingaikuang.jsp? type =0。

二 英文文献

（一）英文图书

Barnett, R. Improving Higher Education: Total Quality Care [M]. London: The Society for Research into Higher Education and The Open University, 1992.

Beck, U. Risk Society: Toward a New Modernity [M]. London: Sage Publications, 1992.

Diana Green (Ed.). What is Quality in Higher Education [M]. Milton Keynes: SRHE and Open University Press, 1994.

Doherty, G. D. (Ed.). Developing Quality Systems in Higher Education [M]. London: Routledge, 1994.

Vroeijenstijn, A. I. Improvement and Accountability: Navigating Between Scylla and Charybdis [M]. London: Jessica Kingsley, 1995.

Harvey, L., Knight, P. T. Transforming Higher Education [M]. Buckingham: SRHE and Open University Press, 1996.

Trowler, P. Academics Responding to Change: New Higher Education Frameworks and Academic Cultures [M]. Buckingham, UK:

SRHE/Open University Press, 1998.

Henkel, M. Academic Identities and Policy Change in Higher Education [M]. London, UK: Jessica Kingsley, 2000.

Morley, L. Quality and Power in Higher Education [M]. Maidenhead: Society for Research into Higher Education & Open University Press, 2003.

Tight, M. Researching Higher Education [M]. Buckingham: SRHE and Open University Press, 2003.

Clark, B. R. Sustaining Change in Universities Continuities in Case Studies and Concepts [M]. Maidenhead: Society for Research into Higher Education & Open University Press, 2004.

Burke, J. C. Achieving Accountability in Higher Education: Balancing Public, Academic, and Market Demands [M]. San Francisco: Jossey-Bass, 2005.

Forest, J. J. F., Altbach, P. G. (eds.). International Handbook of Higher Education [M]. Dordrecht, Netherland: Springer, 2006.

Djelic, M. -L., Sahlin-Andersson, K. Transnational Governance: Institutional Dynamics of Regulation [M]. New York : Cambridge University Press, 2006.

Kogan, M., Bauer, M., Bleiklie, I., Henkel, M. (Eds.). Transforming Higher Education: A Comparative Study (Second Edition) [M]. Dordrecht: Springer, 2006.

Deem, R., Hillyard, S., Reed, M. Knowledge, Higher Education, and the New Managerialism: The Changing Management of UK Universities [M]. New York: Oxford University Press, 2007.

Tight, M., Huisman, J., Mok. K. H., Morphew, C. C. The Routledge International Handbook of Higher Education [M]. London:

Routledge, 2009.

Pan, S. Y. University Autonomy, The State, and Social Change in China [M]. Hong Kong: Hong Kong University Press, 2009.

Portnoi, L. M., Rust, V. D., Bagley, S. S. Higher Education, Policy and the Global Competition Phenomenon [M]. New York: Palgrave Macmillan, 2010.

Shin, J. C., Toutkoushian, R. K., Teichler, U. University Rankings Theoretical Basis, Methodology and Impacts on Global Higher Education [M]. Springer, 2011.

Schuetze, H. G., Mendiola, G. Á. State and Market in Higher Education Reforms: Trends, Policies and Experiences in Comparative Perspective [M]. Sense Publishers, 2012.

Zou, Y. H. Quality of Higher Education: Organizational and Educational Perspectives [M]. Aalborg: River Publishers, 2013.

(二) 英文期刊

Levin, H. M. A Conceptual Framework for Accountability in Education [J]. The School Review, 1974, (3).

Neave, G. On the Cultivation of Quality, Efficiency and Enterprise: An Overview of Recent Trends in Higher Education in Western Europe, 1986–1988 [J]. European Journal of Education, 1988, 23 (1/2).

Elton, L. Accountability in Higher Education: The Danger of Unintended Consequences [J]. Higher Education, 1988, 17 (4).

Darling-Hammond, L. Teacher Professionalism and Accountability [J]. The Education Digest, 1989, 55 (1).

Harvey, L., Green, D. Defining Quality [J]. Assessment & Evaluation in Higher Education, 1993, 18 (1).

Sachs, J. Strange Yet Compatible Bedfellows: Quality Assurance and

Quality Improvement [J]. Australian Universities' Review, 1994, 37 (1).

Neave, G. The Politics of Quality: Developments in Higher Education in Western Europe 1992 – 1994 [J]. European Journal of Education, 1994, 29 (2).

Trow, M. Managerialism and the Academic Profession: The Case of England [J]. Higher Education Policy, 1994, 7 (2).

Van Vught, F. A., Westerheijden, D. F. Towards a General Model of Quality Assessment in Higher Education [J]. Higher Education, 1994, 28 (3).

Kells, H. R. Building a National Evaluation System for Higher Education: Lessons from Diverse Settings [J]. Higher Education in Europe, 1995, 20.

Shore, C., Roberts, S. Higher Education and The Panopticon Paradigm: Quality Assessment as "Disciplinary Technology" [J]. Higher Education Review, 1995, 27 (3).

Barr, R. B., Tagg, J. From Teaching to Learning: A New Paradigm for Undergraduate Education [J]. Change, 1995, (6).

Thune, C. The Alliance of Accountability and Improvement: The Danish Experience [J]. Quality in Higher Education, 1996, 2 (1).

Owlia, M. S. Quality in Higher Education—A Survey [J]. Total Quality Management, 1996, 7 (2).

Hansen, W. L., Jackson, M. Total Quality Improvement in The Classroom [J]. Quality in Higher Education, 1996, 2 (3).

Barrett, R. "Quality" and the Abolition of Standards: Arguments Against Some American Prescriptions for the Improvement of Higher Education [J]. Quality in Higher Education, 1996, 2 (3).

Trow, M. Trust, Markets and Accountability in Higher Education: A Comparative Perspective [J]. Higher Education Policy, 1996, 9 (4).

Askling, B. Quality Monitoring as an Institutional Enterprise [J]. Quality in Higher Education, 1997, 3 (1).

Middlehurst, R. Quality Enhancement for Accountability and Transformation: A Framework for the Future [J]. Tertiary Education and Manageraent, 1997, 3 (1).

Baldwin, G. Quality Assurance in Australian Higher Education: The Case of Monash University [J]. Quality in Higher Education, 1997, 5 (1).

Bauer, M., Henkel, M. Responses of Academe to Quality Reforms in Higher Education: A Comparative Study of England and Sweden [J]. Tertiary Education and Management, 1997, 3 (3).

Frazer, M. Report on the Modalities of External Evaluation of Higher Education in Europe: 1995 – 1997 [J]. Higher Education in Europe, 1997, 22 (3).

Thune, C. The European Systems of Quality Assurance: Dimensions of Harmonisation and Differentiation [J]. Higher Education Management, 1998, 10 (3).

Wahlén, S. Is there a Scandinavian Model of Evaluation of Higher Education? [J]. Higher Education Management, 1998, 10 (3).

Dill, D. D. Evaluating the Evaluative State: Implications for Research in Higher Education [J]. European Journal of Education, 1998, 33 (3).

Harman, G. Quality Assurance Mechanisms and Their Use as Policy Instruments: Major International Approaches and the Australian Experience Since 1993 [J]. European Journal of Education, 1998, 33 (3).

Zumeta, W. Public University Accountability to the State in the Late Twentieth Century: Time for a Rethinking? [J]. Policy Studies Review, 1998, 15 (4).

Macpherson, R. J. S. Accountability in City Schools: Theory and Practice in Urban Educational Administration [J]. Education and Urban Society, 1998, 30 (4).

Bogue, E. G. Quality Assurance in Higher Education: The Evolution of Systems and Design Ideals [J]. New Directions for Institutional Research, 1998, 99 (Fall).

Stanley, E. C., Patrick, W. J. Quality Assurance in American and British Higher Education: A Comparison [J]. New Directions for Institutional Research, 1998, 99 (Fall).

Gaither, G. H. The Future Dynamics of Quality Assurance: Promises and Pitfalls [J]. New Directions for Institutional Research, 1998, 99 (Fall).

Westerheijden, D. F. Where Are the Quantum Jumps in Quality Assurance? Development of A Decade of Research on A Heavy Particle [J]. Higher Education, 1999, 38 (2).

Fuller, S. Making the University Fit for Critical Intellectuals: Recovering From the Ravages of the Postmodern Condition [J]. British Educational Research Journal, 1999, 25 (5).

Vidovich, L., Porter P. Quality Policy in Australian Higher Education of the 1990s: University Perspectives [J]. Journal of Education Policy, 1999, 14 (6).

Nilsson, K. -A., Wahlen, S. Institutional Response to the Swedish

Model of Quality Assurance [J]. Quality in Higher Education, 2000, 6 (1).

Billing, D., Thomas, H. The International Transferability of Quality Assessment Systems for Higher Education: The Turkish Experience [J]. Quality in Higher Education, 2000, 6 (1).

Salter, B., Tapper, T. The Politics of Governance in Higher Education: The Case of Quality Assurance [J]. Political Studies, 2000, 48 (1).

Romzek, B. S. Dynamics of Public Accountability in an Era of Reform [J]. International Review of Administrative Sciences, 2000, 66 (1).

Newton, J. Feeding the Beast or Improving Quality?: Academics' Perceptions of Quality Assurance and Quality Monitoring [J]. Quality in Higher Education, 2000, 6 (2).

Mok, K. H. Marketizing Higher Education in Post-Mao China [J]. International Journal of Educational Development, 2000, 20 (2).

Mok, K. H. The Impact of Globalization: A Study of Quality Assurance Systems of Higher Education in Hong Kong and Singapore [J]. Comparative Education Review, 2000, 44 (2).

Brennan, J., Shah, T. Quality Assessment and Institutional Change: Experiences From 14 Countries [J]. Higher Education, 2000, 40 (3).

Mulgan, R. "Accountability": An Ever-expanding Concept? [J]. Public Administration, 2000, 78 (3).

Yorke, M. Developing a Quality Culture in Higher Education [J]. Tertiary Education and Management, 2000, (6).

Tam, M. Measuring Quality and Performance in Higher Education [J].

Quality in Higher Education, 2001, 7 (1).

Gosling, D. , D'Andrea, V. Quality Development: A New Concept for Higher Education [J]. Quality in Higher Education, 2001, 7 (1).

El-Khawas, E. Who's in Charge of Quality: The Governance Issues in Quality Assurance [J]. Tertiary Education and Management, 2001, 7 (2).

Vidovich, L. That Chameleon "Quality": The Multiple and Contradictory Discourses of Quality Policy in Australian Higher Education [J]. Discourse: Studies in the Cultural Politics of Education, 2001, 22 (2).

Biggs, J. The Reflective Institution: Assuring and Enhancing the Quality of Teaching and Learning [J]. Higher Education, 2001, 41 (3).

Billing, D. , Temple, P. Quality Management in Central and Eastern European Universities: A Perspective on Change Management [J]. Perspectives: Policy and Practice in Higher Education, 2001, 5 (4).

Hendry, G. D. , Dean, S. J. Accountability, Evaluation of Teaching and Expertise in Higher Education [J]. The International Journal for Academic Development, 2002, 7 (1).

Lomas, L. Does the Development of Mass Education Necessarily Mean the End of Quality? [J]. Quality in Higher Education, 2002, 8 (1).

Newton, J. Views From Below: Academics Coping With Quality [J]. Quality in Higher Education, 2002, 8 (1).

Rhoades, G. , Sporn, B. Quality Assurance in Europe and the U. S. : Professional and Political Economic Framing of Higher Education Policy [J]. Higher Education, 2002, 43 (3).

Vidovich, L. Quality Assurance in Australian Higher Education: Globalisation and "Steering at a Distance" [J]. Higher Education, 2002, 43 (3).

Jeliazkova, M., Westerheijden, D. F. Systemic Adaptation To A Changing Environment: Towards A Next Generation of Quality Assurance Models [J]. Higher Education, 2002, 44 (3/4).

Stensaker, B. Trance, Transparency and Transformation: The Impact of External Quality Monitoring on Higher Education [J]. Quality in Higher Education, 2003, 9 (2).

Ball, S. J. The Teacher's Soul and the Terrors of Performativity [J]. Journal of Education Policy, 2003, 18 (2).

Hodson, P., Thomas, H. Quality Assurance in Higher Education: Fit for the New Millennium or Simply Year 2000 Compliant? [J]. Higher Education, 2003, 45 (3).

Koch, J. V. TQM: Why is Its Impact in Higher Education so Small? [J]. The TQM Magazine, 2003, 15 (5).

Altbach, P. G. Globalisation and the University: Myths and Realities in an Unequal World [J]. Tertiary Education and Management, 2004, 10 (1).

Harvey, L., Newton, J. Transforming Quality Evaluation [J]. Quality in Higher Education, 2004, 10 (2).

Huisman, J., Currie, J. Accountability in Higher Education: Bridge Over Troubled Water? [J]. Higher Education, 2004, 48 (4).

Coates, H. The Value of Student Engagement for Higher Education Quality Assurance [J]. Quality in Higher Education, 2005, 11 (1).

Jones, J., De Saram, D. D. Academic Staff Views of Quality Systems for Teaching and Learning: A Hong Kong Case Study, Quality in Higher Education, 2005, 11 (1).

Webb, P. T. The Anatomy of Accountability [J]. Journal of Education Policy, 2005, 20 (2).

Brunetto, Y., Rod, F. -W. Academics' Responses to the Implementation of a Quality Agenda [J]. Quality in Higher Education, 2005, 11 (2).

Schofer, E., Meyer, J. W. The Worldwide Expansion of Higher Education in the Twentieth Century [J]. American Sociological Review, 2005, 70 (6).

Rice, R. E. Enhancing the Quality of Teaching and Learning: The U. S. Experience [J]. New Directions for Institutional Research, 2006, 133 (Spring).

Anderson, G. Assuring Quality/Resisting Quality Assurance Academics' Responses to "Quality" in Some Australian Universities [J]. Quality in Higher Education, 2006, 12 (2).

Minelli, E., Rebora, G., Turri, M., Huisman, J. The Impact of Research and Teaching Evaluation in Universities: Comparing an Italian and a Dutch Case [J]. Quality in Higher Education, 2006, 12 (2).

Rosa, M. J., Tavares, D., Amaral, A. Institutional Consequences of Quality Assessment [J]. Quality in Higher Education, 2006, 12 (2).

Minelli, E., Rebora, G., Turri, M., Huisman, J. The Impact of Research and Teaching Evaluation in Universities: Comparing an Italian and a Dutch Case [J]. Quality in Higher Education, 2006, 12 (2).

Harvey, L. Impact of Quality Assurance: Overview of a Discussion Between Representatives of External Quality Assurance Agencies [J]. Quality in Higher Education, 2006, 12 (3).

Watty, K. Want to Know About Quality in Higher Education? Ask an Academic [J]. Quality in Higher Education, 2006, 12 (3).

Hoecht, A. Quality Assurance in UK Higher Education: Issues of Trust, Control, Professional Autonomy and Accountability [J]. Higher Education, 2006, 51 (4).

Houston, D. TQM and Higher Education: A Critical Systems Perspective on Fitness for Purpose [J]. Quality in Higher Education, 2007, 13 (1).

Danø, T., Stensaker, B. Still Balancing Improvement and Accountability? Developments in External Quality Assurance in the Nordic Countries 1996–2006 [J]. Quality in Higher Education, 2007, 13 (1).

Pan, S. Y. Intertwining of Academia and Officialdom and University Autonomy: Experience from Tsinghua University in China [J]. Higher Education Policy, 2007, 20 (2).

Filippakoua, O., Tapper, T. Quality Assurance in Higher Education: Thinking Beyond The English Experience [J]. Higher Education Policy, 2007, 20 (3).

Yang, R., Vidovich, L., Currie, J. "Dancing in a Cage": Changing Autonomy in Chinese Higher Education [J]. Higher Education, 2007, 54 (4).

Stensaker, B. Outcomes of Quality Assurance: A Discussion of Knowledge, Methodology and Validity [J]. Quality in Higher Education, 2008, 14 (1).

Houston, D. Rethinking Quality and Improvement in Higher Education

[J]. Quality Assurance in Education, 2008, 16 (1).

Filippakoua, O., Tapper, T. Quality Assurance and Quality Enhancement in Higher Education: Contested Territories? [J]. Higher Education Quarterly, 2008, 62 (1/2).

Van Kemenade, E., Pupius, M., Hardjono, T. W. More Value to Defining Quality [J]. Quality in Higher Education, 2008, 14 (2).

Umemiya, N. Regional Quality Assurance Activity in Higher Education in Southeast Asia: Its Characteristics and Driving Forces [J]. Quality in Higher Education, 2008, 14 (3).

Tilak, J. G. B. Higher Education: A Public Good or a Commodity for Trade? [J]. Prospects, 2008, 38 (4).

Gvaramadze, I. From Quality Assurance to Quality Enhancement in the European Higher Education Area [J]. European Journal of Education, 2008, 43 (4).

Ewell, P. T. Assessment and Accountability in America Today: Background and Context [J]. New Directions for Institutional Researc, 2008, Fall (Assessment Supplement 2007).

Keller, C. M., Hammang, J. M. The Voluntary System of Accountability for Accountability and Institutional Assessment [J]. New Directions for Institutional Research, 2008, (Fall, Assessment Supplement 2007).

Brittingham, B. Accreditation in the United Statdes: How Did We Get to Where We Are? [J]. New Directions for Higher Education, 2009, (Spring).

Darling-Hammond, L. Recognizing and Enhancing Teacher Effectiveness [J]. The International Journal of Edcuational and Psychological Assessment, 2009, (3).

Cheng, M. Academics' Professionalism and Quality Mechanisms: Challenges and Tensions [J]. Quality in Higher Education, 2009, 15 (3).

Harvey, L., Williams, J. Fifteen Years of Quality in Higher Education [J]. Quality in Higher Education, 2010, 16 (1).

Rozsnyai, C. The Quality Volution [J]. Quality in Higher Education, 2010, 16 (1).

Sarrico, C. S., Rosa, M. J., Teixeira, P. N., Cardoso, M. F. Assessing Quality and Evaluating Performance in Higher Education: Worlds Apart or Complementary Views? [J]. Minerva, 2010, 48 (1).

Metcalfe, J. F. University and Business Relations: Connecting the Knowledge Economy [J]. Minerva, 2010, 48 (1).

Lai, M. H. Challenges to the Work Life of Academics: The Experience of a Renowned University in the Chinese Mainland [J]. Higher Education Quarterly, 2010, 64 (1).

Melo, A. I., Sarrico, C. S., Radnor, Z. The Influence of Performance Management Systems on Key Actors in Universities [J]. Public Management Review, 2010, 12 (2).

Wang, L. Higher Education Governance and University Autonomy in China [J]. Globalisation, Societies and Education, 2010, 8 (4).

Suspitsyna, T. Accountability in American Education as a Rhetoric and a Technology of Governmentality [J]. Journal of Education Policy, 2010, 25 (5).

Nikel, J., Lowe, J. Talking of Fabric: A Multi-dimensional Model of Quality in Education [J]. Compare: A Journal of Comparative and International Education, 2010, 40 (5).

Wang, L. Exploring the Potential Rationale for the Privatization of Higher Education in China [J]. Asia Pacific Journal of Education, 2011, 31 (4).

Stensaker, B. Accreditation of Higher Education in Europe-Moving Towards the US Model? [J]. Journal of Education Policy, 2011, 26 (6).

Fletcher, R. B., Meyer, L. H., Anderson, H., Johnston, P., Rees, M. Faculty and Students Conceptions of Assessment in Higher Education [J]. Higher Education, 2012, 64 (1).

Rowlands, J. Accountability, Quality Assurance and Performativity: The Changing Role of the Academic Board [J]. Quality in Higher Education, 2012, 18 (1).

Zou, Y. H., Du, X. Y., Rasmussen, P. Quality of Higher Education: Organisational or Educational? A Content Analysis of Chinese University Self-evaluation Reports [J]. Quality in Higher Education, 2012, 18 (2).

Rosa, M. J., Sarrico, C. S., Amaral, A. Academics' Perceptions on the Purposes of Quality Assessment [J]. Quality in Higher Education, 2012, 18 (3).

Eaton, J. S. The Future of Accreditation [J]. Planning for Higher Education, 2012, 40 (3).

Engebretsen, E., Heggen, K., Eilertsen, H. A. Accreditation and Power: A Discourse Analysis of a New Regime of Governance in Higher Education [J]. Scandinavian Journal of Educational Research, 2012, 56 (4).

El-Khawas, E. Quality Assurance as a Policy Instrument: What's ahead? [J]. Quality in Higher Education, 2013, 19 (2).

Ramírez, G. B. Studying Quality Beyond Technical Rationality: Political and Symbolic Perspectives [J]. Quality in Higher Education, 2013, 19 (2).

Shah, M. The Effectiveness of External Quality Audits: A Study of Australian Universities [J]. Quality in Higher Education, 2013, 19 (3).

Li, L. L., Lai, M. H., Lo, N. K. Academic Work within a Mode of Mixed Governance: Perspectives of University Professors in the Research Context of Western China [J]. Asia Pacific Education Review, 2013, 14 (3).

Trullen, J., Rodríguez, S. Faculty Perceptions of Instrumental and Improvement Reasons Behind Quality Assessments in Higher Education: The Roles of Participation and Identification [J]. Studies in Higher Education, 2013, 38 (5).

Vukasovic, M. Institutionalisation of Internal Quality Assurance: Focusing on Institutional Work and the Significance of Disciplinary Differences [J]. Quality in Higher Education, 2014, 20 (1).

Kinser, K. Questioning Quality Assurance [J]. New Directions for Higher Education, 2014, 168 (Winter).

（三）学位论文

Zhao, J. M. The Making of A Chinese University: A Case Study of Organization and Administration of A Key Chinese Univtersity Circa 1995 [D]. Montreal: Faculty of Education, McGill University, 1998.

（四）会议报告

Jones, G. A. Governing Quality: Positioning Student Learning as a Core Objective of Institutional and System-Level Governance [R]. Keynote Paper Presented at the International Conference on Higher Education Student Learning and Developmentin a Globalizing Time, Hosted by the Institute of Education, TsinghuaUniversity, Beijing, China, October 27-28, 2013.

(五) 网络资料

European University Association. Quality Culture in European Universities: A Bottom-up Approach. [EB/OL]. (2014-01-24). http://www.eua.be/eua/jsp/en/upload/Quality_Culture_2002_2003.1150459570109.

后 记

本书由我的博士学位论文修改而成。

2015年7月底，我从华中科技大学博士毕业后，进入大连理工大学高等教育研究院工作。翌年10月，我的博士学位论文《体制化的技术治理与非对称性问责——社会转型期中国高等教育质量保障的社会学分析》，被评为中国高等教育学会"高等教育学"优秀博士学位论文。同年，在这一研究的基础上，我申请获批了一项教育部人文社会科学研究青年基金项目（"中国高等教育质量保障机制及其制度逻辑的社会学研究"）。这既是肯定，也是鼓励，但我深知这一研究还有一些不足，遂下决心在完成课题的过程中对其进行修改、拓展和完善。但由于琐事缠身，修改工作时断时续，迟至今日方才勉强完成。好在修改也是一种"修炼"，在这一过程中，我加深了对中国高等教育质量保障运行机制及其独特性的认识，更加坚信书中的一些理论分析、判断和结论是经得起实践检验的。当然，这一研究不是我凭一己之力完成的，它凝聚了许多师长和朋友的智慧。

本项研究的完成得益于母校华中科技大学良好的研究氛围和研究条件。12年前，刚刚大学毕业的我考入喻家山下的这所著名学府，师从张应强教授研习高等教育学。在这个名为喻园的校园里，我开启了学术旅程，度过了迄今为止人生中最具挑战也是最为难忘的一段时光。毕业数年后，我依旧感恩母校以及生活在这片土地上的师长和同学。

感谢导师张应强教授。他学养深厚，治学严谨，长期致力于高等教育基本理论研究，在高等教育文化学、高等教育现代化、大学理念和精神、现代大学制度、高等教育质量等研究领域中取得了一批开拓性研究成果，为构建中国特色高等教育理论体系贡献良多。他致力于高等教育学学科建设的研究和实践，最早呼吁将高等教育学作为一级学科来建设，为推动高等教育学学科共同体走向成熟倾注了大量心血，其对学术研究特别是对高等教育学学科的坚定信仰和信心激励我不断前行。

师从恩师八年，我受益良多。他给了我学术生命，带领我进入高等教育研究领域，并促使我将此作为人生志业。在恩师的建议和指导下，我将高等教育质量保障作为博士研究生期间的主要研究方向。在研究过程中，他时常督促指导，为我提供各种研究条件和便利。在传道授业的同时，恩师也经常关心我的生活，特别是当我遭遇人生坎坷之时，他从精神、物质等多方面给予我莫大的鼓励、帮助和支持，此份恩情，我永生难忘。博士毕业后，虽相隔千里，但恩师时常挂念我的工作和生活，鞭策和帮助我在学术上不断成长。

在华中科技大学学习期间，还有许多老师从不同方面帮助我成长。感谢师兄朱新卓教授坦诚相待，时常督促我学习与写作。每当我前去求教，朱师兄总能凭借其深厚的哲学功底为我简明地解惑答疑。感谢沈红教授多年来在学习和生活方面给我的关爱，感谢余东升教授在为数不多的漫谈中让我感受到学术之美，感谢骆四铭编审带我参与华中科技大学学科发展规划的制定和文本撰写工作。感谢贾永堂教授、陈廷柱教授、柯佑祥教授、张晓明教授、郭卉教授在日常学习、博士学位论文开题及答辩时所给予的肯定、鼓励、启迪和指导。感谢华中师范大学教育学院董泽芳教授和湖北大学教育学院靖国平教授参加我的博士学位论文答辩会并提出富有启发性的修改建议。感谢涂又光先生、刘献君教授、冯向东教授、赵炬明教授、别敦荣教授、李太平教授、周光礼教授、陈敏教授、周艳教授、雷洪德教授、张俊超副教授等在不同场合赐予我的知识和学术智慧。感谢《高等教育研究》杂志社曾伟副主编、许宏老师、童志勇老师、曾甘霖老师和李晓宇老师等在我学术论文发表过程中给予的无私指导。感谢董晓林老师、徐海涛老师、肖瑞老师等在生活等诸多方面给予的特别关照，感谢董中专老师、刘雅老师、夏薇老师、王开建老师、张江涛老师等为我提供的学习和研究便利。

《学记》有云："独学而无友，则孤陋而寡闻。"在华中科技大学教育科学研究院这个大家庭中，我有幸结识了刘进、刘倩、魏署光、马明霞、戴迎峰、黄容霞、刘香菊、彭静雯、刘亚敏、赵永辉、胡海青、张利荣、李宝斌、张传萍、丁玲、鞠平凡等优秀的同学，他们从不同方面给我启发，助我成长。与索凯峰、蒋华林、方华梁、向春、李宁、王平祥、唐萌、殷文杰、蒋凯等共同向学，让我接触到许多闪光的学术观点。在与张洋磊、王祖林、施要威、张浩正、王鹏等诸多兄弟一起学习、生活的过程中，我不仅增加了知识，还收获了友谊。

特别感谢大连理工大学原党委书记、高等教育研究院创院院长和名誉院长张德祥教授，没有他的接纳，我难以进入大连理工大学，更难以遇到优秀且志同道合的诸多朋友和同事。他是一位具有知识分子气质和精神的大学领导，是一位具有丰富高等教育管理经验的学者，是为人与为学之楷模。他既是我的领导，也是我十分尊敬的师长，他给予我全方位的关爱、帮助和支持，让我在一个陌生的环境中感受到了家的温暖。他对高等教育学的感情、责任和持之以恒的精神令人钦佩，他的一系列论著闪耀着智慧的光芒，是中国特色高等教育理论体系不可或缺的重要组成部分。

感谢大连理工大学党委副书记、副校长宋丹教授，副校长朱泓教授，沈阳化工大学原校长李志义教授等对我工作的包容、鼓励和支持。感谢大连理工大学高等教育研究院院长姜华教授，他对我极为包容，为我的工作和研究提供了良好的平台、条件和便利。感谢大连理工大学高等教育研究院李枭鹰教授，他对高等教育基本理论特别是高等教育哲学的执着和一系列真知灼见成为一代学人为学之标杆。感谢大连理工大学高等教育研究院李冲教授，与他的相遇是一件非常幸运的事，他对社会科学的整体把握和洞见对我影响颇大。感谢大连理工大学高等教育研究院迟景明教授、杨连生教授、张秀萍教授、孙阳春教授、何晓芳副教授、刘盛博副教授，人文与社会科学学部郑保章教授、周文杰教授、王丽丽教授等对我工作的点拨和鼓励。感谢厦门大学教育研究院刘振天教授对我研究工作的肯定和鼓励。

感谢大连理工大学马克思主义理论博士后流动站林杰博士和高等教育研究院解德渤博士，他们正直率真、才思敏捷、功底深厚、年轻有为，痴迷并致力于高等教育理论研究，成果丰硕，与他们的生活和学术交往令我受益匪浅。感谢大连理工大学高等教育研究院办公室李易飞主任，他是一个积极乐观、热爱生活的"90后"，年少持重的他竭其所能，为我和我的同事们创造了非常温馨的研究环境和充满人文关怀的团队氛围。

感谢我的父母妻儿。父母含辛茹苦抚育我长大成人，供我读书，只盼我能学有所成，我来大连工作后，他们远离故土，来到这个陌生的城市，不辞辛劳，帮我照料家庭和孩子，无论遇到何种困难，他们都毫无怨言，默默支撑，只为我能安心学习和工作。感谢我的岳父，在他生命的最后阶段，我和妻子未能在其身边及时尽孝，愿他在天国不再痛苦。感谢我的妻子孙兴乐女士，为了我和我们这个家，她做出了很大牺牲，特别感谢十余年来她对我的理解和支持。谢谢我的两个孩子，他们的到来让我感受了生命的美好，让这个家庭充满了希望和活力。我愿将这一尚不成熟的研究成果献给我的父母妻儿，愿他们平安、健康！

本书的出版意味着我所做的高等教育质量保障研究暂时告一段落。但我深知，学术之路道阻且长，非一日之功，非一时之快，本书的出版不是结束，而是一个新的开始。佛家将"看山是山，看水是水；看山不是山，看水不是水；看山还是山，看水还是水"视为人生之三重境界，其实学问之路也大抵如此。依此看来，我还处于第二重境界，本研究仅是练习之作，未来要达到第三重境界，我还需要不断努力学习。作为初学之作，本书仍有很多不足和遗憾，恳请各位专家、学者批评指正，不吝赐教！

苏永建
2019 年 9 月 19 日于大连理工大学